掌尚文化

尚文化·掌金融

Explorer of

Salute & Discovery   Finance

金融探索者·致敬与发现

本书得到云南财经大学博士学术基金、国家自然科学基金地区项目"基于物质生产视角的中国长寿风险管理研究"（项目编号：72064040）、国家社会科学基金青年项目"财税政策支持下我国养老保障资源配置优化研究"（项目编号：19CSH072）全额资助出版

The Analysis on Growth and Transformation of
Chinese Life Insurance Market

周华林　王向楠　著

中国寿险市场增长与转型研究

经济管理出版社
ECONOMY & MANAGEMENT PUBLISHING HOUSE

图书在版编目（CIP）数据

中国寿险市场增长与转型研究/周华林，王向楠著. —北京：经济管理出版社，2020.8

ISBN 978-7-5096-7378-2

Ⅰ.①中…　Ⅱ.①周…②王…　Ⅲ.①寿险市场—研究—中国　Ⅳ.①F842.622

中国版本图书馆 CIP 数据核字（2020）第 152948 号

组稿编辑：宋　娜
责任编辑：张　昕　康国华
责任印制：黄章平
责任校对：张晓燕

出版发行：经济管理出版社
　　　　　（北京市海淀区北蜂窝 8 号中雅大厦 A 座 11 层　100038）
网　　址：www. E-mp. com. cn
电　　话：(010) 51915602
印　　刷：唐山昊达印刷有限公司
经　　销：新华书店
开　　本：710mm×1000mm /16
印　　张：13.75
字　　数：256 千字
版　　次：2020 年 11 月第 1 版　2020 年 11 月第 1 次印刷
书　　号：ISBN 978-7-5096-7378-2
定　　价：98.00 元

序言一

　　中国寿险复业以来，经过几代保险人的努力拼搏，砥砺前行，寿险业务从无到有，从小到大。在不到40年的时间里，中国一跃成为全球第二大寿险市场。当前，中国寿险市场承保范围不断扩展，基本涵盖人身风险的所有领域；经营管理方式不断创新，基本形成了现代化的经营管理制度；监管制度不断完善，基本建立了适应市场机制的监管体制。寿险产品越来越成为人们现代生活的必需品，以及居民风险管理和财富管理的工具，寿险行业越来越成为国家金融体系和社会保障的重要支柱。在取得骄人成绩的同时，中国寿险业在发展中也遇到了难以突破的瓶颈，承保业务与投资业务出现脱节，寿险业务的投入与产出发生较大偏差，已经成为行业的普遍现象，影响到寿险业务的稳健经营和健康发展。

　　"转型升级"是寿险行业面临的必然选择，这早已在行业中形成共识。但是，如何实现转型升级在现实中还没有形成一个广为认可的结论。从某种意义上说，这样的客观存在给研究者留下了很好的探索空间。周华林博士和王向楠博士合著的《中国寿险市场增长与转型研究》，从需求层面、供给层面、制度层面等多个角度，分析了多种因素在不同历史时期对中国寿险市场增长的影响，探索了中国寿险转型发展的应对措施。所有这些将会引起那些关注中国寿险发展的读者的兴趣。

　　2008年全球金融危机爆发以后，随着全球经济政治格局的重构，中国经济发展方式也在悄然发生变化，给与经济发展高度相关的寿险行业带来了较大压力。寿险业过去多年高速发展过程中积累的问题越发显露，寿险承保业务快速增长，保险资金收益率严重下滑，保险投入产出产生较大偏差，影响寿险业稳健经营和健康发展，转型升级成为寿险业发展的迫切要求。

　　中国经济发展水平的不断提高使市场对寿险风险保障等功能作用的需求日益增强。这就要求我国寿险业更好地服务和支持实体经济发展，避免寿险业"脱实向虚"。寿险业开启了转型发展的探索之旅，这个过程充满了曲折和变数，也会承受阵痛。

2011年，中国寿险保费首次出现负增长，随后几年，部分寿险公司主动转型发展，扭转过去多年"粗放式"发展积累的弊病。保险业全面深化改革的系列举措带来了改革红利，带动寿险市场逐渐恢复发展。然而，部分保险机构或者个人利用改革政策切换阶段的监管空白和漏洞，将部分寿险产品作为低成本融资的方式，利用寿险业大资本和长期资金的优势不当投资，引发社会广泛关注，给行业造成了严重的负面影响。国家加强对保险市场的整顿治理，而寿险业是严格监管的重点。降低中短存续期业务占比、回归寿险保障功能，反映出我国寿险转型在探索中曲折推进。2017年以来，经过艰难扭转调整，寿险转型成效逐步显现，各项指标好转。2019年，寿险公司保费同比增长12.82%，新业务保费同比增长10.1%，新单期缴保费同比增长12.55%，个险渠道保费同比增长11.5%，银保渠道保费同比增长11.75%。2019年，82家寿险公司合计盈利2402亿元，同比增长80%以上，盈利公司数量明显增加。

中国属于新兴市场国家，寿险市场发展规律和趋势与发达保险市场不同，所以需要深入探索中国寿险市场的变化规律与趋势。中国正处在人口老龄化加速发展的时期，寿险可以发挥市场机制在养老风险管理中的功能，通过社会化的风险管理方式分散转移养老风险，发达国家或者地区寿险是管理养老风险的重要金融工具。寿险业持续稳健发展，才能承接我国养老风险管理的社会责任。2018年5月，个人税收递延商业养老保险开始在上海等地区试点一年，我国或将在近期正式推出个人税收递延商业养老保险，寿险业将成为分担政府养老保险负担的重要金融工具。只有寿险转型发展，创造良好的经营发展环境，才能更好地服务于我国养老风险管理，推动寿险业步入新一轮的黄金发展期。

寿险是现代经济系统的重要组成部分，通过保障服务、资金融通、社会管理等多种功能作用，与经济系统的多个行业或部门建立千丝万缕的联系。寿险市场的发展受到多种因素的综合影响，寿险市场增长的特点、驱动因素在不同历史时期呈现较大差异，反映了各因素对寿险市场的影响。中国经济持续稳健增长为寿险市场发展提供了较好的物质基础条件，人口规模和年龄结构的变化等也是影响寿险市场规模和发展的重要因素，银行、证券等其他金融子行业的发展也会通过竞争合作关系对寿险市场发展产生影响。

中国是发展中国家，保险是舶来品，以血缘为纽带的自给自足的风险管理理念根深蒂固，通过保险进行社会化风险管理的理念相对淡薄。寿险市场具有较强的供给导向特点，寿险销售渠道、寿险产品、寿险公司数量等供给层面的因素对寿险市场发展的影响较大。供给层面的因素在不同历史时期变化较大，分析这些变化对寿险市场的影响，也可以探索寿险市场增长的规律和趋势。

保险作为金融服务行业，受国家监管制度约束，保险监管政策变化也对寿险行业发展有较大影响。改革开放40多年来，我国保险监管政策经历过较大调整，保险监管制度在发展中不断完善。保险资金运用政策、寿险费率政策、偿付能力监管政策改革等是保险监管制度的重要内容，可以通过寿险资金运用、寿险产品定价、资金使用成本等影响寿险市场发展。社会保障和商业保险都是民生保障体系的重要组成部分，社会保障制度的改革发展将显著影响养老、健康等险种的发展。税收政策可以通过减税、免税、税收递延、税种变化等杠杆工具刺激相关寿险业务的发展。

经过多年布局，寿险业已经渗透到经济社会生活的多个方面，寿险市场增长受多种因素综合作用。分析各种因素对寿险市场增长的影响，把握寿险市场增长规律，有助于寻找寿险转型发展的对策，促进寿险市场转型升级，带动寿险市场健康有序增长，更好地服务经济社会发展。

中国寿险市场平均发展水平仍然相对较低，远未成为发达市场，寿险服务经济社会发展的深度和广度还有较大的提升空间，寿险市场的潜在发展空间仍然很大。2020年，中国湖北武汉集中暴发了"新冠肺炎"疫情，在中国逐渐得到控制的同时，在全球多个国家相继集中暴发，风险逐渐渗透到经济社会生活的方方面面，造成了一系列深刻的社会影响，全社会的风险保障需求增加。寿险是社会化的风险管理方式，可以通过多种方式降低人身风险造成的冲击，是化解"新冠肺炎"疫情影响的重要风险管理工具。当前，随着保险科技的应用和推广，寿险行业发展已经呈现出数字化、智能化、生态化等一系列新的特征，将给传统保险经营发展带来一系列新的变革，加快寿险市场转型发展。寿险业是我国金融业中的朝阳产业，未来发展前景广阔，应当以转型发展带动寿险市场增长，以健康增长为目标推动寿险转型升级。

魏华林

序言二

我国寿险业于 1982 年恢复经营（当年保费收入 159 万元），发展起步较晚，但成长迅猛，2017 年超过日本成为全球第二大寿险市场。2019 年国内寿险业共实现原保费收入 3.1 万亿元，同比增长 13.8%，我国成为名副其实的保险大国。但客观来讲，国内寿险业近四十年的高速增长中"水涨船高"的现象比较明显，营销模式依然粗放，存在产品同质化程度高、保障程度低、销售渠道单一等诸多问题，这也使其发展在已发生和正发生深刻变化的外部环境中面临巨大挑战。

首先，我国已进入高质量发展阶段，社会主要矛盾已经转化为人民日益增长的美好生活需要和不平衡不充分的发展之间的矛盾，人均国内生产总值达到 1 万美元，城镇化率超过 60%，中等收入群体超过 4 亿人，这类人群具有追求个性、便利等特征，更加关注产品服务品质，对高品质、多元化寿险产品的需求大幅提升，也对寿险产品多元化创新能力提出严峻挑战。其次，根据世界银行数据推算，到 2025 年，我国 65 岁以上的老年人将超过 2.1 亿；到 2050 年，我国 65 岁及以上老年人口占比将达到 27.4%，届时将超过日本成为世界上老龄化程度最深的国家，人口最多、老龄化速度最快，加之人口平均预期寿命不断延长的现实将使未来与养老、疾病、失能、护理等相关的生命健康风险保障需求大幅增加，也对寿险生命和健康风险保障能力提出巨大挑战。最后，随着基因工程、智能穿戴设备等新兴科技的崛起及广泛应用，人类许多重大疾病被准确预测的概率大幅提升，人类寿命延长或者翻倍的可能性也不断增大，这将对寿险业传统"人海战、价格战、规模战"等粗放经营模式带来颠覆性挑战，寿险业亟待高质量发展转型。

寿险市场增长与转型是相辅相成的两个过程。转型是为了适应新的经济形势和条件，更好地促进持续健康增长；反之，把握寿险市场增长规律，改变驱动寿险市场增长动力因素的条件，才能更好地推进寿险转型。《中国寿险市场增长与转型研究》一书便是立足于这个角度，系统分析了近四十年我国寿险市场高速增长的原因，研究剖析了当前寿险市场面临的问题与挑战，整理比较了各主要寿险公司转型发展策略及其取得的成效，是对国内寿险市场增长和转型系统研究的一次有益探索。作者认为，终身客户的维护和开发能力将是未来决定寿险公司核心竞争力的重要因素，而新兴科技会导致寿险经营模式、盈利模式和发展方式发生深刻变化，对寿险转型发展的驱动作用更为强劲。

　　大鹏之动，非一羽之轻也；骐骥之速，非一足之力也。只有坚持立足风险保障本源，全面推进以客户为中心的高质量发展转型，寿险业才能真正实现涅槃重生。要坚持"保险姓保"，更加注重发展长期储蓄型和保障型产品为主的期缴业务和个人代理业务，不断提高社保、大病保险等经办类业务覆盖面，有序扩大健康险、意外险保障范围，真正为人民生命安全和身体健康筑牢风险防控堤坝。要充分发挥保险的资金融通功能，不断增强服务实体经济的能力，积极参与重大基础设施建设，积极服务国家重大战略实施，同时积极探索为实体经济发展中的各种风险管理和保障需求提供解决方案。要淬炼综合化经营能力，不断丰富产品种类、拓宽服务范围、提升服务能力，大力发展税收政策支持下的个人和团体养老保险、医疗保险、护理保险，努力开拓网销、电销等多元销售渠道，有效整合上下游产业链资源，逐渐从只能提供单一产品服务转向能够提供一揽子金融保险产品服务，进一步满足人们日益增长的多元化保险需求。要加快数字化转型，提升寿险业数据管理和应用能力，充分利用人工智能、区块链、大数据、云计算等新兴科技，探索风险减量管理，使企业逐渐从风险"承担者""理赔者"向风险"预防者""价值合作伙伴"转变。要守住自身不发生系统性风险的底线，积极发挥填补风险保障缺口、风险管理与防灾防损的功能，提升经济补偿的杠杆系数，有效助力经济社会平稳发展。

盛和泰

前　言

　　中国是世界人口第一大国，拥有广阔的市场。改革开放以来，中国经济的快速发展极大地提高了居民收入水平，改善了人们的物质生活条件，为消费积累了充分的物质基础，中国消费市场潜在空间巨大。进入 21 世纪以后，中国人口老龄化形势加剧，改变了中国居民人身风险的主要特点，风险类型由生命期过短的死亡风险向生命期过长的生存风险转化，与养老相关的年金保险、疾病保险、护理保险需求快速增加，中国寿险业面临新一轮历史发展机遇。中国保险业能否抓住这一历史机遇实现较快发展，关系着保险行业未来的地位和发展前景，对中国经济社会平稳转型发展具有重要影响。随着中国人口年龄结构的转变，在消费市场中，80 后、90 后和00 后正在成为消费的主力，这些群体多为核心家庭成员或者少子家庭成员，对社会化风险管理工具有较高的需求，是推动中国保险市场发展的重要力量。

　　中国保险业恢复营业以来，伴随着中国经济的快速发展，中国保险市场也快速发展，在不到 40 年的时间内，成为了全球保费规模第二的市场，中国逐渐成为世界保险市场增长的重要引擎，其作为新兴保险市场的主要代表，在国际保险市场具有重要的影响力。但是，中国保险业的发展水平仍然相对滞后，保险密度和保险深度不及世界平均水平，也未达到亚洲平均水平，人均保单持有量与发达国家的保险市场相比还存在较大的差距，这也意味着中国保险市场还存在较大的可开发空间。中国只有不断提升保险服务的深度和广度，才能让保险在经济社会生活中的更多领域发挥其功能和作用，使保险真正成为金融系统的重要支柱，并全方位辅助中国经济社会的发展。

　　与日本、韩国、中国香港和中国台湾等大多数国家或地区的保险市场结构相似，中国保险市场也是以寿险为主，寿险保费占总保费收入的 70%左右，寿险业对整个保险市场影响较大，寿险保费的快速增长是拉动中国保费增速的主要因素。寿险业的发展水平和程度对保险市场具有重要的影响，也能够反映出一个国家经济社会的发展程度。2008 年金融危机爆发以后，随着国际国内经济政治局势的变化，中国经济进入新常态，经济增长在较长时期内维持着"L"型走势，未来中国经济仍将面临较大的下行压力。中国寿险业过去多年的高速增长主要是基于投资理财型业务的大力发展，而这类业务对宏观经济形势的变化较敏感。2011 年，中国寿险保费增速首次出现 15 年高速增长以来的负增长，此后，多家大型保险公司开始调整发展策略，主动实施转型。寿险市场经过几年的恢复调整，寿险保费增速逐渐恢复到两位数的高速增长状态。然而，寿险保费增速仍然是短期投资理财驱动的发展模式，部分保险机构或者个人利用全面深化改革初期保险业监管制度协调不畅等漏洞，大力发展短期理财型业务。金融监管不断趋紧，寿险保费增速逐渐回落，2018 年，寿险保费增速再次出现负增长，转型调整成为行业解决发展问题的主要策略。

中国是新兴市场国家，寿险市场的发展规律有诸多不同于发达国家或地区的过程和特点。只有探索并把握寿险市场的增长规律和趋势，才能更好地分析和发现寿险转型发展的措施和方法。中国传统的寿险发展模式的形成具有特殊性，适应了当时中国的经济特点和国情需要，带动了中国寿险市场的快速发展。近年来，随着经济和社会发展环境的变化，传统的寿险发展模式已经再难持续，甚至连低速增长也较困难。寿险业"十二五"规划提出后，中国部分寿险公司已经进行了一系列的转型尝试，并取得了一定的成效。总的来看，中国寿险转型发展仍处于探索阶段，目前的发展模式与传统的模式相比，并没有发生根本性的变化，中国寿险市场的增长和发展仍面临诸多困难和问题。寿险转型仍然是未来较长一段时期的主要任务，也是寿险业普遍关注的重点问题。

本书从需求层面、供给层面和制度因素三个方面分析了过去 40 年以来中国寿险市场高速增长的原因，其中，在需求层面，主要分析了中国经济发展水平、人口和金融市场发展水平等对寿险市场增长的影响；在供给层面，主要分析了销售渠道和保险公司发展对寿险市场增长的影响；在制度层面，主要分析了寿险费率政策、保险资金运用政策、偿付能力监管制度、社会保障制度改革及税收优惠政策等对寿险市场增长的影响。

通过对经济因素的研究发现，在中国经济高速增长阶段，寿险市场也维持了较高的增长，经济发展水平的提高为寿险市场的发展创造了较好的物质基础条件。当人均 GDP 突破某一水平时，保险市场较为发达的国家或地区其寿险市场增速会有较大幅度的提高。当我国寿险业的发展处于低收入水平时，经济发展对寿险需求的带动作用最强；当处于中等收入水平时，经济发展对寿险需求的带动作用最弱。通过对人口因素的研究发现，当保险市场较为发达的国家或者地区进入人口老龄化时期时，经济较为发达；而当我国进入人口老龄化时期时，经济发展水平较低，应对人口老龄化的经济基础较弱，这将对我国寿险市场未来的发展造成一定的压力。通过对金融市场的研究发现，银行业对保险市场的发展影响较大，证券基金等行业对寿险市场发展的影响较小，这两个领域的发展对未来寿险市场的发展均有较大的影响，是推动寿险市场增长的重要因素之一。

通过寿险销售渠道方面的研究发现，在中国寿险市场恢复营业以后的 30 多年的高速增长过程中，寿险销售渠道起着关键性的作用。中国寿险市场是典型的供给导向的发展模式，符合发展中国家寿险市场发展的基本特点。中国寿险销售渠道从团险渠道起家，1992 年，引入个险代理人制度，2000 年以后银保渠道逐渐发展壮大，后来电销、网销等销售渠道兴起，寿险销售渠道在各个时期的寿险市场增长中均发挥了重要作用，是寿险市场增长的重要驱动因素。个险渠道、银保渠道和团险渠道仍然是未来我国寿险市场增长的主要渠道，而新兴销售渠道的创新发展将为寿险市场增长带来新的机遇。通过保险机构发展方面的研究发现，保险机构数量的增加加剧了寿险市场的竞争，同时为寿险市场的发展带来了新的活力。回归模型分析结果显示，银行网点和代理人数量的增加均对寿险需求有显著影响，其中，代理人数量的增加对寿险需求的影响效应更大。中国寿险市场集中度仍然较高。国寿、平安、新华、太保等公司的续期保费规模对稳定寿险增速起到了较好的支撑和带动作用。

从寿险费率政策演进的过程来看，中国寿险预定利率经历了与银行基准利率挂钩、固定上限预定利率和逐渐市场化三个探索发展阶段。在前两个寿险费率政策实施的初期阶段，寿险费率政策适应了当时市场的发展环境，具有较好的适应性，推动了寿险市场的快速发展。在前两个寿险费率政策实施的后期阶段，两种费率政策都给寿险市场的发展带来了一些负面影响，阻碍了寿险市场的发展。当前，我国正处在推进费率市场化阶段，传统寿险费率政策放开和万能险费率政策改革都对寿险市场的发展产生了较好的促进作用。从保险资金运用政策演进的过程来看，中国保险资金运用也经历了从非市场化到市场化的发展过程，在保险业发展初期过于宽松的保险资金运用政策下，市场的不合理投资曾经给寿险业造成了巨大的损失。随后，保险资金运用政策逐渐走向规范化、专业化和市场化三个阶段，中国保险资金运用政策逐渐走向成熟。保险资金运用政策对投资收益有较大的影响，多数寿险产品具有较强的投资理财特点，寿险业盈利和展业受投资收益影响较大，保险资金运用政策也是寿险业发展的重要制度因素。回归模型分析结果显示，寿险费率政策改革和保险资金运用政策改革都对寿险需求产生了明显的影响，1999 年 6 月至 2013 年 7 月期间的寿险费率政策和寿险市场发展初期的保险资金运用政策对寿险需求的影响最大。各个时期的保险资金运用政策在实施的后期阶段，其影响效应逐渐减弱，这可能与寿险市场对保险资金运用政策的适应调节能力逐渐增强有关。从偿付能力监管制度的演进过程来看，2012 年，中国启动了第二代偿付能力监管制度改革计划，建立了中国风险导向的偿付能力体系（以下简称"偿二代"）。2016 年，"偿二代"正式实施，偿付能力监管指标较好地反映了市场的风险情况，涉足高风险业务较多的寿险公司面临较高的监管资本要求，这在一定程度上倒逼寿险公司综合平衡收益与成本，促进了寿险市场的健康发展。从社会保障制度改革的演进过程来看，社会保障制度改革为商业保险的发展提供了更大的发展空间。商业保险是我国养老保障体系的重要组成部分，社会保障制度改革带动了寿险相关业务的快速发展，未来，个人商业养老保险将有较大的发展空间。从税收制度改革的演进过程来看，我国对商业保险的发展给予了一系列税收优惠政策，这些优惠政策在带动寿险市场增长中发挥了重要作用，是促进寿险市场增长的重要因素。商业养老保险是中国养老风险管理的一个重要工具，个人税收递延型商业养老保险政策实施以后，随着养老风险的不断加剧，养老保险在寿险市场中的比重不断提升，将加快我国寿险业转型发展的步伐，促进我国寿险市场的快速发展。

　　总之，中国寿险市场增长是多种因素综合作用的结果。需求层面的因素是我国寿险市场增长的内在驱动因素；寿险销售渠道的创新和发展是我国寿险市场增长的根本动力，也是寿险业转型依托的主要工具，它决定了寿险转型的成败；政策制度因素（保险监管政策、社会保障制度、税收政策、金融政策等）是我国寿险市场增长的外在驱动因素。经济层面的因素和政策制度因素为寿险市场转型创造了良好的经济基础和政策环境。寿险行业转型的主要载体是保险公司的销售渠道、寿险产品和盈利模式等。

　　基于这个结论，本书分析了中国各主要寿险公司多年以来转型发展的策略，以及转型发展取得的成效。本书梳理了欧美、日本和中国台湾等国家和地区的发达保险市场中几家大型寿险公司近几年的发展策略、盈利指标等内容，分析了国际寿险公司的发展策略对中国寿险公司转型发展的经验启示。最后，本书从寿险渠道、寿险产品和寿险盈利转型策略等方面提出了中国寿险公司转型发展的对策措施。

　　当前，中国社会已经进入人口老龄化加剧的阶段，寿险市场的主要风险从生命期过短风险向生命期过长风险转化，中国保险业全面深化改革以后，市场在资源配置中的基础作用逐渐加强。近年来，随着保险科技的应用和大力发展，人工智能等现代科学技术手段逐渐在多个领域替代人工劳动，极大地提高了保险服务的效率和质量，减少了人力成本消耗，这使传统消耗人力较高的客服和查勘理赔等服务环节的员工将面临分流转岗的风险。大数据的深度挖掘和发展以及区块链和物联网等保险科技的深度开发，将进一步增强寿险市场的透明性，加剧寿险市场的竞争性。终身客户的维护和开发能力将是决定未来寿险公司核心竞争力的重要因素。保险科技给寿险行业带来的影响更为深远，促使寿险经营模式、盈利模式和发展方式发生深刻变化，对寿险转型发展的驱动作用更为强劲。寿险业必须主动融入转型发展过程之中，才能更好地适应当前我国经济社会发展形势转变的现状和特点。

目　录

第一章　绪论

第一节　引言

一、人口老龄化加剧对寿险业的影响

保险是金融系统和社会保障系统的重要支柱，在现代经济系统中具有重要的功能作用。经济越发达的国家或地区，保险业的发展水平往往也较高，其在经济系统中的地位也越重要。现代保险业的发展扩展和延伸了保险的功能作用，保险业务范围从传统业务领域逐渐向非传统保险业务领域渗透，保险的金融属性不断强化和凸显，保险在风险管理全链条中的功能作用不断增强。保险已经成为现代经济系统不可或缺的重要组成部分，特别是当一国经济发展到一定阶段时，保险在经济发展中的助推作用尤为重要。日本、英国、美国等发达国家都是在人口老龄化到来之际，把握住了历史机遇，推动了保险业的大发展，使其在国家的经济系统中居于重要地位。

寿险[①]是保险的重要组成部分，也是保险业中金融属性功能最强的组成部分，与经济系统中多个部门有着千丝万缕的联系。现代保险业的发展将寿险的金融属性更好地展示了出来。目前，多数发达保险市场都以寿险为保费的主要来源（美国、部分欧洲国家除外），寿险业对这些国家保险市场

---

① 若无特别说明，本书所说的寿险均指广义上的寿险，即人身保险，包括狭义的寿险、健康险和意外险等险种，本书中的寿险保费增速，既包含寿险公司保费收入，也包含产险公司的短期健康险和短期意外伤害保险保费收入。狭义的寿险是以生存和死亡风险为保险责任的险种，不包含健康险和意外险。

的发展影响很大。中国寿险保费占总保费收入的70%左右，属于典型的寿险主导的发展模式，中国寿险业在保险市场的快速发展中发挥了重要作用。

与其他发达保险市场不同，当前我国尚属于中等收入水平国家，经济基础相对薄弱。美、英、日等发达国家在进入人口老龄化阶段之前，已经成为高收入水平国家，充实的经济基础为其寿险业的高速发展提供了坚实的后盾。我国已经提前进入了人口老龄化社会，而且老龄化程度日益加剧，这要求作为养老保障体系重要组成部分的寿险业必须保持高速发展态势。

商业保险是养老保障体系的重要组成部分，多数发达保险市场的商业保险在养老保障体系中发挥着重要作用。中国商业保险的投资理财型业务具有一定的资产保值和风险保障功能，这类寿险在应对养老风险上的功能作用相对较弱。目前，寿险公司开发的年金保险产品基本上都是即期返还型模式，实际上是一种投资理财型产品，养老保障功能相对较弱。因此，商业保险在我国养老保障体系中的作用较弱。个人税收递延商业养老保险是政策性养老保险产品，是国家鼓励商业保险参与养老保障事业的税收激励措施，具有管理养老风险的功能作用。目前，这类业务在我国尚处于试点阶段。2018年5月1日，个人税收递延商业养老保险开始在上海、福建（含厦门）、苏州工业园试点一年。在我国人口老龄化加剧的形势下，未来中国养老风险保障还存在较大的缺口，个人税收递延型商业养老保险政策的落地实施或将激励更多的个人消费者参与商业养老保险业务，从而带动中国寿险市场进入下一个快速增长阶段。人口老龄化的加剧，或将推动寿险业业务结构从以人寿保险为主导的业务模式向以养老年金业务为主导的模式转变，实现寿险业务结构的转型。

二、中国寿险保费维持多年高速增长

中国寿险业自1982年恢复营业以后，随着寿险公司及其网点数量的不断增加和产品种类的不断丰富，寿险保费规模快速扩张，寿险保费增速连续多年保持高速增长状态。中国在不到40年的时间里，迅速发展成为全球第二大寿险市场。1982~2010年，中国寿险保费以58.81%的平均速度高速增长，成为我国金融市场中发展速度较快的行业之一。即使在2008年金融危机爆发，全球金融系统受到重创，美国国际集团（American International Group，AIG）几乎破产倒闭的形势下，中国寿险保费仍然保持了47.81%的增速，势头良好。2008~2010 年，中国寿险保费年平均增速为 12.60%，高于 GDP 年平均增速 3.7 个百分点。2011 年，受监管政策收紧的影响，寿险保费增速出现十多年来的首次负增长，寿险市场进入缓慢的恢复调整阶段，直到 2014 年，寿险再度恢复到两位数的正增长。2015~2017 年，各年寿险保费增速均保持在 20% 以上，寿险市场处于爆发式增长状态。2011~2017 年，寿险平均保费增速高达 15.6%，是 GDP 实际年平均增速的 2 倍以上。2017 年，中国寿险保费规模排名全球第二位，占新兴市场保费的一半以上，占全球保费的 11%，是全球保费增长的主要拉动力量。

过去多年，中国寿险保费保持的高速增长状态，反映出中国寿险消费市场的潜力巨大，未来，中国寿险市场将释放出巨大的发展潜力。中国寿险业在过去多年的高速增长中，建成了庞大的代理人队伍和渠道网点，吸引了较多的主体参与到保险产业链中，互联网销售渠道、保险超市和社区门店等多种新型销售方式正在兴起和发展，为未来寿险市场的进一步开发和发展奠定了较好的基础。

三、中国寿险业进入转型发展阶段

2008 年，金融危机爆发，引发了全球性经济危机，多国经济牵涉其中，至今仍未完全恢复。中国经济虽然受金融危机的直接影响较小，但是受全球经济发展环境、国际政治局势以及中国经济发展周期调整的影响较明显，中国经济增长的内在动力正在发生变化，经济发展方式也出现了许多不同于以往的特征。在资本边际报酬递减、人口红利退减和资源环境压力等因素的作用下，我国经济将在较长一段时期内处于"L"型探底发展状态。多年以来，中国寿险消费多为投资储蓄动机，反映在市场上投资理财型产品的发展，这种业务模式的特点决定了寿险业发展受宏观经济波动的影响较大。中国经济增速减缓、结构调整升级和新旧经济增长动力转换升级等对寿险业产生了较大的影响，寿险保费难以再维持过去的高增长速度，加上利率长期低迷、市场竞争加剧、监管趋严等环境的变化，寿险业盈利承压较大，这种规模导向的增长模式难以持续。2017 年以来，受短期存续期保险产品逐渐退出，以及监管机构引导市场发展长期期交业务政策导向的影响，中国寿险保费增速大幅回落。2018 年，寿险保费规模 27246.5 亿元，同比增长 1.87%。其中，人寿保险保费规模 20722.8 亿元，同比增长-3.42%。

2019 年，寿险保险规模 30995.3 亿元，同比增长 13.76%。其中，人寿保险保费规模 22754.1 亿元，同比增长 9.80%。寿险保费再度重回两位数增长状态，反映了寿险转型在探索中曲折推进。

近年来，由于经济转型升级的压力向各领域渗透，市场上通过短期炒作获取高收益的投资项目数量有限，加之中美贸易摩擦不断升级，各行各业都遭受到外贸环境变化带来的压力，导致投资收益对寿险盈利的支持力度受到限制。中国股市、汇市和债市等资本市场监管从严，资本性业务回报空间有限。寿险业资产负债久期不匹配问题也面临着较大的风险，影响着寿险业的长期健康发展。中国提振实体经济发展，推动经济转型升级，也需要寿险业从多方面提供支撑，特别是在提升社会保障功能方面做更多的布局。当前正是中国寿险业千载难逢的发展机遇期，寿险公司是目前中国唯一有经营商业养老保险业务资格①的主体。中国寿险业能否抓住这次历史机遇，完成转型升级，带动寿险业第二轮黄金增长，对中国寿险业的未来发展意义重大。国寿、太保和新华等大型保险公司近几年一直在布局转型发展，并取得了一定成效，但是从总体来看，寿险业转型升级的步伐仍然较缓慢。

本书围绕国内寿险市场增长和转型发展问题展开分析，在深入剖析中国寿险业增长原因的基础上，把握寿险业发展变化的规律，并根据国内外寿险市场发展的经验启示，提出适用于中国寿险市场转型发展的对策建议。

第二节　文献综述

一、寿险需求的影响因素

（一）关于增长问题的文献研究

经济增长理论是经济学研究的核心问题之一，时至今日，关于这一问

---

① 本书指商业保险公司销售的养老保险产品。

题的研究仍然备受关注。在经济理论中，比较有代表性的经济增长模型包括索洛增长模型（Solow Growth Model）、无限水平跨期迭代模型（Infinite Horizon and Overlapping-Generations Models）、新增长理论（New Growth Theory）、实际经济周期理论（Real Business Cycle Thoery）等，它们分析了资本、劳动力和技术进步等生产要素对产出增长的作用，揭示了经济增长的原因。同时，围绕经济增长问题，相关文献分析了资本、消费、基础设施和政府购买力等对产出的影响，以及资本和消费在产出模型中的动态变化。金融在经济增长模型中通常被假定为市场自动出清的部分，可以自动匹配生产要素市场。这些研究奠定了宏观经济理论的基础，成为了研究增长问题的重要基础。

寿险以人的生命风险为保险标的，是一种金融属性强的商品，难以根据基于生产要素的经济增长框架去直接研究寿险市场的增长问题。研究寿险市场的增长问题主要是研究寿险消费市场发展的变化规律，通过保费收入、保费收入增长速度、保险密度、保险深度和人均保单持有量等指标来反映寿险市场的发展情况，进而研究寿险市场增长的变化规律。郑伟和刘永东（2007）提出采用"保险基准深度比"来度量一个国家或地区保险业的相对增长水平，即：保险基准深度比=实际保险深度/基准保险深度，其中，基准保险深度是指在相应的经济发展阶段上世界平均保险深度。基准保险深度比大于（小于）1，表明该国或地区的实际保险深度高于（低于）世界平均保险深度。

中国商业健康保险与人寿保险存在规律性变化趋势，2001~2011年期间，商业健康保险与人寿保险呈同周期性变化；2012年以后，商业健康保险的增长大幅领先于人寿保险，主要是由于保险公司产品策略发生了重大转变（朱铭来和宋占军，2015）。保险公司在万能险保单初期采取高结算利率的方式带动新单保费高速增长，投保人价值最大化目标下的决策是，在结算利率降低于市场平均水平时选择退保（陈秉正和何佳宇，2016）。部分文献研究认为，保险发展对经济增长的影响效应是通过风险转移和金融中介两种职能来实现的，恶劣的制度可能会引起经济增长的负效应，当国家制度和经济发展水平与金融市场发展水平不同时，保险的经济增长效应存在显著差异（廖乔芊和李明贤，2016；陈华和周倩，2018）。范庆祝等（2017）认为，寿险供给质量、动能和效率可以显著促进寿险消费。

国内外关于寿险市场增长问题的直接研究还不多。一些文献研究从宏观或微观层面分析了寿险需求的影响因素，以寿险保费收入、寿险密度和寿险深度等为因变量，分析了各种影响因素与这些因变量的定量关系，探讨了各种影响因素在寿险需求中的作用和意义，在一定程度上解释了寿险市场增长的原因。

（二）寿险需求模型的理论框架基础

寿险需求模型基于生命周期理论、不确定性理论和期望效用理论，分析了预算约束下在效用函数最大化行为下寿险需求变化的规律。Yaari（1965）被认为是研究寿险需求问题的开创性文献，他分别分析了在寿命结束时间确定和不确定的情况下，购买了保险和没有购买保险的消费者的消费变化规律，认为购买保险提升了消费者的福利。Fischer（1973）根据生命周期理论和期望效用函数理论，研究了消费者在身故时间不确定情况下的定期寿险需求问题，并根据变量之间的函数关系，分别给出了消费者在只有财富、拥有风险资产和劳动收入情形下的单期定期寿险需求函数和两期定期寿险需求函数，并分析了定期寿险需求函数与债券收益、储蓄、死亡的条件概率和生存条件下的贴现收益之间的关系。Pissarides（1980）构建了在遗产动机和身故时间不确定情形下的效用函数模型，分析了在完美市场和非完美市场下，消费者基于储蓄动机购买寿险产品时寿险消费需求函数的变化规律。Lewis（1989）分析了配偶或子女的偏好对寿险需求函数的影响，将需求函数的波动内生化，克服了 Yaari 寿险需求模型依赖外生性变化的不足，并从受益人的角度分析了寿险需求问题。本书认为，只有当 $\left(\dfrac{TC}{W}\right)>1^{1/\delta}$ 时人们才会购买寿险，$\dfrac{TC}{W}$ 过低时家庭则不会购买寿险，此外，当抚养者是风险中性的消费者时，也不会为家庭主要劳动力购买寿险。其中，TC 是被保险者期满时抚养者从当前期到第 a 期的消费现值，W 表示抚养者获得遗产的财富净值，l 为保费附加因子。

Yaari（1965）、Hakansson（1969）、Fisher（1973）、Campbell（1980）等构建的寿险需求模型假设家庭收入的不确定性主要是由意外死亡导致的工资收入的波动，家庭购买保险是为了寻求一种减少主要劳动力收入损失对消费波动性影响的机制，生命预期的不确定性引导着寿险消费，风险厌恶程度是寿险消费模型中一个非常重要的因素。Zietz（2003）的综述表明，风险厌恶程度与寿险消费具有正向关系，遗产是寿险消费的另一个重要的影响因素。

（三）寿险需求宏观层面的影响因素

1. 国外研究综述

（1）收入是寿险需求的重要影响因素。国内外文献的基本观点是收入对寿险市场的发展具有显著的正向影响，是影响寿险需求的重要因素。对于收入与寿险需求的关系，相关文献有三种主要观点：一是经济发展推动了寿险市场发展；二是寿险市场发展推动了经济发展；三是收入与寿险需求互为因果关系。寿险是金融业的组成部分之一，寿险市场发展有利于提高国民收入。收入是消费的物质基础，也是寿险消费市场增长的重要物质基础。学术界已经就第一种观点基本达成共识，认为收入是影响寿险需求的重要因素之一，其影响体现在以下四个方面：一是可支配收入或持久收入与寿险需求之间存在正向关系（Neumann，1969；Fortune，1973；Compbell，1980；Lewis，1989；Bennstock et al.，1986；Truett and Truett，1990；Browne and Kim，1993；Outreville，1996；Beck and Webb，2003；Krishna，2008；Lee et al.，2009）。二是寿险市场发展与经济增长具有密切关系（Ward and Zurbruegg，2000；Webb，2000；Soo，1996）。三是寿险业发展对经济增长具有带动作用，不同国家其作用效果差异较大。保险业增长对经济具有正向作用，且两者具有长期均衡关系（Krishna，2008；Hou et al.，2012；Anju and Renu，2013）。Martin 和 Dieter（2013）发现产品特征（如产品类型和合同期限）、保单持有人特征（如年龄和性别）等对保单流失率有显著影响。四是当经济发展处于不同阶段时，收入对寿险需求的影响程度不同，中等收入阶层的收入变化对寿险需求的影响效应更大。例如：Beck 和 Webb（2003）认为寿险需求的收入弹性小于1，发展中国家的寿险需求的收入弹性低于全球样本的寿险需求的收入弹性；Truett（1990）发现墨西哥的寿险需求的收入弹性高于美国；Li（2007）发现 OECD 国家寿险需求收入弹性为0.6。

（2）寿险需求的其他影响因素。国外相关文献将寿险需求的影响因素主要划分为经济、人口和文化因素三大类。其中，经济因素包括收入、储蓄、就业、保费、社会保障、金融发展水平、税收、通货膨胀、银行利率和区域因素等；人口因素包括人口数量、人口结构和生命预期；文化因素包括教育、宗教信仰等。Fortune（1973）认为寿险是传统金融资产（如债券和股票）的替代品。Headen 和 Lee（1974）认为短期寿险需求主要受消费者情绪、利息率和储蓄率等的影响。Campbell（1980）认为遗产动机与风险厌恶对寿险需求的影响较为相似，但两者之间仍有显著的差异。Burnett 和 Palmer（1984）主要分析了人口及心理因素对寿险需求的影响，认为工作道德规范、地区和教育等也是影响寿险需求的重要因素。Babbel 和 Staking（1983）、Babbel（1985）用成本指标的方法对价格和保险需求进行分析，发现价格对保险需求有负向影响。Goldsmith（1985）的研究发现高学历的妻子为丈夫购买终身寿险的概率相对较低，遗产动机是消费者购买寿险的一个重要动机，不确定性、收入、家庭财富和家庭决策环境等对寿险需求均有显著影响。Beenstock 等（1986）的结论表明抚养比率、生命预期和可支配收入对寿险消费有正向影响，社会保障水平则对商业保险的发展具有对冲效应，社会保障水平的提高对寿险需求具有负向影响。Truett（1990）的研究发现年龄、教育程度和收入水平对寿险需求有显著影响。Browne 和 Kim（1993）的研究发现抚养比率、国民收入、社会支出和预期的通货膨胀率对一国的平均寿险消费需求有显著影响。Outreville（1996）认为垄断市场条件对寿险发展有明显的阻碍作用。Beck 和 Webb（2003）的研究证明收入及抚养率对保险消费有正向影响。Carsten-Henning（2003）认为寿险产品的差异主要在于保障和储蓄功能的不同，保险需求问题的研究起源于各种形式的消费理论。Simona（2014）认为城镇化是影响亚洲的寿险需求的重要因素，但对欧洲新兴国家的寿险需求无显著影响。Mirela、Nicu 和 Silviu（2014）认为潜在的保险需求与人们的收入、生活方式、受教育程度、城市化程度和文化等有关。

从长远来看，未成年人口在劳动年龄人口中的比例降低，可以通过增加社会福利消费的方式抑制寿险需求，未成年人口在劳动年龄人口中的比例提高，基于储蓄动机的寿险消费增多。受教育水平对寿险消费具有正向影响效应，主要是因为受教育水平较高者更了解风险管理和长期储蓄的好处，风险厌恶系数更高。宗教信仰影响人们的风险厌恶程度以及保险产业的配置方式，信仰伊斯兰教的地区寿险需求较低。人口更为密集的城市地区的寿险需求更高，居住区域的稠密程度简化了寿险的区域和市场分布，降低了寿险的成本，进而影响了寿险消费。预期寿命越长，对只具有死亡赔付功能的寿险产品的消费越低，对具有较高储蓄特征的寿险产品的需求越高。收入和经济增长对寿险需求具有正向影响效应。寿险市场发展与金融市场发展具有密切关系，以通货膨胀表示的金融市场稳定性以及利率对寿险需求具有显著影响。在适度通货膨胀的情况下，寿险可以作为一种更适宜的投资工具；当通货膨胀较为严重时，寿险需求较少。利率对寿险需求的影响主要是基于寿险与投资的回报的比较结果。更为有效的金融市场可以提高投资效率，增强寿险产品的竞争力。贷款需求对寿险需求具有补偿效应，寿险经常被用于提高贷款信誉和降低贷款利率。商业寿险和社会保障相互影响，社会福利的规模和相关的法律体系是寿险市场发展的基础制度环境，一个国家的社会保障体系的规模和效率对寿险需求具有显著的抑制作用。就业率提高和更为稳定的就业环境对寿险市场发展更为有利。税收对寿险需求的影响较为复杂，很难得出较明确的结论。而税收优惠作为一种投资方式，对寿险需求和寿险利润的影响效应部分依赖于住房的税收现状。收入在寿险消费中发挥着主要作用，寿险需求随着平均预期寿险的延长而减少，随抚养负担的增加而增加，随受教育水平的增加而增加，随社会保障支出的增加而减少（Li et al.，2007）。

2. 国内文献综述

国内关于寿险需求的影响因素的分析主要参考了国外相关研究的技术方法和影响因子，因此，其结论与国外文献研究基本一致。

（1）收入是寿险需求的重要影响因素之一。收入对寿险的影响主要体现在以下方面：一是国民收入、可支配收入和人均国民收入等反映经济发展水平的因素对中国寿险需求有显著的正向影响。阎建军和王治超（2002）认为收入是影响寿险需求的主要因素。赵桂芹（2006）指出中国寿险市场发展是经济驱动型的，区域寿险市场发展的不平衡主要根源于经济不平衡。梁来存（2007）的实证结果显示寿险消费意识、经济增长、政府政策和产品创新是影响寿险需求的主要影响因子。柏正杰（2012）的研究表明收入水平、收入结构和收入性质对农民购买农业保险有正向影响，在收入水平既定的前提下，收入性质和收入结构的差异会导致农民购买的农业保险产品不同。二是储蓄对寿险需求有较显著的拉动作用，投资型寿险在将储蓄转化为保险方面的作用强于传统型寿险。例如，郑宇和余文玉（2005），赵桂芹（2006），王向楠和徐舒（2012），钟春平、陈静和孙焕民（2012），王向楠和徐舒（2012）等。

（2）不同的收入水平对寿险需求的影响效应不同。收入水平对寿险需求的影响效应差异主要有以下方面：一是不同的收入水平对寿险需求的影响程度不同，其中，中等收入水平对寿险需求的影响效应最大。阎波（2006）的研究表明寿险需求在不同收入阶层的弹性不同，当人均 GDP 在 1000~3000 美元之间时，寿险需求收入弹性最大；当在 1000 美元以下时，寿险需求的收入弹性较小；当在 3000 美元以上时，寿险需求高速增长，但是寿险需求的收入弹性逐步降低。刘学宁（2012）研究了中国各省的保险密度和人均 GDP 之间的关系，结果表明寿险需求弹性呈先上升后下降的趋势，中低收入人群的收入弹性最大。孙秀清（2013）分析了东、中、西部地区的收入对寿险需求的影响，结果发现中、西部地区的收入对寿险需求有显著的正向影响，东部地区的收入对寿险需求无显著的正向影响。孙秀清（2013）的研究也证实了在经济发展水平不同的地区，收入对寿险需求的影响效应不同。肖攀、李连友和苏静（2015）的研究发现只有当保险业的发展水平超越某一临界值时，保险对经济的驱动功效才能显现，过低的发展水平只能使得经济陷入低水平均衡。周华林（2015）发现中低收入阶层和高收入阶层的收入变化对寿险需求的影响程度相对较小，中等收入阶层和中高收入阶层的收入变化对寿险需求的影响程度较大。二是寿险产品是奢侈品还是必需品一直存在较大的争论，不同的研究所得出的结论差异较大。龙玉国和谢利人（2006）基于各省保险密度收入弹性的分析得出中国寿险资产尚未成为人们的生活必需品，在中国，寿险商品是奢侈品，相对于普通人，富人更需要寿险资产。宋明珉（2007）关于人均可支配收入和保险密度的实证分析，结果表明寿险需求的收入弹性大于 1，认为中国的寿险商品是奢侈品而不是生活必需品。夏益国（2007）的研究发现，国民收入低于 1000 美元时，中国寿险需求是缺乏弹性的，这主要是由中国寿险市场发展的历史阶段决定的。潘军昌和杨军（2010）基于寿险保费收入，分析了人均可支配收入对寿险需求的影响，得出寿险需求的收入弹性为 0~1。刘学宁（2012）认为中国大部分地区的寿险需求是富有弹性的。王宏扬和樊纲治（2018）指出在经济发达地区抚养比率对人身保险密度、深度和市场份额均有显著的正向影响，而在经济欠发达地区这种影响效应并不显著。周华林（2015）基于居民个人寿险需求分析的研究发现，寿险需求的收入弹性小于 1，属于必需品类商品。

（3）寿险需求的其他影响因素。一是人口数量、老年抚养比和少年抚养比等对寿险需求的影响效应存在较大的分歧。卓志（2001）的结论显示抚养比对寿险需求有正向影响。李艳荣（2005）的分析表明抚养比对寿险需求的影响效应较弱。陈丝妮（2011）认为人口规模对各地区寿险需求的影响效应较弱，老年人口抚养比对东部地区的寿险需求有显著的正向影响，对中部和西部地区的寿险需求的影响效应相对较弱；少年抚养比对东、中、西部地区的寿险需求均无显著的影响效应。钟春平、陈静和孙焕民（2012）认为人口抚养比对寿险需求具有负向影响。部分文献分析了教育对寿险需求的影响作用，多数文献认为教育对寿险需求有正向影响效应。

二是不同程度的教育水平对寿险需求的影响效应差异较大。卓志（2001），钟春平、陈静和孙焕民（2012）等认为教育水平对寿险需求有负向影响。李艳荣（2005）和赵桂芹（2006）等认为教育水平对寿险需求有正向影响。舒高勇和石颖（2007）的研究结果显示教育水平对寿险需求的影响效应较弱。陈丝妮（2011）认为教育水平对东、中、西部地区乃至全国的寿险需求均有显著的正向影响，其中对东部地区的影响效应更大。孙秀清（2013）认为教育水平的差异是导致东、中、西部地区寿险需求差异的主要原因，其他影响因素对寿险需求的影响作用较弱，区域外部发展环境对寿险市场发展的推动作用较为有限。

三是关于预期通货膨胀对寿险需求的影响效应的实证分析的结果分歧较大，多数研究认为通货膨胀对寿险需求的影响效应是负向的，对传统寿险和投资寿险需求的影响作用不同。卓志（2001）认为预期通货膨胀对寿险需求有负向影响。夏益国（2007）认为预期通货膨胀对寿险需求有负向影响，但影响效应不显著。潘军昌和杨军（2010）认为通货膨胀对寿险需求具有抑制作用。陈丝妮（2011）的实证分析结果显示预期通货膨胀对东部地区的寿险需求具有显著的抑制作用，对中部和西部地区的影响效应相对较弱。王向楠和徐舒（2012）发现预期通货膨胀降低了传统型寿险需求，增加了投资型寿险需求。舒高勇和石颖（2007），钟春平、陈静和孙焕民（2012）的研究结果显示通货膨胀对寿险需求的影响效应较弱。朱铭来和房予铮（2008）认为通货膨胀对理财类投资需求具有较强的刺激作用。

四是利率对寿险需求具有负向影响，长期内利率对寿险需求的影响作用并不显著。阎建军和王治超（2002）与潘军昌和杨军（2010）以及陈丝妮（2011）等认为利率对寿险需求的影响效应较弱。夏益国（2007）认为名义利率对寿险需求具有正向影响，影响效应并不显著。

五是社会保障对中国寿险需求具有正向影响效应。李艳荣（2005）的研究发现人均社会保障支出对寿险需求有正向影响。钟春平、陈静和孙焕民（2012）认为社会保障对寿险需求具有正向影响作用。张洪涛和张冀（2008）的研究结果显示农民收入和社会保障体系是影响中国寿险需求的主要因素，社会保障和商业保险呈现出互补效应，而非替代效应。陈丝妮（2011）的研究结果显示社会保障水平对东、中、西部地区的寿险需求均有正向影响，其中，东部地区的寿险需求受社会保障水平的影响最弱，中部和西部地区的寿险需求随社会保障水平的提升而增加。王向楠和徐舒（2012）的研究发现社会保障对传统型寿险需求具有替代效应，对投资型寿险需求具有收入效应。

六是赵桂芹（2006）和夏益国（2007）认为市场竞争对寿险需求有显著的促进作用。

七是城市化水平对寿险需求有显著的促进作用。舒高勇和石颖（2007）等的研究表明城市化水平对寿险需求具有正向影响作用。陈丝妮（2011）认为城市化水平对全国各地区的寿险需求均有显著的促进作用，其中，西部地区的寿险需求受城市化水平的影响效应更大。钟春平、陈静和孙焕民（2012）等的研究表明城市化率对寿险需求的影响效应较弱。

八是金融市场发展对寿险需求有正向促进作用。朱铭来和房予铮（2008）指出消费者的养老保障和投资动机是中国寿险市场增长的主要驱动因素，寿险市场的死亡保障动机较弱。股票指数对寿险需求具有负向影响，股票资产的收益对寿险需求具有替代作用。

（四）寿险需求微观层面的影响因素分析

国外关于寿险需求在微观层面的影响因素的研究相对较多，主要从性别、个人或家庭收入、抚养者数量、区域、职业、年龄、教育和寿险功能差异等方面对家庭或个人寿险需求的影响效应进行了分析。Hammond、Houston 和 Melander（1967）的研究结果表明高收入家庭的寿险需求弹性较低，中等收入家庭的弹性最大，低收入家庭对寿险需求并不敏感。Goldsmith（1983）研究了丈夫的定期和终身寿险是否是妻子人力资本的替代品的问题，认为家庭收入、保险覆盖面、家庭特征以及家庭的决策环境都对丈夫定期寿险的购买决策有重要影响，家庭对寿险保障的需求是随时间变化的，通过家庭选择的寿险保障和保费标准可以识别妻子的人力资本信息以及雇佣状态对家庭寿险保障需求水平的影响。Fitzgered（1987）分析了夫妻双方都有收入且死亡概率相互独立情况下的家庭寿险需求问题，并将保险期限内的夫妻寿险消费分为双方都存活、一方生存另一方死亡以及双方死亡三种类型，他认为丈夫的未来收入能促进保险需求，保险期内因丈夫死亡得到的社会保障基金减少了保险需求，而丈夫在世时社会保障储蓄基金会促进保险需求，这两个作用是可以相互抵消的。Showers 和 Shotic（1994）用 Tobit 模型分析了保险需求的边际变化及保险购买力的边际变化，得出保险需求受家庭规模大小、赚钱的人数、主要成员的年龄以及家庭的收入影响，并随现存的保险购买力的边际作用变化而变化。Gandolfi 和 Mincers（2001）认为家庭大小、孩子的抚养年数、年龄和教育等对于丈夫和妻子的保险需求是不同的。Compbell（2006）的研究表明当家庭的财富水平提高时，参与金融市场的比例增加，财富水平低的家庭参与稳健理财活动的比例高，财富水平高的投资者参与私人商务活动的比例高。Free 和 Sun（2009）用多变量两部模型分析了家庭寿险需求的问题，结果表明股票数量、债券、不动产、负债和收入等因素对寿险需求有显著影响，但是各因素对产品选择及寿险投入量的影响程度不同，他们认为定期寿险和终身寿险在选择模型中，所有解释变量是相互替代的；但是在连续模型中，部分是相互补充的，而以往的研究之所以认为定期寿险与终身寿险是相互替代的，是因为实证分析中采用的模型不同。Soon 和 Soon-Il（2010）分析了韩国的人口因素对寿险需求的影响，得出居住区域和工作类型是寿险需求分析中非常显著的变量。与以往研究的不同之处主要有四个方面：一是检验人口因素对定期寿险、储蓄型寿险及个人年金保险产品需求的影响效应；二是群体或个体居住区域对寿险需求的影响；三是考虑到退休年龄对寿险需求有很大的影响，对家庭成员的职业进行细分；四是不同于以往研究中以被保险人数量为因变量，本书以保费收入作为寿险需求和风险的变量，分析了户主的年龄、教育、家庭收入、家庭大小、雇佣及工作类型、居住区域和其他因素等对家庭定期寿险保费、家庭储蓄型保费、定期与储蓄型保费之和、家庭个人年金保费及家庭所有保费之和等需求指标的影响。Hong 和 Rios-Rull（2011）对家庭寿险消费的研究表明抚养孩子的成本很高，但抚养女儿比抚养儿子的成本低，相比较未结婚者，结婚增加了女性的边际消费效用，已婚者购买的保险之所以比未婚者多，主要是因为已婚状态下的消费具有规模经济效应，且在家庭联合决策问题上男性拥有较高的决策权。

国内关于寿险需求在微观层面的影响因素的研究较少，且多侧重于定性方面。吴珍胜（2004）按照家庭的生命周期将个人业务市场分为单身时期、新婚时期、满巢时期和退休养老时期四个阶段，并认为家庭在单身时期对投资工具感兴趣，更偏好定期和终身寿险；在新婚时期如果已经购买了定期和终身寿险，则更偏好意外险、医疗保险和重大疾病保险；家庭在满巢时期更偏好具有"保障+投资"功能的寿险产品；在退休养老时期更偏好年金保险。《中国家庭寿险需求研究报告（2011）》分析了家庭生命周期阶段、资产、家庭结构、教育水平、职业、风险意识、职业和收入等社会经济指标对家庭寿险需求的影响，报告指出中国家庭小型化趋势明显，老龄化压力增大；县域家庭风险意识和存款意识低；家庭抗风险能力低，融资渠道集中于存款和向亲友借款；社会保险高覆盖低保障，商业寿险多是锦上添花；家庭责任意识高，投保对象首选子女；寿险实际客户群以中高收入家庭为主体（报告中现有的寿险消费群体主要是指月收入在5000元以上的家庭；资产在100万元（含）以上的家庭；担任企事业单位的管理者或者普通白领；家庭学历较高者）；一般家庭将成为未来寿险的潜在消费群体；寿险代理人渠道营销优势明显；寿险认知水平与寿险购买意愿正相关；寿险行业服务满意度高，但产品设计难获认可。刘学宁和李凤凤（2012）对青岛市的家庭寿险需求展开了问卷调查，分析结果表明青岛市民给自己买保险的人最多，其次是给孩子买保险，给老人买保险的人数排第三位，为配偶购买寿险的人数最少。已婚无子女者为父母等长辈购买寿险的比例最高，未婚者为本人购买保险的比例最高，已婚有子女者为子女购买保险的比例超过了自己、配偶及父母等，已婚有子女者的寿险需求最强。王向楠和王晓全（2013）以家庭为单位研究了中国居民的寿险需求，结果表明普通寿险的投保率为43.96%，分红寿险的投保率为42.12%，投资寿险的投保率为13.90%；女性的投保比例高于男性，女性的两周患病率和慢性病患病率均高于男性；主要依靠商业养老的人群投保人寿保险的比例为47.37%，依靠自己储蓄的人群的寿险投保率为10.46%，依靠家庭养老的人群的投保率为4.32%。周华林和郭金龙（2015）的研究发现，保险公司的产品政策对寿险需求有较大影响，家庭不同成员的风险保障需求存在较大差异，不同年龄阶段的寿险消费购买率的差异也较大，33岁左右是各类寿险产品消费的高峰期。

二、寿险费率政策改革

寿险费率政策是对寿险商品定价的一种管理政策，以对预定利率、准备金等做相关规定为主。其中，预定利率是计算寿险产品保费和准备金时所使用的利率，是保险公司提供给消费者的回报率。最初的理论认为，实行保险费率监管是为了实现偿付能力和公平性的双重监管目标（Emmett and Therese，2002），要求费率要保持公平和合理，既能充分满足保险赔付要求，又能在一定程度上避免资本的闲置和浪费。

（一）国外研究综述

目前，在世界保险行业发展较好的国家或地区，保险费率政策早已实现了市场化，但是，关于费率政策对寿险市场发展影响的研究较少。

1. 费率政策对寿险定价风险的影响

国外关于寿险定价的利率风险研究始于 20 世纪 70 年代，Boyle（1976）、Panjer 和 Bell-house（1980，1981）、Giaccotto（1986）、Dhaene（1989）以及 HUrilimann（1992）先后通过各种随机利率模型分析了寿险定价中的利率风险。Anthony 等（1999）、Michael 等（2000）和小藤康夫（2001）分别结合所在国家的实际情况，系统地论述了寿险产品的利率风险形成的原因和过程，以及如何进行利率风险的管理。对于包括定价利率在内的费率市场化，绝大部分学者都持支持态度。Joskow（2002）和 David（2002）的理论研究表明，价格管制造成了销售的低效率，降低了保险商品的可得性，保险费率的监管最终会带来效率的损失。Tennyson、Weiss 和 Regan（2002），Jaffee 和 Russen（2002）分别利用美国州数据从实证的角度验证了上述结论。Pope（2004）认为日本非寿险费率由于受到严格的管制，导致日本非寿险业的效率远低于其他国家，日本保险赔付率低且费用率高。日本非寿险公司的费用率一般在 40% 左右，其他非寿险费率市场化的国家一般在 20%~25% 之间。Garg 和 Deepti（2008）认为印度在保险费率市场化以后，保险业效率明显提高。Stolzle 和 Born（2012）认为保险条款监管并没有使保险价格高于竞争水平。

2. 费率政策对保险条款的影响

国外关于保险条款监管的研究相对较少，部分研究认为保险条款监管与保险费率变化之间存在一定的关系。Butler（2012）指出，如果保险条款的监管延迟了新保单的市场准入时间，保险条款监管将导致保险费率高于竞争水平。

（二）国际保险市场寿险费率政策

英国保险费率政策从发展之初到现在一直都采取市场化的政策，英国金融监管机构要求保险公司在法律和道德的范围内以负责的态度进行经营活动，把对保险机构的监管集中在偿付能力风险的监管方面。监管机构并不对保险公司的保险条款和保险费率进行审批，而是保留否决权。如果监管机构认为保险公司的保险条款违反了法律和道德，有权要求保险公司进行纠正。保险公司可以自己划分风险类型，并根据风险类型制定保单条款。

20 世纪初，美国保险机构自发成立了保险费率局（Rating Bureaus），将保险费率纳入监管范围，承认了保险定价的有效性。美国大危机爆发以后，监管机构开始对机动车保险、健康保险、员工补偿保险、医疗事故保险和房屋所有者保险类型的险种的费率实行严格的监管。Emmett 和 Therese（2002）指出，截至 2002 年，美国大部分州都对人寿保险费率实行间接监管，法律通过限制保险费成本的规定控制各州人寿保险公司的成本。自 20 世纪 90 年代开始，监管机构通过保险监管信息系统（IRIS）、财务分析和偿付能力跟踪系统（FAST）和基于资产风险资本（RBC）对保险公司的偿付能力进行监管，以此来监管个人人寿保险和年金保险的最低费率，个人人寿保险、年金保险和团体健康保险的最高费率完全由市场竞争决定。

日本从第二次世界大战以后至 20 世纪 90 年代中期，一直对保险市场实行严格的监管模式，主要应用于市场行为监管，包括保险条款和保险费率、准备金和保险资金运用等。日本监管机构要求各保险公司原则上必须采用保险协会指定的统一费率，禁止保险市场进行价格竞争。20 世纪 70 年代，随着利率市场化的推进，日本寿险市场为了在竞争中赢得有利的地位，开始大规模开发高预定利率的保单。20 世纪末，在日本的经济转型发展中并未出现高回报率的行业，再加上宏观经济震荡原因，导致寿险行业出现了严重的利差损，先后有 8 家寿险公司破产倒闭。同时，在美国要求日本扩大保险业对外开放的压力下，日本逐渐开始放松对费率的管制措施，将费率政策由申报制改为备案制，建立了市场化的费率监管制度，从保险费率监管向偿付能力监管转变。

（三）国内寿险利率市场化的风险及改革的必要性

1. 费率市场化改革可能面临的潜在风险

部分研究分析了寿险费率市场化改革可能带来的风险。孙祁祥（1998）认为投资是寿险公司生存和发展的一个关键因素，针对保险资金投资问题监管机构面临着限制和放松两大难题。李学军和杜鹃（2005）认为科学地管理寿险产品是化解利率风险的基础，提高资金运用管理能力是化解利率风险的重点，培养健康的消费观有助于降低寿险市场的利率风险。邓西贝和李蔚真（2010）认为费率市场化将导致保险公司利润减少，定价风险加剧，导致非理性竞争出现，监管难度增加等。李良温（2011）认为寿险费率市场化不会引发系统性风险，也不会导致新的利差损，更不会大幅降低保险公司的利润。史国军、唐维明和曹天明（2011）认为费率市场化可能导致寿险公司利润下降，定价风险加剧，非理性竞争出现，监管难度增加等。牛播坤和刘蕾蕾（2013）认为利率市场化带来的市场利率中枢的上升以及保险机构与储蓄机构的竞争会影响保险公司的负债成本和投资收益，促进定价利率管制的放松。

2. 费率市场化改革的必要性

部分文献论证了中国寿险费率政策改革的必要性。魏华林和冯占军（2005）认为寿险费率市场化改革缓解了寿险业的利率困境，可采取的措施包括提高寿险公司的经营管理水平、大力发展保障型险种、积极发展新型寿险产品、建立预定利率变动机制、推进寿险费率市场化改革和加强公司资产负债匹配管理等。李良温（2010，2011）认为寿险费率市场化会降低新业务的利润率，但实质上是为了保障高价格的理性回归。我国已经具备寿险利率市场化的条件，在控制好风险和理性竞争的前提下，预定利率市场化有利于进一步完善中国保障体系，进一步提升商业保险在社会保障体系中的地位，并发挥其应有的作用。郭金龙（2013）指出费率改革可以极大地释放寿险业的发展空间，激励保险公司加强产品和服务的创新，助推风险保障业务的发展和人身保险产品结构的调整，避免引发价格战和大规模的退保行为，增加消费者购买的积极性。王稳（2013）认为费率市场化改革可以提高传统寿险产品的竞争力，促进寿险市场结构调整，有效提升寿险公司提升定价能力和风险管理能力，创造公平的竞争环境，推动整个金融产品与服务价格体系的市场化，建立前瞻性的监管体系，强化精算在监管体系中的作用和地位。张细松和刘素春（2013）分析了利率对保险承保业务的影响。祝向军（2014）通过对英国、美国和日本的保险费率市场化改革进程的分析，指出中国实现保险费率市场化改革的必要性，提出可以通过保险业费率市场化改革倒逼利率市场化改革进度。周华林和郭金龙（2014）分析了传统人身保险产品费率改革的创新效率问题，认为平安人寿开发的平安福系列保险在多个方面体现了费率政策改革带来的政策红利，其保险产品的设计综合运用了精算工具、营销策略等手段，与传统产品相比具有多种优点。

（四）国内保险费率政策改革方案

部分文献探讨了寿险费率市场化改革的方案，提出了寿险费率市场化改革分步走的思路，建议增强市场在资源配置中的基础作用，保持与银行利率市场化改革政策的协调性。陈文辉（2010）提出要强化资本约束，坚持疏堵并举；审慎推进费率市场化改革；坚持稳步推进的方式，注意控制好改革的力度和节奏；始终关注投资风险；完善被保险人的保护机制，增强保险消费者对行业的信心。王稳（2013）提出费率市场化改革的目标和前提有两个：一是发挥好市场配置资源的基础性作用；二是构建逆周期的金融宏观审慎管理框架。熊林（2013）提出我国费率政策改革的两种方案：一是费率市场化政策改革分四步走，先开展普通型人身保险产品费率政策改革试点，然后配合税收递延养老保险等项目开展区域性试点，再适时开展公司层面的试点，最后实现费率管制全面放开；二是分红险费率政策一起放开，这一方案短期内可大幅度增加新单规模，但是难以实现以量补价的效果。袁序成（2014）提出我国的费率政策改革分三步走：第一步是先放开普通型人身险预定利率；第二步是放开分红险和万能险的保证利率；第三步是完全的费率市场化。2013 年 8 月，普通型人身保险费率改革正式启动。2014 年，人身险费率形成机制改革扩大了范围，分红险和万能险费率市场化改革陆续完成。李良温（2014）认为寿险费率市场化改革的政策必须注意以下几方面的因素：一是寿险经营与银行利率政策密切相关，银行利率环境的变化直接影响着寿险公司的财务表现和业务发展；二是中国居民的消费模式决定了中国寿险消费以储蓄存款利率作为寿险产品的价格基准，寿险公司的发展不仅要注重保障功能，还要考虑保障、理财、养老和健康等一揽子需求；三是中国寿险业的盈利模式决定了中国寿险公司必须紧盯银行利率的市场化改革进程，目前，中国寿险业的盈利模式仍然以利差益为支撑；四是中国寿险业的投资环境决定了中国寿险公司的资产配置必须紧跟银行利率的改革进度。

三、中国寿险业转型问题研究

（一）中国寿险业转型的定义和目的

寿险业转型是随着我国经济发展形势转变而采取的一种行业发展对策。黄友松（2011）认为转型是指事物形态、运转模型和观念的根本性转变过程，认为转型的关键在于经营理念的转变，进而到发展方式的转变。银保渠道发展方式的转变主要有五个方面：一是由单纯注重业务规模向兼顾业务规模和效应转变；二是由趸交驱动的业务发展模式向续期拉动业务模式转变；三是由以资源要素驱动为主向以制度和管理驱动为主转变；四是由粗放式管理向精细化管理转变；五是由偏重业务发展向兼顾业务发展与夯实基础转变。

寿险业转型的目的主要体现在四个方面：一是满足客户的保险需求；二是提升保险公司的核心竞争力；三是提升保险公司的经营效率和实际价值；四是提升员工的物质收入和职业满足感。银保渠道转型的目的主要有三个：一是在争取市场地位的基础上优化寿险业务结构，提升渠道的经营效率；二是夯实银保渠道的基础，规范银保渠道的管理；三是提升银保渠道收入，确保营销队伍的稳定性和员工的归属感。

（二）中国寿险业转型的难点

多数文献认为保险业转型已经成为行业发展的共识，而在转型过程中遭遇困难和挑战是不可避免的，保险业转型的困难主要体现在缺乏适合的评价机制、信息系统落后、行业风险管理水平不足、产品吸引力不足和消费观念制约等方面。王国军（2011）指出我国保险业转型的困难主要体现在以下几个方面：保险业营销体制改革尚未找到准确的突破口；保费规模导向的发展模式背后缺失保险业评价机制；保险信息系统建设较为滞后，保险业尚未建立保险行业的信息平台和高效的电子政务系统，信息披露较为有限等；保险行业的风险管理水平不足。凌秀丽（2013）指出寿险转型的难点有以下三点：一是产品转型最大的困难在于人们的观念以及产品自身的吸引力，个人养老保险税收递延优惠政策和健康险税收优惠政策迟迟未推出，导致保障型产品的保障优势不突出。二是营销模式转型的实质是重新调整和分配寿险营销机制各方面的利益，营销模式转型尚未找到突破口。银保渠道中银行和保险公司仍然停留在"交单—付费"的浅层次合作层面，多数中小寿险公司仍然将银保渠道作为快速扩张业务的工具，银保合作的成本不断攀升且业务价值低，个险渠道代理人发展模式陷入增员难和代理人素质低的两难怪圈。三是寿险业建立科学的业绩考核和管理评价机制较为困难。

（三）中国寿险业转型的对策措施

国内部分文献从产品、渠道、创新和评价等多个维度提出了促进寿险业转型的对策建议。邵全权（2010）认为，中国寿险结构演变显示出路径依赖现象，应该加强寿险结构改革力度，借助保险行业的外在改革力量引导保险市场进行结构调整。许冰凌（2010）提出了在转型时期我国寿险市场可持续增长的方式，包括借助政策红利，走合作化道路，经营长期稳定的政策性寿险业务；调整寿险业务结构，重点发展主营业务，增强寿险业务发展的稳定性，提升寿险业务的可持续发展能力；建立现代化的保险制度，优化寿险资源配置，提升寿险产业的竞争力。黄友松（2011）提出银保渠道的发展应当处理好渠道转型与业务规模、经营效率、队伍建设、基础管理、风险管控以及合规经营等之间的关系。魏华林和黄余莉（2012）指出中国寿险营销方式应该向专业化、职业化和精细化的内涵式集约型发展模式转变，建立与目标市场和客户分化相匹配的销售渠道和营销模式，逐步推进营销渠道的多元化，通过旧体制改良和新渠道、新模式创新转变寿险营销方式。凌秀丽（2013）指出未来寿险市场转型要进一步推动寿险产品向保障型产品回归，通过产品创新深入挖掘养老保障和风险管理需求。银保渠道转型可借道银行利率市场化改革和银保合作方式的深层次转变；个险渠道转型可以通过提高渠道内在的投入产出效率和开辟新渠道的方式深化渠道转型；科学合理地评价指标体系建设，应着重凸显寿险公司的经营绩效，将偿付能力充足率、资产利润率、承保利润率、投资收益率和客户评价等指标纳入评价指标体系中，剔除不含有保障价值的理财收入在寿险业评价指标体系中的占比。裴峰（2017）认为在长期低利率形势下寿险转型可以从信念、模式和技术三个方面进行应对，在信念转型方面，坚持把寿险盈利基础转移到社会保障核心主业上，减少对利差的依赖；在模式转型方面，寿险发展模式可以在兼顾价值成长模式（依靠死差益和费差益盈利）和平台成长模式（主要采取资产驱动负债模式，依靠权益类投资提高投资收益）两种模式的优点的基础上综合权衡发展；在技术转型方面，通过优化产品结构、资产负债结构、经营管理机制和风险管理机制等方法推动寿险转型。

第二章 寿险市场的增长特点分析

第一节 寿险市场保费总量的增长特点

自中国寿险业恢复营业以来，在不到 40 年的时间里，便发展成为全球第二大寿险业，如今中国寿险市场仍有巨大的发展潜力。寿险业发展受多重因素的影响，各种因素对寿险市场发展的影响效应不同，寿险保费增长在不同历史时期的表现存在较大差异。中国寿险业的起步相对较晚，寿险业发展是在借鉴国际市场经验并结合中国国情的基础上探索前进的，寿险业发展并非一帆风顺，寿险保费增长在不同的历史时期呈现出不同的特点。

一、寿险市场的恢复发展阶段（1982~1991 年）

在这段时期，中国寿险市场刚开始恢复营业，寿险市场的起点和保费基数较低，保费增长的速度极高，发展初期的政策制度尚不完善，寿险业的发展特点与后期阶段明显不同。1982 年，中国寿险市场正式恢复营业，寿险业经营的险种主要有团体人身保险、团体人身意外伤害保险、简易人身保险和公路旅客意外伤害保险等[①]，当年就实现了 0.0159 亿元的保费收入（见表 2-1）。这段时期，由于寿险保费规模的基数较低，寿险保费增速始终保持在高位，保费增速常出现翻番的情况。1982~1991 年，寿险保费年平均增速高达 129.16%。寿险保费规模也由最初的 0.0159 亿元发展为 63.51 亿元。在这 10 年中，中国寿险险种的数量迅速增长，投保人数快速

---

① 数据来源：《中国保险年鉴》（1981~1997）。

022

增加，仅 1989 年就开发出了 46 种寿险险种[①]，投保人数达到 1.82 亿人次，到 1990 年，寿险险种的数量迅速增长至 70 多种，投保人数达到 2.19 亿人次。寿险市场在这段时期的增长也有较大的差异，1982~1986 年是寿险市场高速增长的阶段，寿险市场年平均增速高达 265.31%；1983 年和 1984 年寿险保费增速高达 5 倍以上，寿险市场迅速扩大；1987~1991 年，寿险市场的增速也极高，与之前平均近 3 倍以上的增速相比，这个时期的增速明显放缓，寿险市场进入缓冲的快速增长阶段，增速由三位数的正增长迅速降至两位数的正增长，寿险年平均增速为 22.1%；由于 1988 年中国经济出现了严重的通货膨胀[②]，中国政府从 1988 年第四季度开始实施严厉的治理整顿，以控制物价的快速上升，导致经济增速严重下滑；1989 年和 1990 年的实际经济增速仅为 4% 左右，经济波动对寿险市场发展造成了严重影响，寿险市场的增速也较低。

1986 年以前，寿险和产险业务都是由中国人民保险公司一家垄断经营，这段时期寿险业务在总保费中的份额较低，1986 年寿险在总保费中的占比尚不足 30%。20 世纪 80 年代后期，保险市场开始陆续引入新的经营主体，先是 1986 年新疆兵团农牧业生产保险有限公司成立，打破了产险业务独家垄断经营的格局，不过，该公司在这一时期是地方性保险公司。1991 年，太平洋保险公司成立，其前身是 1987 年成立的交通银行保险业务部。1992 年 6 月 4 日，中国平安保险公司成立，其前身是 1988 年 3 月 21 日成立于深圳蛇口的平安保险公司。这些新的保险公司成立以后，便开始在全国开展寿险业务，打破了中国人民保险公司独家垄断经营的格局，形成了中国人民保险公司、中国太平洋保险公司和中国平安保险公司分割市场的格局，业内称之为寿险市场发展的"老三家"阶段。1987 年，新疆兵团承保了新疆地区的寿险业务，但由于新疆兵团属于区域性保险公司，业务量较小，因此对寿险市场的影响较小。新公司的陆续进入带动了寿险市场的迅速扩大，也为寿险市场引入了竞争活力，为下一阶段寿险市场的继续发展奠定了基础。

自 1982 年寿险业恢复营业以后，团体保险业务开始起步，成为这段时

---

① 资料来源：《中国保险年鉴》（1981~1997）。

② 钟瑛. 20 世纪 90 年代以来的中国宏观经济政策调整 [J]. 当代中国史研究, 2005（4）: 101-107+127-128.

期寿险保费收入的主要来源。根据保险期限是否超过 1 年，团险业务分为长险业务和短险业务。其中，长险业务主要包括团体补充养老保险业务，短险业务主要包括学平险[①]、借款人意外险、建工险、乘意险、计生险等。寿险市场的营销模式比较单一，主要是以大力发展行业代办和农村代办的人保模式为主的多渠道、广代理营销模式。这段时期中国寿险市场处于起步阶段，整体发展水平较低，寿险产品缺乏创新，行业法规急需完善，监管水平有待提高。

表 2-1　1982~2018 年中国寿险保费收入及增速

年份	GDP （亿元）	GDP 增速 （%）	寿险保费 （亿元）	寿险保费增速 （%）	寿险在总保费中的 占比（%）
1982	5373.4	9	0.0159	—	0.15
1983	6020.9	10.8	0.1044	556.60	0.79
1984	7278.5	15.2	0.725	594.44	3.63
1985	9098.9	13.4	4.12	468.46	12.45
1986	10376.2	8.9	10.34	150.99	22.59
1987	12174.6	11.7	23.41	126.30	20.48
1988	15180.4	11.2	34.25	46.31	31.49
1989	17179.7	4.2	39.99	16.78	28.09
1990	18872.9	3.9	49.09	22.75	27.60
1991	22005.6	9.3	63.51	29.36	26.96
1992	27194.5	14.2	94.91	49.44	25.80
1993	35673.2	13.9	89.46	-5.74	17.91
1994	48637.5	13	151.06	68.87	25.18
1995	61339.9	11	191.70	26.90	28.07
1996	71813.6	9.9	332.85	73.63	38.86
1997	79715	9.2	390.48	17.31	50.53
1998	85195.5	7.8	750.23	92.13	59.73
1999	90564.4	7.7	878.95	17.16	62.51
2000	100280.1	8.5	990	12.63	61.95
2001	110863.1	8.3	1424	43.84	67.52
2002	121717.4	9.1	2274	59.69	74.46
2003	137422	10	3036.3	33.52	78.25
2004	161840.2	10.1	3228.31	6.32	74.76
2005	187318.9	11.4	3700	14.61	75.02

---

① 资料来源：毕永辉. 关于寿险营销渠道发展的研究 [D]. 北京：对外经贸大学硕士学位论文，2012.

年份	GDP（亿元）	GDP 增速（%）	寿险保费（亿元）	寿险保费增速（%）	寿险在总保费中的占比（%）
2006	219438.5	12.7	4131.91	11.67	73.26
2007	270092.3	14.2	5038.47	21.94	71.61
2008	319244.6	9.7	7447.53	47.81	76.12
2009	348517.7	9.4	8261.4	10.93	74.18
2010	412119.3	10.6	10632.3	28.70	73.18
2011	487940.2	9.6	9721.43	-8.57	67.80
2012	538580	7.9	10157	4.48	65.58
2013	592963.2	7.8	11009.98	8.40	63.93
2014	641280.6	7.3	13031.43	18.36	64.40
2015	685992.9	6.9	16287.3	24.98	67.07
2016	740060.8	6.7	22179.9	36.18	71.77
2017	820754.3	6.8	26746.35	20.59	73.12
2018	900309.5	6.6	27246.5	1.87	71.67

注：GDP 增速为 2018 年国家统计局网站 GDP 实际增速，寿险保费增速为同比增速。

资料来源：根据各年《中国保险年鉴》、《中国金融年鉴》、国家统计局以及中国银保监会官网统计数据资料整理。

二、寿险市场的初步发展阶段（1992~1999 年）

在这段时期，中国经济出现了过度繁荣现象，中央政府采取了一系列措施迫使经济"软着陆"，这些变化给寿险市场发展带来了较大的影响，虽然在这一阶段寿险市场仍然处于高速增长状态，但增速较第一阶段明显减缓。在这段时期，寿险市场的增速波动幅度很大，相邻年份寿险增速差距很显著，寿险保费年平均增速 41.14%，较第一阶段下降了 88 个百分点，增速远高于 GDP 的实际增速。寿险保费规模由 1992 年的 94.91 亿元迅速扩大至 1998 年的 750.23 亿元，开启了百亿元以上寿险保费规模的时期。1992~1999 年，寿险保费增速在高速增长和温和的中高速增长之间交替更迭。1992 年的寿险保费增速为 49.44%；1993 年的保费增速急剧降至-5.74%；1994 年的保费增速为 68.87%；1995 年的保费增速降至 26.9%；1996 年产寿险分业经营以后，当年的寿险保费增速为 73.63%；1997 年的保费增速急剧降至 17.31%；1998 年的保费增速为 92.13%；1999 年的保费增速为 17.16%。

20世纪80年代末，国家抑制通货膨胀的政策造成经济增速骤减，90年代初，国家的宏观经济政策开始放松。1992年，中国经济开始由计划经济向市场经济转变，推动了新的改革热潮，采取了扩张性的货币政策以刺激经济增长，但由于没有推进长期发展较为滞后的财政、金融和国企等部门的改革，导致90年代中期的中国经济出现了改革开放以来的第四次通货膨胀。从1993年开始，中国经济连续4年实行"适度从紧"的财政政策和货币政策。90年代末，为了抑制中国经济的过度繁荣问题，国家开始推动经济"软着陆"。从1996年开始，中央人民银行连续8次下调银行存贷款利率，一年期的银行存款利率从最初的10.98%迅速下调至1999年的2.5%。在1999年6月之前，寿险预定利率①采取的是与一年期的银行存款利率挂钩的政策，银行存贷款利率的变化给寿险市场发展造成了巨大的影响。虽然，保险公司连续多次下调了寿险预定利率，但是，在高预定利率时期销售的保单面临着巨大的"利差损"，特别是保单销量较大的中国人寿、平安人寿和太保寿险这3家公司，出现了巨额亏损，这些损失迄今为止尚未完全弥补。

三、寿险市场的黄金增长阶段（2000~2010年）

在这段时期，寿险费率政策发生了较大的变化。1999年6月，寿险行业启动了费率改革方案，不再执行预定利率与一年期的银行存款利率挂钩的政策，而是将人身保险产品的预定利率上限固定在2.5%的水平，自此，中国寿险市场进入了长达13年之久的预定利率上限管制时期。寿险费率政策的变化给寿险市场的发展带来了较大的变化，使寿险市场呈现出新的变化特征。在这段时期，寿险市场继续保持了较高的增长速度，但较上一时期明显减缓，寿险保费增长的波动明显减弱，增长相对平稳。寿险保费规模从2000年的990亿元迅速扩大至2010年的10632.3亿元，由近千亿元的保费规模扩展至万亿元以上的规模。2000~2010年，寿险保费的年平均增速为24.09%，其中，2000~2006年，寿险保费的年平均增速为22.64%，2007~2010年，寿险保费的年平均增速为20.53%，寿险增速在这段时期的变化较

---

① 预定利率是在保险产品定价时，保险公司根据未来资金运用收益率的预测，为保单假设的每年收益率，相当于是保险公司提供给消费者的回报率。

为平稳。与第一阶段和第二阶段的发展特征明显不同，在这一阶段，寿险业的金融属性功能明显增强，销售渠道也发生了明显分化。

20世纪90年代末，寿险市场开始引入新型投资型险种，由单一的储蓄保障型产品向传统保障型和储蓄投资型险种转变，截至2000年，中国寿险产品结构的转型完成。寿险产品结构的转型极大地推动了个险渠道和银保渠道的发展，特别是在1999年寿险费率政策改革完成以后，新型投资型寿险产品的市场份额迅速扩大，导致寿险业务结构发生了根本性变化，传统型寿险产品的保费占比迅速下降，投资型寿险产品的保费占比迅速上升，寿险业务开始趋于短期化和去保障化。从个险渠道的发展来看，2004年，个险渠道在总保费中的占比达到48.68%[①]，随后几年上升至50%以上，成为中国寿险保费收入的第一大渠道；2007年，个险渠道保费的占比为51.53%；2008年以后，随着银保渠道的快速发展，个险渠道在总保费中的占比迅速降至2010年的33.74%，个险渠道成为中国寿险保费收入的第二大渠道。从银保渠道的发展来看，2000年8月，平安率先通过银保渠道销售"千禧红"产品；2001年，银保渠道共实现保费收入45亿元，在寿险总保费中的占比为3.16%；2002年以后，银保渠道进入高速发展阶段，通过销售5年期的分红趸交产品等主打产品，迅速发展成为中国寿险市场重要的销售渠道；2002年，银保渠道实现保费收入468亿元[②]，占寿险总保费的20.58%；随后，银保渠道迅速发展，截至2010年底，银保渠道实现保费收入4400亿元，占中国寿险总保费的41.38%，成为中国寿险保费收入的第一大渠道。

四、寿险市场的新一轮增长阶段（2011年以后）

自2011年以来，中国经济发展呈现出明显不同于以往的诸多特征，经济增速逐步放缓，呈现出"L"型探底趋势，难以维持过去多年以来的高速增长状态，经济发展的变化向多个行业和领域渗透。寿险业过去高速增长所依赖的环境发生了根本性变化，拉开了寿险业市场化改革的序幕，进入了新一轮的增长阶段。国寿、太保和新华等大中型寿险公司主动进行转型

① 资料来源：《保险中介市场发展报告》。
② 资料来源：梁涛. 变额年金［M］. 北京：中国财政经济出版社，2011.

升级，以适应寿险市场环境的变化。随着寿险业市场化改革的深入推进，市场在资源配置中的作用逐渐加强，竞争进一步加剧，对过去多年以来的粗放式发展模式造成了较大的冲击，寿险市场发展模式开始出现分化，大型传统寿险公司和新型平台型保险公司的差异化明显。寿险业改革红利效应逐步释放，寿险保费增速经过短暂的回落调整后逐步恢复发展。

2011年，寿险保费增速为-8.57%，出现了十多年高速增长后的首次负增长，此后两年，寿险市场逐步进入了缓慢的恢复阶段。2012年，寿险保费增速为4.48%，扭转了负增长的局势。2013年，寿险保费增速为8.4%，增速明显有所改善。2014年，寿险保费增速达到18.36%，恢复至两位数的正增长，扭转了寿险市场低速增长的局势。2011年，寿险保费规模降至9721.43亿元，跌落至万亿元以下，直到2013年，寿险保费才略高于2010年，恢复至万亿元以上的水平。2014年以后，随着寿险业市场化改革政策的陆续落实，市场活力进一步释放，寿险保费重回高速增长状态，保费规模快速扩张。2014~2016年，寿险保费增速持续走高，分别为18.4%、25.0%和36.2%，呈现出超高速增长状态。寿险市场在这段高速增长期间，主要是由中短存续期保险业务驱动，寿险增长仍然延续了过去的发展模式，但在当前经济发展形势和环境下难以持续下去。

由于改革初期的政策制度不完善及政策落实执行中的协调机制不畅等问题，部分机构和个人利用这些空白在保险市场和资本市场等领域兴风作浪，引发了多起受到社会广泛关注的重大热点事件，影响了保险市场的健康稳健发展，激发了保险监管领域的调整。2017年，随着中短存续期业务的逐渐退出，寿险保费增速大幅回落，下调至20.6%，较2016年下降了16.0个百分点。2018年，寿险保费增速降至1.87%，再次大幅回落。寿险公司因为中短存续期业务的大量退出及未能大量开发新的中短存续期业务，面临一定的现金流压力。

第二节　寿险市场平均发展水平的增长特点

寿险平均发展水平是反映一国寿险业综合实力的重要指标之一，也是国民保障程度的重要体现。寿险平均发展水平指标主要包括寿险密度（保费总量/总人口数）、寿险深度（保费总量/GDP）和人均保单拥有量等。寿险平均发展水平的变化规律及特点也是寿险业关注的重点问题之一。2017年，我国的寿险保费规模总量超过日本，跃居世界第二位，但是，我国的寿险平均发展水平仍然相对较低。2017年，中国的寿险密度分别为亚洲平均水平的95.3%和全球平均水平的62.0%，中国的寿险深度分别为亚洲平均水平的72.6%和全球平均水平的80.5%。中国寿险业平均发展水平不仅未达到亚洲寿险的平均发展水平，而且与世界寿险平均发展水平也存在较大差距，与发达国家相比差距更大，我国远未达到世界保险强国水平。从寿险平均发展水平来看，未来我国仍需扩大和延伸保险服务，提高寿险发展水平。

一、寿险密度的发展情况

1. 寿险密度总体偏低

中国寿险密度总体偏低，低于世界平均水平，与发达保险市场的差距较大。2016年，我国的寿险密度达到189.9美元，约为世界平均水平的54%，约为德国寿险密度的17%，约为中国台湾寿险密度的5%。2008年金融危机爆发以后，部分发达国家的寿险密度呈减少趋势，但基本维持在相对稳定的水平。2005年以后，发达保险市场的寿险密度基本保持在1000亿美元以上，美国、英国和德国等国家的寿险密度增长缓慢，韩国和中国台湾的寿险密度增长较快。2000年，我国的寿险密度排名全球第60位，到2016年，寿险密度在全球的排名为第43位。

中国大陆的寿险密度远不及中国台湾、中国香港和中国澳门等地区。1986年，中国台湾的寿险密度尚不及韩国的50%，在发达保险市场中最低。1995年以后，中国台湾的寿险密度已经开始赶超德国，跃居世界先进保险国家之列，寿险密度在全球的排名由2001年的第18位迅速升至2016年的第6位。2005年以后，中国台湾的寿险密度超越了美国、德国、澳大利亚和韩国等国家，成为寿险密度最高的市场之一，远远超越了中国大陆地区。

2. 寿险密度增速较快

中国是全球寿险密度增长速度最快的国家之一。我国的寿险密度从1986年的0.3美元/人（见表2-2）迅速增至2013年的110.2美元/人，寿险密度的年平均增速达到21.59%，远高于发达保险市场，比人口数量与中国相当的印度的寿险密度增速高 11.75 个百分点。1995 年以前，我国的寿险密度尚不及印度，到 2000 年我国的寿险密度为 9.5 美元/人，略高于印度。2000 年以后，我国的寿险市场发展速度加快，寿险密度大幅超越印度，并保持在相对较高的水平上。2016 年，我国的寿险密度是印度的 4 倍。2008 年金融危机爆发以后，英国、德国、澳大利亚和日本等多个发达国家的寿险密度总体呈减少趋势，中国寿险密度的增速也随之放缓。2010~2016年，中国寿险密度的增速保持在 8.76%，是增速最快的国家之一。

表 2-2　1986~2016 年主要国家或地区的人均寿险保费（寿险密度）

单位：美元/人，%

年份	美国	英国	德国	澳大利亚	日本	韩国	中国大陆	中国台湾	印度	全球平均
1986	620.6	479.3	414.5	172.6	981.1	155.2	0.3	75.5	2.1	—
1990	823.12	1145.63	563.03	672.58	1645.45	523.36	0.53	236.23	3.73	—
1995	1005.6	1078.7	763.1	814.3	4075.8	1042.1	1.9	459.3	4.5	—
2000	1611.4	3028.5	683.0	1193.5	3165.1	935.6	9.5	710.3	7.6	—
2005	1753.2	3287.1	1042.1	1366.7	2956.3	1210.6	30.5	1699.1	18.3	—
2010	1631.8	3436.3	1402.2	1766.3	3472.8	1454.3	105.5	2756.8	55.7	364.3
2011	1716.0	3347.0	1389.0	2077.0	4138.0	1615.0	99.0	2757.0	49.0	378.0
2012	1808.1	3255.8	1299.3	1987.7	4142.5	1578.1	102.9	3107.1	42.7	372.6
2013	1683.9	3474.0	1392.0	2056.0	3345.9	1815.5	110.2	3203.8	41.2	366.2
2014	1657.0	3638.0	1437.0	2382.0	2928.0	2014.0	127.0	3371.0	44.0	368.0
2015	1719.2	3291.8	1181.1	1829.6	2717.0	1939.9	153.1	3396.6	43.2	345.7
2016	1724.9	3033.2	1150.6	1558.5	2803.4	2049.6	189.9	3598.7	46.5	353.0
年平均增速	3.15	5.75	3.14	6.90	3.23	8.13	21.59	12.42	9.84	—

资料来源：根据《中国保险年鉴》整理。

二、寿险深度的发展情况

1. 寿险深度总体水平偏低

我国的寿险深度不及世界平均水平，与发达保险市场，甚至部分发展中市场相比明显偏低。1986 年，我国的寿险深度为 0.13%（见表 2-3），落后于印度，与发达保险市场的寿险深度差距较大，属于寿险深度较低的国家。随着我国寿险市场的快速发展，寿险在 GDP 中的比重持续上升。2016 年，我国的寿险深度为 2.34%，占世界平均水平的 67.4%，但仍然落后于印度的寿险深度，发达保险市场的寿险深度基本上都保持在 3% 以上，其中，英国、韩国、日本和中国台湾地区等部分发达保险市场的寿险深度基本上都保持在 7% 以上。在发达保险市场中，美国、德国和澳大利亚在部分年份的寿险深度低于世界平均水平，英国、韩国、日本和中国台湾等的寿险深度较高，在 2016 年其寿险深度高达 16.65%。1986 年，我国的寿险深度在全球排名第 43 位，经过 30 多年的高速发展，2016 年，我国的寿险深度排名维持在 32 位的水平，这表明我国寿险市场的发展程度未能跟上 GDP 总量的发展水平，寿险在我国经济系统中的作用仍然较弱。

2. 寿险深度增速较快

中国是世界上寿险深度增长速度最快的国家之一。如表 2-3 所示，1986~2016 年，中国的寿险深度平均每年增速为 9.15%，发达国家的寿险深度平均每年增长速度相对缓慢，美国等部分发达保险市场的寿险深度有所下降，印度的寿险深度平均每年增速为 3.94%，低于中国的寿险深度增速 5.21 个百分点。与寿险密度的变化趋势不同，我国的寿险深度在各年的绝对水平并非持续稳定增长，而是呈螺旋式上升状态。2010 年，寿险深度最高值达到 2.5%，随着 2011 年寿险市场的回落调整寿险深度逐渐减少，直到 2014 年寿险保费重回两位数的增速时，寿险深度又缓慢回升。

中国台湾的寿险深度在 30 年里实现了突破性发展。寿险深度由 1990 年的 3.06% 上升至 2016 年的 16.65%，平均每年增长 6.48%。2000 年，中国台湾的寿险深度在全球排名第 14 位，此后各年，随着中国台湾寿险市场的快速发展，中国台湾的寿险深度持续上升，截至 2005 年，中国台湾的寿险深度在全球的排名迅速升至第 1 位，并长期稳居世界第一。中国台湾的寿险在地区生产总值中的贡献较大，寿险深度水平值远超过占人口绝大多数的中国大陆地区，且多年维持快速发展趋势。中国大陆寿险在国民经济中的地位仍然相对较弱，寿险发展速度虽然较快，但与 GDP 增速相比仍然相对较慢。

表 2-3　1986~2016 年主要国家或地区寿险深度　　　单位:%

年份	美国	英国	德国	澳大利亚	日本	韩国	中国大陆	中国台湾	印度	全球平均
1986	3.57	4.95	2.53	1.65	5.75	6.42	0.13	—	0.76	—
1990	3.79	6.24	2.21	3.93	6.42	9.45	0.18	3.06	1.11	—
1995	3.65	6.58	2.58	4.23	10.24	10.25	0.37	3.74	1.41	—
2000	4.48	12.71	3.00	6.04	8.70	9.89	1.12	5.10	1.77	—
2005	4.14	8.90	3.06	3.51	8.32	7.27	1.78	11.17	2.53	—
2010	3.5	9.5	3.5	3.1	8.0	7.0	2.5	15.4	4.4	4.0
2011	3.6	3.6	3.2	3.0	8.8	7.0	1.80	13.9	3.4	3.8
2012	3.65	8.44	3.12	2.84	9.17	6.87	1.70	15.03	3.17	3.69
2013	3.17	8.79	3.13	3.00	8.80	7.46	1.64	14.54	3.07	3.53
2014	3.0	8.0	3.1	3.8	8.4	7.2	1.7	15.6	2.6	3.4
2015	3.18	7.53	3.78	3.51	8.27	7.30	1.96	15.74	2.72	3.47
2016	3.27	7.58	3.47	2.99	7.15	7.37	2.34	16.65	2.72	3.47
年平均增速	-0.27	1.30	0.96	1.82	0.66	0.42	9.15	—	3.94	—

资料来源：根据《中国保险年鉴》整理。

三、人均保单持有量

人均保单持有量也是反映保险市场发展深度的指标之一，通常被认为人均保单持有量越多，保险的市场普及度越广，市场的风险保障程度越高。2008~2015 年，发达国家或者地区的人均保单持有量（包含寿险和产险）为 0.87~2 张（见图 2-1）。美国、韩国和中国台湾等地区的人均保单持有量在各年的变化相对平稳。2015 年，我国的人均保单持有量为 0.31 张（包含寿险和产险）。总体来看，我国的人均保单持有量仍然相对落后，发达国家或者地区的人均保单拥有量均在 1 张左右，最高人均保单拥有量约为 2 张。截至 2017 年 11 月，我国的寿险保单持有人数量仅占总人口数量的 8%，人均持有寿险保单为 0.13 张①。

① 资料来源：http://www.sohu.com/a/206207153-481442。

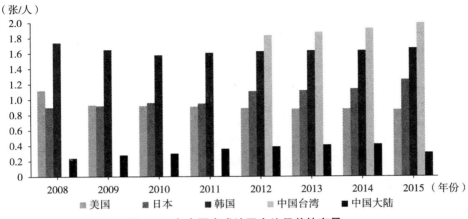

图 2-1　各个国家或地区人均保单持有量

资料来源：http：//www. chyxx. com/industry/2017081550266. html.

第三节　寿险市场盈利水平

保险利润主要来自承保利润和投资收益，能够反映保险公司的盈利能力，是衡量保险公司市场价值的重要参考指标之一，也是投资者投资保险业务的主要动机之一。保险业的盈利能力越强，投资者经营保险业务的积极性越高，保险公司的数量也相应就越多，消费者可选择的保险主体范围也就越广泛，保险市场推广力度也越大。反之，保险业的盈利能力过低，会影响投资者投资保险业务的积极性，保险公司的数量相应也就越少，消费者可选择的保险主体范围也就越狭窄，保险市场推广力度越有限。因而，寿险市场增长问题也与其盈利水平有关。商业保险公司是以盈利为主要目的的保险机构，由于其保险产品的功能作用的特殊性，也兼顾保险的社会福利特点。

一、寿险公司承保利润情况

根据保险公司的统计分析指标体系规范，承保利润＝已赚保费−赔付支出＋摊回赔付支出−提取保险责任准备金＋摊回保险责任准备金−分保费用＋摊回分保费用−手续费及佣金−业务及管理费−保险业务营业税金及附加。可见，承保利润相关指标的计算主要取决于保险公司的死差（实际死亡率−预计死亡率）、费差（实际费用率−预计费用率）和利差（实际收益率−预计收益率）三个部分，与保险公司的经营管理有密切关系。如果保险公司的经营管理水平超过市场平均水平，就可以获得承保利润。在保险业发展的初期阶段，保险市场竞争不充分，资本市场欠发达，投资收益不高，承保利润是保险公司利润的主要来源。随着保险市场的不断完善，特别是在市场竞争充分、资本市场相对发达及投资收益回报率较高的形势下，承保利润越来越低，在这种情况下，死差益和费差益趋近于零，甚至是负值。

统计资料显示，多年以来，我国的寿险业承保持续亏损，随着寿险业务规模的不断扩大，寿险业承保亏损呈扩大化趋势（见表2−4）。1996~2006年，整个寿险市场承保亏损额度相对较小，2006年，承保亏损最大值为332.22亿元，承保利润呈现出亏损扩大化趋势。其中，1996~2000年的承保利润不包括平安人寿和太保寿险，这两大公司的保费规模排名分别位居第二和第三。本书中这五年的承保利润与实际值可能存在一定的偏差。2007~2016年，寿险业承保利润呈扩大化趋势，2015年，承保亏损高达3000亿元以上。中国寿险业恢复营业以来，寿险保费规模快速扩大，我国迅速跃升为全球保险大国之一，但是，随着市场竞争的加剧，我国的寿险业承保利润持续亏损，且承保亏损呈扩大化趋势。2011年以来，部分大型保险公司推出了转型发展策略，着力改善寿险业务结构，提高寿险盈利水平。但是，寿险业承保利润并没有明显改善，2016年，寿险业承保亏损为3341.1亿元，2017年，寿险业承保亏损为3646.9亿元。

表2-4　1996~2017年寿险业盈利指标　　单位：亿元

年份	1996	1997	1998	1999	2000	2001	2002	2003	2004	2005	2006
承保利润	−10.8	−3.74	−2.78	−10.42	−9.66	−58.53	−26.1	−63.96	−98.21	−186.69	−332.22
投资收益	1.93	5.68	11.92	18.28	20.38	34.34	35.13	52.34	65.67	219.31	305.87
净利润	2.11	1.94	5.18	3.7	6.74	−27.75	8.39	11.73	−0.43	51.56	120.75

年份	2007	2008	2009	2010	2011	2012	2013	2014	2015	2016	2017
承保利润	—	−455.4	−920.5	−908.1	−1030.6	−1224.4	−2004.8	−2860.0	−3712.9	−3341.1	−3646.9
投资收益	2037.6	1097.2	1423.7	1570.9	1509.1	2455.8	2184.1	3630.7	5916.6	5199.3	5246.4
净利润	421.6	78.4	290.6	519.1	338.1	388.3	456.8	949.9	1257.6	792.9	945.8
承保投资	—	−91.4	635.1	675.9	442.8	372.6	795.2	995.5	2195.0	1820.0	1986.6

资料来源：根据《中国保险年鉴》历年数据整理（1996~1999年的数据不包括平安和太保公司的数据）；表中净利润=承保利润+投资利润，投资利润=投资收益+公允价值变动收益−资产减值损失；表2-5同此表。

承保利润是寿险公司净利润的重要组成部分，反映了保险公司的盈利能力。我国绝大部分保险公司采用股份制，股东对保险业务盈利有较高的要求。长期的承保亏损会挫伤部分主体经营保险业务的积极性，影响资本在寿险业的配置，进而影响市场上寿险公司的供给数量。良好的盈利能力可以将更多的资本吸引到寿险业，通过市场机制提高资源配置效率，驱动寿险业形成良性循环的发展机制。目前，我国的寿险业承保利润发展形势并不乐观，这种发展局势不具有可持续性，这也是未来寿险业转型发展需要调整的重要方面。

中国人寿是中国保费规模最大的寿险公司（占整个市场的20%左右），自1996年产寿险业务分拆以来，除个别年份以外，中国人寿的承保利润持续亏损，且承保亏损的额度呈加剧趋势（见表2-5）。1997~2002年，中国寿险公司的数量并不多，市场竞争相对缓和，中国人寿的承保利润亏损面相对较小，总体控制在10亿元以内。2002年以后，随着寿险公司数量的不断增加，寿险市场竞争日趋激烈，中国人寿在整个寿险市场的份额持续下降，承保亏损总体呈扩大趋势，但至今仍是中国寿险业中保费规模最大的公司。2015年，中国人寿的承保亏损达920.3亿元，创历年最大；亏损额度占整个寿险业的24.4%，是寿险业承保亏损的主要来源。中国大部分寿险公司承保利润都处于亏损状态，只有极少数保险公司承保利润为正。

表 2-5　1996~2017 年中国人寿盈利指标　　　　　　　　　单位：亿元

年份	1996	1997	1998	1999	2000	2001	2002	2003	2004	2005	2006
承保利润	-1.5	-2.9	-0.3	-7.2	-2.7	-11.0	-5.7	16.9	-69.0	-33.9	-45.6
投资收益	1.7	3.7	7.0	13.4	14.7	24.6	22.2	67.9	17.7	123.6	309.5
净利润	1.8	0.8	4.5	4.8	9.2	7.5	8.2	58.6	29.2	54.6	144.8
年份	2007	2008	2009	2010	2011	2012	2013	2014	2015	2016	2017
承保利润	—	-22.6	-179.0	-246.8	-295.5	-347.6	-578.8	-653.2	-920.3	-813.8	-848.1
投资收益	913.8	533.4	628.1	682.8	648.2	800.1	959.1	1077.9	1455.4	1208.3	1349.8
净利润	283.0	290.6	536.2	519.1	184.9	112.7	250.1	325.1	351.9	195.9	327.5
承保投资	—	168.6	443.8	420.3	225.0	143.2	339.9	450.7	500.0	325.4	511.9

注：1996~2007 年的承保利润为公司损益表中的给定值；2007~2016 年的承保利润按照营业利润-投资收益-公允价值变动损益（各年损益表中营业利润包含投资收益等）。

二、寿险公司投资收益情况

保险提前收取保费，保险责任未来兑付的特点决定了保险业可以利用资本的时间差进行投资活动，增加资本价值，进而补充赔付基金池规模，增强保险公司的资本金。部分寿险业务的保险期限较长，缴费期限较长，保险事故发生的时间具有较大的不确定性，保险资金的投资周期较长，可通过长期资产配置项目，分享资本市场收益。由于寿险业可以通过长期保险业务来积累大量稳定的资本，因此，它具有其他金融业不可比拟的资本优势和特点，部分保险资金可通过多元化资产配置来进行资本增值。投资收益是保险资金通过资本增值获得的收益，是寿险业经营利润的重要来源，也是现代保险业重要的盈利来源。

统计资料显示，从 1996 年至今，寿险业投资收益规模持续扩大，投资收益总体呈递增趋势，特别是在股市行情较好时，投资收益规模也相应较大（见表 2-4）。中国股票市场在 2007 年和 2015 年分别达到牛市状态，这两年寿险业投资收益分别达到 2037.6 亿元和 5916.6 亿元，明显高于其他年份的投资收益。随着寿险保费规模的扩大，投资收益总体呈递增趋势。2008 年和 2016 年的股票市场进入回调阶段，寿险业投资收益呈现出小幅回落现象。2012 年，保险资金运用政策改革以后，保险业投资渠道扩宽，投资范围扩大，保险资金可以更有效地分享经济社会发展的收益，寿险业投资收益规模与以往相比有较大幅度的增加，2015 年的投资收益是 2011 年的 3.9 倍。因为投资收益的变化受多种因素的影响，寿险业投资收益并非是持续稳定增长的，而是呈螺旋式上升状态，在部分年份投资收益可能小幅回落，但是，随着寿险保费规模的不断扩大，寿险业投资收益总体呈递增趋势。

中国人寿的投资收益变化规律与寿险业投资收益变化趋势基本一致（见表 2-5）。自 1996 年以来，中国人寿的投资收益呈螺旋式增长状态，在部分年份投资收益略有回落，总的来看，投资收益随业务规模的扩大而增长。2007 年和 2015 年，股票市场进入牛市状态，在这两个年份中国人寿的投资收益高于邻近年份，投资收益分别达到 913.8 亿元和 1455.4 亿元，创下当时的最高值。1996~2002 年，中国人寿的投资收益相对较低。2003 年以后，中国人寿的投资收益快速增长，并维持在相对高的水平。2012 年，保险资金运用政策改革以后，中国人寿的投资收益较以往年份有较大幅度的提高，2015 年，中国人寿最高投资收益是 2011 年的 2.2 倍。

三、寿险公司净利润情况

承保利润和投资利润是保险公司盈利的两大主要来源，承保利润和投资利润之和反映了保险公司的综合盈利情况。2008~2015年，承保利润与投资利润之和无明显随时间变化的趋势，2015年和2016年的承保利润和投资利润之和较以往年份大幅增加，主要是受投资收益大幅增加的影响。寿险业承保持续亏损，投资持续盈利，投资利润是寿险业盈利的主要来源，对寿险业盈利影响较大。寿险业的盈利模式未能实现承保和投资双轮驱动模式，而是单纯依赖投资的单轮驱动盈利模式。

净利润是保险公司的最终盈利情况指标，反映了保险公司的价值情况。自1996年以来，整个寿险业的净利润总体呈盈利状态，但是，净利润并无显著的随寿险保费规模递增而变化的趋势。也就是说，寿险保费规模的增长并没有带动净利润增加，寿险业的净利润波动较大，寿险业务的盈利能力没有跟上寿险业务的增长能力。2015年，寿险业的净利润最高达1257.6亿元，仅占投资收益的21.3%（见表2-4）。寿险业的净利润总体水平相对较低，多年以来，行业整体盈利能力相对较弱。我国寿险公司多采用股份制形式，净利润是股东分红收益的主要来源，寿险业的盈利状况会影响投资者投资寿险业务的积极性。

中国人寿的承保利润和投资利润之和无显著的随时间变化的规律，各年盈利情况极不稳定。2015年，股市行情相对较好，中国人寿的承保利润和投资利润之和最高，投资利润是中国人寿盈利的主要来源，主要采用的是单轮驱动的盈利模式。虽然经过多年的转型升级，但中国人寿仍未能摆脱单轮驱动的盈利模式，承保利润持续亏损，这也是拉低盈利的主要因素。自1996年以来，中国人寿的净利润持续盈利，但是，净利润无显著的随时间变化的规律。2007年以后，中国人寿的净利润较之前年份有大幅增长，但净利润值变化极不稳定，而投资收益较好的年份，净利润相对较高。

第三章 寿险市场增长的归因分析：需求层面

第一节 经济因素分析

一、经济增速与寿险增速

寿险以人的身体为保险标的，对生、老、病、死和残等风险提供保险责任，部分风险责任的保险期限较长，保费和保额的货币价值随经济发展而变化，投资型寿险产品作为储蓄理财的工具，更是与经济发展有着密不可分的关联。经济发展水平越高的国家或地区，寿险市场发展水平往往也较高。国内外大量研究表明，经济发展对寿险市场发展具有显著的促进作用，经济增长是寿险增长的重要原因之一。中国台湾是全球寿险深度最高的地区，寿险保费增速与经济增速的变化趋势保持了较高的一致性（见图3-1）。1963~2016年，中国台湾的寿险保费年平均增速约为18.7%，高于名义GDP年平均增速约8.8个百分点。20世纪60年代到80年代末，中国台湾的经济增速较高，寿险保费增速也较高。20世纪90年代，中国台湾的经济增速趋缓，寿险保费增速也明显趋缓。2008年金融危机爆发以后，中国台湾的经济增速波动加剧，寿险保费增速也随之呈现趋同态势。2013年以后，中国台湾的GDP增速呈下行式增长状态，但保费增速仍保持良好的增长势头。

改革开放以后，我国的经济持续稳定增长，为我国的寿险业发展创造了良好的物质基础，寿险保费多年保持高速增长状态。近年来，即使我国

GDP 增速放缓，但寿险业仍保持良好的增长势头。自 1982 年寿险市场恢复营业以后，寿险业以约 51% 的速度增长，与经济高速增长的总体趋势一致。1982~1988 年，由于中国刚刚实行对外开放，经济增速明显高于其他时期，经济发展开始呈现出"过热"迹象（见图 3-2）。在这段时期，由于我国的寿险市场刚开始恢复营业，寿险保费的基数较低，寿险保费保持了极高的增速。20 世纪 90 年代初到 90 年代末，我国经济增速急剧下降，寿险市场也出现剧烈波动的现象（见图 3-3）。2000~2010 年，我国经济发展相对平稳，寿险市场的波动明显减弱，呈现出较明显的随经济变动的特征。2011 年以后，我国经济增速呈现"L"型发展趋势，寿险保费增速持续上升，到 2016 年，寿险增速最高达 36.18%。与中国台湾相比，中国大陆的寿险保费增速的波动较大，经济增速波动也较大，大陆寿险保费增速与 GDP 增速基本一致。

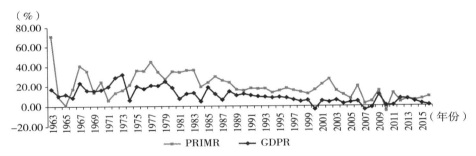

图 3-1　1963~2014 年中国台湾的名义 GDP 增速（GDPR）、寿险保费增速（PRIMR）

资料来源：中国台湾人寿保险商业同业公会。

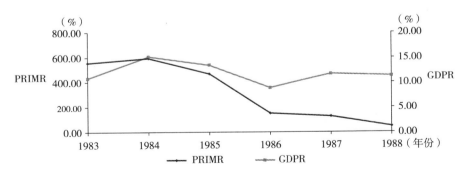

图 3-2　1983~1988 年中国大陆 GDP 实际增速（GDPR）、寿险保费增速（PRIMR）

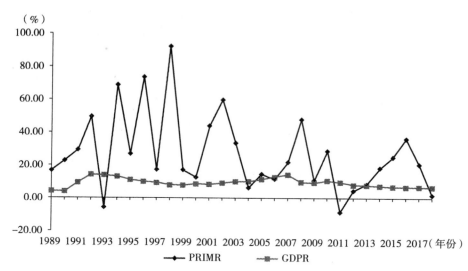

图 3-3　1989~2018 年中国大陆 GDP 实际增速（GDPR）、寿险保费增速（PRIMR）

二、人均经济发展水平与寿险市场增长

1. 不同经济发展阶段的寿险保费增速变化

国内外大量文献以寿险保费规模和寿险密度来表示寿险需求水平，文献通过研究经济发展水平对寿险需求的影响效应，发现经济发展水平对寿险需求具有显著的正向影响效应，由于经济发展水平不同，经济增长对寿险需求的影响效应存在显著差异。阎波（2006）分析了当人均 GDP 在不同收入水平时，寿险增长率与经济增长率之间的变化规律，认为处于不同阶段的经济发展对寿险市场发展的影响不同。当多数国家人均 GDP 达到 1000美元左右时，寿险增长率会发生明显变化（见表 3-1），而各国经济增速的差异是导致寿险增长率变化的一个重要原因。美国在 1940 年之前的经济增速较之后的 5 年明显偏高，日本 GDP 在 1966 年的实际经济增速高达11.95%，中国台湾在 1976 年前的名义 GDP 年平均增速为 16.9%，1976 年之后的 5 年名义 GDP 年平均增速为 15.6%，均处在高速增长阶段。当人均 GDP 达到 3000 美元左右时，美国寿险保费（1960~1965 年）年均增速高达6.58%，德国在 1971 年的人均 GDP 达到 3000 美元的前 10 年中，寿险保费年均增速高达 13.1%。当人均 GDP 达到 3000~5000 美元时，日本和韩国的

寿险保费的实际年增速分别为 6.57% 和 22.21%，约是 GDP 实际年增速的 2 倍。当人均 GDP 达到 5000~8000 美元时，日本和新加坡的寿险保费增速大约是 GDP 的 2 倍。实证分析的结果表明，当人均 GDP 在 1000 美元以下时，寿险需求的收入弹性略低于在 1000~3000 美元时的水平；当人均 GDP 在 1000~3000 美元之间时，寿险需求的收入弹性在 2.5~3.0 之间；当人均 GDP 超过 3000 美元时，寿险保费仍然会保持高速增长；当人均 GDP 在 3000~10000 美元时，寿险需求的收入弹性在 1.0 左右，即与 GDP 保持同步增长；当人均 GDP 超过 10000 美元时，寿险需求的收入弹性小于 1，即低于 GDP 增速。

表 3-1　人均 GDP 在 1000 美元前后时寿险保费增长率　　　　单位：%

临界值	美国	日本	德国	泰国	菲律宾	印度尼西亚	埃及	摩洛哥	中国大陆	中国台湾
年份	1942	1966	1957	1996	1995	1995	1995	1990	2001	1976
之前①	1.14	23.21	—	14.35	4.12	28.35	20.63	13.14	24.36	10.9
之后	5.83	23.85	14.9	8.23	9.38	8.58	9.27	6.66	21.04	27.5

资料来源：世界银行数据库，《中国保险年鉴》，中国台湾人寿保险商业同业公会。其中，美国、德国、中国大陆、中国台湾为名义保费增长率，其余为经过物价指数调整的实际寿险保费增长率，日本为新单保费增长率。

2. 中国大陆和中国台湾的人均 GDP 水平与寿险保费增速

经济的快速发展为我国寿险市场的发展提供了良好的外部环境和发展条件，推动了我国寿险市场的快速发展。2001 年，中国大陆人均 GDP 首次突破 1000 美元②大关，达到 1041.64 美元，比中国台湾人均 GDP 超过 1000 美元的时间晚了近 25 年。当中国台湾的人均 GDP 达到 1000 美元左右时，寿险保费年平均增速约为 17 个百分点（见表 3-2）；中国大陆的寿险保费年平均增速变动不大，主要是因为大陆寿险市场的起点较低，初期阶段的发展速度较快。2008 年，中国大陆的人均 GDP 突破 3000 美元，达到 3413.59 美元，较中国台湾人均 GDP 突破 3000 美元的时间晚了约 24 年。当人均 GDP 超过 3000 美元时，中国台湾的寿险保费年平均增速较之前下降了约 6

---

① "之前"代表人均 GDP 达到 1000 美元之前，近 5 年的寿险保费平均增速；"之后"代表人均 GDP 达到 1000 美元以后，近 5 年的寿险保费平均增速。

② 数据来源：Wind 数据库。

个百分点，但仍然维持近 20% 的年平均增速；中国大陆的寿险保费年平均增速下降了约 4 个百分点，保费增速降至个位数，主要受 2011 年寿险保费增速大幅下滑的影响。2011 年，中国大陆人均 GDP 突破 5000 美元，达到 5447.31 美元，较中国台湾人均 GDP 突破 5000 美元的时间晚了近 24 年。当人均 GDP 超过 5000 美元时，台湾的寿险年平均增速下降了约 6 个百分点，仍然保持了两位数的增速；大陆的寿险保费增速下降了近 13 个百分点，降至个位数，主要是因为 2010 年的寿险保费增速大幅增长，此后，中国大陆寿险市场进入了缓慢的恢复调整阶段。当人均 GDP 突破 7000 美元时，1989 年，中国台湾的寿险深度为 2.9%，2014 年，中国大陆的寿险保费深度为 1.7%，远落后于中国台湾。

表 3-2　中国大陆与中国台湾的人均 GDP 与寿险保费增速　　　单位:%

		1000 美元		3000 美元		5000 美元		7000 美元		10000 美元	
中国大陆	年份	2001		2008		2011		2014		—	
	增速	24.36	21.04	10.66	6.4	20.81	7.6	5.91	—	—	—
中国台湾	年份	1976		1984		1987		1989		1992	
	增速	10.9	27.5	25.79	19.29	22.41	15.98	19.29	13.23	15.98	12.59

注：表中的增速是人均 GDP 达到相应临界值前后 5 年的寿险保费年平均增速。

由此可见，当中国台湾的经济发展到关键临界水平时，寿险保费增速保持在两位数的正增长，仍处于快速发展阶段。中国台湾在 1980 年以前 GDP 名义增速高达 20% 以上，1980～1992 年，GDP 名义增速保持在 10% 以上，中国台湾寿险业的快速发展较好地支持了经济的发展。当中国大陆的人均 GDP 突破关键临界水平时，寿险保费年平均增速有较大幅度的下滑，增速远落后于经济发展到同期阶段时中国台湾的寿险增速，寿险业对经济发展的支撑力度相对有限。

3. 中国人均 GDP 与寿险保费规模

自 1982 年寿险恢复营业以来，寿险保费收入随人均 GDP 的增长而增加。2000 年以后，寿险保费规模的变化规律与人均 GDP 更为一致，经济的快速发展带动了寿险保费规模的快速扩大（见图 3-4）。除 2008～2010 年之外，其余年份中寿险保费规模的增长幅度均低于人均 GDP。随着我国经济的快速发展，寿险保费规模与人均 GDP 的差距持续扩大。2011 年以后，寿险市场遭遇增速大幅下滑，而后缓慢恢复发展，寿险保费规模与人均 GDP 的差距扩大。这表明我国寿险市场的发展速度相对滞后，落后于我国经济发展水平。

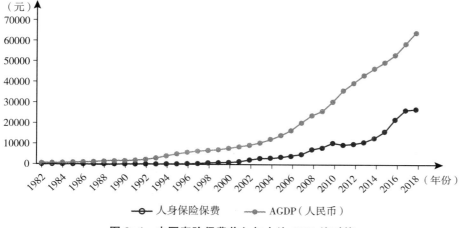

图 3-4 中国寿险保费收入与人均 GDP 绝对值

国际经验表明，当人均 GDP 达到 5000~10000 美元时，保险业将进入快速增长阶段，目前，我国保险业正处在这样的发展时期。我国寿险保费收入占总保费收入的比重达 70% 以上，寿险市场发展对整个保险市场发展具有决定性的影响。2011 年，我国人均 GDP 突破 5000 美元，此后几年，我国人均 GDP 持续稳健增长。2014 年，我国人均 GDP 突破 7000 美元，达到 7485 美元（约合人民币 46531 元）。由于 2011 年我国收紧了银保渠道政策，寿险保费增速出现了近 10 多年来的首次负增长。经过几年的恢复调整，2014 年，在各项政策红利的激励和寿险转型的推动下，寿险保费增速为 18.36%，恢复了两位数的增速。2014~2017 年，寿险保费维持着两位数的高速增长状态。改革开放以后，我国经济发展水平和寿险业发展水平均保持快速发展，但是，寿险保费规模与人均 GDP 的差距不断拉大，寿险业发展滞后于经济发展水平，对经济的支持力度相对有限。

第二节 人口因素分析

人口因素包括人口数量、人口结构和预期寿命等多个方面，是反映市场情况的指标之一。人口数量反映了市场规模的大小，一般认为人口数量越大的国家或者地区，市场消费的潜力越大。人口结构包括自然结构、社会结构和地域结构等方面，其中，性别结构和年龄结构是最基本的结构。年龄结构反映了一个国家或地区的抚养负担和劳动力构成情况，对寿险市场发展具有重要影响。预期寿命反映了生命风险变化的总体发展趋势，与寿险市场发展有密切关系。

一、人口数量与寿险市场增长

中国是世界上人口最多的国家。随着中国经济的发展，中国也被认为是世界上消费潜力最大的国家，全球都将中国市场作为重要的国际市场。自中华人民共和国成立以来，中国人口数量持续增长。左学金（2010）将1949年以来的中国人口增长分为四个阶段：第一阶段是1949~1973年，人口年增长率高达2%以上，处于高速增长阶段；第二阶段是1973~1997年，人口年增长率介于1%~2%之间，处于中速增长阶段；第三阶段是1997~2025年，人口年增长率低于0.5%，处于低速增长阶段；第四个阶段是约2025年以后，预计中国人口在2025年前后将达到14亿的峰值，然后开始进入负增长阶段。联合国人口司的预测结果显示，预计到2030年，中国人口总规模将达到峰值，人口总量将达到14.62亿。

中国人口数量的持续增加，为寿险业发展提供了巨大的可开发市场空间，带动了寿险保费规模的迅速扩大。我国寿险保费规模由2000年的990亿元迅速扩大至2016年的26746.35亿元，寿险保费在全球的排名由2000年的第18位上升至2016年的第3位，寿险保费规模总量迅速超过了保险市场较为发达的一些国家或地区，如韩国、新加坡、中国台湾和中国香港。我国人口数量庞大，巨大的潜在市场是我国寿险保费规模迅速扩张的重要原因。1997年以前，中国人口数量快速增长，这是中国寿险保费增速最快的时期。1997年以后，人口数量增速减缓，寿险保费增速也出现大幅减缓。

二、人口年龄结构与寿险市场增长

1. 我国人口老龄化形势严峻

自 1980 年计划生育政策执行以来，中国人口出生率不断下降，年龄结构不断发生变化，老龄人口占比持续上升。2000 年，中国进入人口老龄化社会，人口老龄化形势日益加剧。1970~2010 年，中国劳动年龄人口的增长率高于总人口的增长率，2010 年以后，发生了完全相反的变化。2013 年，中国的劳动年龄人口达到 10.06 亿的峰值后，开始以每年几百万人的规模减少。到 2016 年，我国的劳动年龄人口降至 9.98 亿人。2015 年，我国放开"单独二胎"政策后，陆续放了全面二胎政策，但是，短期内仍难以改变我国人口老龄化加剧的形势。

2020 年以后，我国将进入人口老龄化加速发展阶段①。20 世纪 60 年代至 70 年代中期，在我国第二次人口生育高峰时期出生的人口将进入老龄化阶段，在此期间，我国老年人口平均每年将增加 620 万人，到 2030 年，我国老年人口将增加到 2.7 亿，与未成年（0~14 岁）的人口规模相当。到 2050 年，我国老年人口数量将突破 4 亿，老龄化率将达到 30% 以上。2050 年以后，我国将完全进入重度人口老龄化阶段，老年人口数量将达到 4.37 亿。随着我国人口结构的变迁，未来，我国将面临更为严峻的人口老龄化问题，将逐渐释放出巨大的养老保障需求以及与之相关的多种寿险保障需求。

与发达国家不同的是，中国是在经济尚未完全现代化、经济尚不充分发达的形势下进入人口老龄化社会的②。2000 年，我国人口结构进入老龄化状态，当时人均 GDP 尚不足 1000 美元。发达国家则是在基本已经实现现代化、经济发展水平相对较高的条件下进入老龄化的，属于"先富后老"或者"同富同老"的一种发展模式。日本在 1970 年进入老龄化时代时，人均 GDP 达到 4981 美元，已经成为发达国家。2010 年，我国人均 GDP 为 4433.34 美元，比日本实现这一经济发展水平晚了近 40 年。按照世界银行

---

① 全国老龄办. 中国人口老龄化发展趋势预测研究报告 [R]. 2006-02-23.
② 刘菲，陈共. 人口老龄化背景下的基本养老保险筹资模式 [J]. 经济管理，2013，35（2）：96-104.

2011 年的标准，我国仍然是中等偏上收入的国家，尚未成为经济发达国家，我国经济发展水平仍然较低，应对人口老龄化的经济实力相对弱（杨坚白和胡伟略，2007），这也给我国寿险市场的发展带来一定的挑战。

2. 人口结构变化给寿险市场发展带来的机遇与挑战

近年来，中国的劳动年龄人口增长率低于总人口增长率，人口出生率下降，人口老龄化加剧，导致人口抚养比上升，这意味着中国人口红利逐渐消失。长期以来，人口红利在中国经济高速增长中发挥了重要作用，加上资本边际报酬递减等因素的影响，过去多年以来，支持中国经济高速增长的根本动力发生了变化，潜在的经济增长率下降，导致实际经济增速随之减缓。近年来，我国经济增速呈现出 "L" 型探底发展趋势，关于这种状态将持续多久、何时触底的问题还难以预测，经济发展方式的变化将给寿险市场发展带来巨大变化，寿险业将难以维持过去多年的高速增长状态。2011 年，寿险保费增速大幅下降，此后，寿险市场进入恢复调整阶段。在保险业全面深化改革、主动调整转型等系列举措的带动下，2014 年，寿险业恢复了两位数的增长状态。

人口老龄化的日益加剧，在给中国经济发展带来巨大压力的同时，也给寿险市场发展带来了千载难逢的巨大历史机遇，将引发中国养老保险和健康保险等各种风险保障需求的喷发式增长，使中国寿险发展方式产生根本性的变化，对寿险市场发展产生深远影响。长期以来，我国寿险业大力发展的是趸交理财型保险业务，寿险的风险保障功能相对较低，难以适应我国人口老龄化变迁的发展形势。在人口老龄化加剧的形势下，未来与养老、疾病、失能和护理等相关的生命风险保障需求将大幅增加。

近年来，我国商业健康险保费增速迅猛，即使在我国寿险整体保费低速增长的情况下，健康险保费增速仍然保持了 30% 以上的增速，2016 年，健康险保费增速达到 67.3%，显示出了巨大的发展潜力（见表 3-3）。我国企业年金积累基金持续增长，各年增速高达 15% 以上，与人寿保险保费规模的差距逐渐减小。2017 年，企业年金积累基金占人寿保险保费的 60%，这说明年金积累基金在社会保障体系中的作用不断增强。随着我国机关事业单位养老保险制度改革的推进，市场对职业年金的需求逐步释放，预计每年将释放出 5000 亿元的职业年金需求。同时，与养老风险相关的疾病保险、长期护理保险和身故风险等各类风险保障的需求也将进一步增加，市场对各类风险保障的需求将进一步增加，利用保险投资理财的需求将逐步减弱，这将改变多年来我国寿险业务的发展模式，带动我国寿险市场快速发展。世界各国保险业发展的历史过程表明，当国家经济发展到一定水平时，在人口老龄化的历史机遇下，寿险市场会获得较大的发展。

表 3-3　2011～2017 年健康险和企业年金发展情况　　单位：亿元

险种		2011 年	2012 年	2013 年	2014 年	2015 年	2016 年	2017 年
健康险	保费	691.72	862.8	1123.5	1587.18	2410.4	4033.2	4389.46
	增速	2.1%	24.7%	30.22%	41.27%	51.87%	67.32%	8.83%
人寿保险	保费	8695.59	8908.06	9425.14	10901.69	13241.5	17395.9	21455.5
	增速	-10.17%	2.44%	5.8%	15.67%	21.46%	31.37%	23.34%
企业年金	积累基金	3570	4821	6035	7689	9526	11075	12880
	增速	27.09%	35.04%	25.18%	27.41%	23.89%	16.26%	16.30%

资料来源：国家统计局网站、《全国企业年金基金业务数据摘要 2017》。

三、预期寿命与寿险市场增长

随着我国经济的发展和医疗技术水平的改进，我国人口的平均预期寿命不断延长，平均生命周期延长，平均生存期过长的生命风险加剧。截至 2010 年，我国人口的平均预期寿命为 74.83 岁，较 2000 年延长了近 4 岁。根据《2013 年世界卫生统计报告》的数据，2011 年，日本、瑞士、澳大利亚和新加坡等多国的人口平均预期寿命达到了 80 岁以上，美国的人口平均预期寿命为 79 岁。随着我国人口老龄化形势的加剧，未来，我国人口的平均预期寿命将呈现继续延长的趋势，生命期过长的风险敞口加大，加大了市场对养老、疾病等长寿风险保障的需求，带动了中国寿险市场的新一轮增长。

第三节　金融因素分析

国内外大量研究表明，金融发展对寿险市场增长具有显著的促进作用，当今世界各国金融市场越发达的国家和地区，保险业往往也较为发达，保险业在金融系统中的地位和作用往往也越高。金融业发展相对缓慢的国家或地区，保险业的发展水平也相对较低，保险在金融系统中的地位也较低。目前，我国金融业是典型的以银行业为主的结构，保险与证券基金等在金融业中的发展相对滞后。2008 年，银行业在我国金融业总资产中的占比高达 92.1%①，保险业在我国金融业总资产中的占比约为 4.9%，证券基金业在金融业总资产中的占比最低，约为 3.0%。

一、银行业发展与寿险市场增长

1. 银保渠道对寿险市场增长的意义与作用

银行与保险是最舍得在铺设销售渠道和网点上投资的金融行业，这两个行业的发展都对渠道有较强的依赖性。保险业自身拥有的渠道是其代理人渠道，保险拥有自己的销售渠道这个优点，决定了保险业在金融市场的发展中具有较强的独立性，不会为某个渠道所限制，可以通过大力发展自身的销售渠道和网点的方式扩大市场。然而，中国保险市场的起步较晚，保险市场的销售渠道尚不发达，代理人销售渠道在初期的不规范发展行为严重损害了保险在社会公众中的形象，导致不少人对保险有一定的抵制和排斥心理。中国保险经纪人渠道起步较晚，在寿险市场中的占比较低，短期内迅速成为中国寿险销售主渠道的可能性较低。这说明我国寿险业务的发展需要借道多种渠道、多元化方式。与其他销售渠道相比，银保渠道具有多种优势条件，是最适合保险借道发展的重要媒介。

中国同亚洲其他国家文化一样，是较为典型的储蓄依赖型民族。银行业在金融业中的发展较快，是社会公众进行金融活动的主导媒介。经过多年的发展，银行已经在全国建设了强大的网点渠道基础，成为金融业中网点数量最多、分布最为广泛的金融行业。我国通过严厉打击地下钱庄及禁止民营资本经营银行业务等管制措施，推动了我国储蓄大量流向银行，使银行积累了大量的优质客户资源。由于银行以国家信用为后盾，因此，客户对银行的信赖度较高。这些优势为我国保险业借道银行发展保险业务提供了良好的基础，保险可以借助银行的网点代理销售保险业务。保险业可以通过这种方式增加保费收入，银行业也可以通过收取手续费的方式，增

---

① 郭金龙. 现代商业保险规范发展与金融稳定关系的综合研究 [M]. 北京：经济管理出版社，2014.

加收入来源，这对银行和保险业发展都有好处。法国、西班牙、葡萄牙（这三个国家银保渠道保费占比高达 60% 以上）、韩国、日本和中国台湾等国家或地区的寿险业务对银保渠道的依赖较大。2001 年以后，中国寿险银保渠道开始大力发展，银保渠道寿险保费收入迅速由 2000 年的不到 5% 升至 2000 年以后的 20% 以上；2007 年以后，银保渠道开始迅猛发展，银保渠道保费占总保费的比重迅速升至 40% 左右。银保渠道的发展带动了寿险市场的快速增长，成为寿险保费收入的重要渠道之一。

由于银行网点资源的优势，长期以来保险业与银行业在合作中居于被动地位，银行对保险代理"一对多"的合作模式推高了银保渠道的销售成本。2010 年，保监会和银监会联合出台文件，要求商业银行不得与超过 3 家保险公司合作，但是由于银保网点资源的稀缺性，保险公司与银行业难以形成战略性合作。目前，银保渠道的经营成本较高。银保渠道过度发展引发了一系列问题，出现了骗保和变相将存款变为保险等多种非诚信行为，影响了银保渠道的销售信誉和形象。2011 年，保监会和银监会出台了《商业银行代理保险业务监管指引》，用以规范银保渠道的代理销售行为。2014 年，保监会和银监会联合发布了《关于进一步规范商业银行代理保险业务销售行为的通知》，加强了对银行代理销售保险行为的监管。这些监管政策的出台也给银保渠道业务的发展带来了较大的压力，导致银保渠道保费收入大幅萎缩。2011~2013 年，寿险总保费增速仅为个位数，2011 年甚至出现了负增长。随着银行业改革的推进，未来，民营商业银行的兴起或将为银保渠道转型发展带来新的转机。保险业新兴销售渠道的发展在一定程度上减轻了保险业对银保渠道的依赖，这些变化或将推动保险业与银行业合作方式的转变，为银保渠道的健康可持续发展寻找到新的途径。

2. 利率对寿险市场增长的意义和作用

利率是寿险费率制定的重要因素之一，寿险预定利率与利率的关系密切，利率变化对寿险需求的影响较大。1999 年 6 月之前，我国寿险预定利率与利率挂钩，利率是影响寿险费率的重要因素。1999 年 6 月以来，我国寿险预定利率不再与利率挂钩，但是预定利率仍然取决于长期平均利率，利率仍然是影响寿险费率的重要因素。寿险费率变化会影响寿险市场供需，利率是寿险市场增长的重要影响因素之一。

中国"量入为出、勤俭持家"的文化传统使得中国家庭储蓄率居高不下，由于部分寿险产品具有储蓄投资功能，所以寿险消费者总是将寿险产品与银行储蓄进行比较。如果分红寿险的分红收益率和万能险的结算利率高于银行储蓄存款，就会增加寿险需求，分流银行储蓄存款，促进寿险保费增长。如果分红收益率和万能险的结算利率低于银行储蓄存款，便会出现大量的退保和寿险需求减少的现象，导致寿险保费规模缩减。2001~2010年是中国寿险市场增长的黄金十年，寿险公司顺应市场的储蓄理财需求，推出了分红险和万能险等新型投资型寿险产品，成功分流了银行储蓄存款，推动了寿险市场的快速发展。十年期间，储蓄存款利率的严格管制政策也成为寿险市场快速增长的重要推手。银行居民储蓄存款利率从 2004 年的 56%[①]下降至 2012 年的 46%，寿险公司成为银行利率管制的直接受益者。在日本和中国台湾，当银行利率为零甚至为负值时，便是其寿险市场快速发展的时期。

银行利率的波动也给寿险市场发展带来了巨大影响。1996 年，银行先后 8 次下调银行利率，给寿险市场发展造成了致命性打击，寿险业承受了巨大的利差损，这些损失至今尚未完全弥补。2007 年，银行连续多次上调银行利率，一年期的银行存款利率高于寿险预定利率上限，使传统储蓄保障型寿险产品与储蓄存款相比缺乏竞争力，影响了传统寿险业务的发展。2008年以后，寿险公司普通寿险保费收入的占比由 2007 年以前的 20% 以上下降至 10% 以下，进一步加剧了寿险业务结构的分化，导致寿险业务结构再度严重扭曲。近年来，我国银行利率持续在低位运行，寿险费率改革以后，多数寿险产品的预定利率甚至高于 3.5%，远超过一年期的定期存款利率，逼近五年期的银行存款利率，使部分寿险产品的竞争力大幅提升，成为储蓄存款的重要理财替代品。

二、证券基金行业发展与寿险市场增长

1. 证券基金行业与保险行业发展的关系

目前，中国金融市场仍然以银行业为主，保险和证券基金等行业在金融市场上的占比仍然较低，发展相对滞后。证券基金行业是提供融资和投资服务的金融行业，对寿险行业的发展也具有重要影响。多年以来，由于中国证券基金行业的发展相对滞后，加上保险资金运用政策对股权等权益

① 李良温. 寿险费率改革需要看银行利率市场化的眼色 [J]. 中国保险，2014（1）：8-9.

类资产投资等的限制，与银行业相比，证券基金行业的发展对中国寿险业发展的影响相对较小。寿险市场受证券基金行业发展的影响主要表现在两个方面：一是保险资金通过在证券基金市场的权益类投资来吸收资本市场收益，保险资金利用其专业化的投资技术和大资本优势，可以在资本市场获得更多的投资收益，提高寿险保单的回报率，更好地推动寿险市场的发展；二是将某些风险较大的保单证券化，分散和转移承保风险，拓宽保险的服务领域和范围，增加寿险市场的规模。

2. 保险资金在权益类资产中的投资

1999 年 10 月，国务院批准保险资金可以通过购买证券投资基金的方式间接进入资本市场，投资于单一证券投资基金的上限不得超过基金份额的10%。2004 年，保监会发布的《保险公司投资证券投资基金管理暂行办法》规定，经过保监会批准的保险公司可以直接投资股票，股票投资的上限为5%。2010 年 8 月，保监会发布《关于调整保险资金投资政策有关问题的通知》，规定保险资金在证券基金和股票资产中的投资比例不得超过上季末总资产的25%，其中，股票和股票类基金的投资比例不得超过上季末总资产的20%。2012 年，保监会发布《关于保险资金投资股权和不动产有关问题的通知》，将保险资金在未上市企业股权、股权投资等金融资产中的投资比例上限由上季末总资产的 5% 上调至上季末总资产的 10%。至此，保险资金在股票等权益类资产中的投资比例上限调整为30%。2014 年 1 月，保监会发布的《关于加强和改进保险资金运用比例监管的通知》将保险资金的投资资产划分为流动性资产、固定收益类资产、权益类资产、不动产类资产和其他金融资产，固定权益类资产的投资比例上限为上季末总资产的30%。

我国监管机构对保险资金在权益类资产中的配置比例进行了严格监管，充分考虑了资本市场波动对保险业可能造成的冲击。保险业引进了具有较强投资能力和风险控制能力的专业人才来进行保险资金配置，提升了风险控制能力和投资收益水平。

3. 保险产品证券化业务的发展情况

目前，国际保险市场上的保险产品证券化业务较为发达，如巨灾保险证券、信贷违约掉期（Credit Default Swap，CDS）等，中国这类业务起步较晚，与国际市场差距较大。这类业务的大规模且不规范发展是造成 2008 年金融危机的重要罪魁祸首，也给保险业带来了巨大冲击。保险证券化可以分散和转移保险风险，扩大保险服务的范围和领域，加强保险在实体经济中的影响力和渗透力，更好地支持实体经济发展。近年来，我国已经开始在深圳和宁波等地试点巨灾保险业务，推出了巨灾保险证券等多种证券化的金融衍生品，未来，还将随着保险市场的发展开发出更多的证券类金融衍生品。

我国传统型寿险产品和新型投资型寿险产品均未开发证券化产品，分红险和万能险具有投资理财功能，主要通过保险资金投资参与到资本市场，但这类投资型寿险产品并非是直接与证券基金行业产生关联。投资连接险的资本账户类似于基金投资，也不是证券化的产品。2001 年以来，我国陆续开发出了多种寿险新产品，这类产品主要集中在传统保险业务领域，相对于发达保险市场，中国寿险产品的种类仍然较为有限，很多国际市场上已经较为成熟的传统寿险产品尚未引入中国寿险市场。

第四章 寿险市场增长的归因分析：供给层面

中国的保险是"舶来品"，商业保险在中国市场的起步较晚，保险在中国仍然是一个新兴事物，保险尚未成为人们进行风险管理的普遍工具和手段。虽然，经过多年的发展，中国已经成为全球第四大保险市场，但是，人们对保险的认识仍然较为模糊，甚至存在较多误解。保险并未成为居民日常生活中的必需品，保险在中国经济社会中的风险管理作用还有较大的发挥空间。在这种形势下，供给推动对中国寿险市场的发展具有重要影响，这主要是通过销售渠道和产品策略来实现的，产品策略最终也是通过渠道落实的，销售渠道在我国寿险市场增长中发挥了重要作用。

第一节 团险渠道发展与寿险市场增长

团险业务是中国寿险恢复营业以来最早发展起来的寿险业务，最初主要是满足机构为职工投保的需求，现在的团险业务也针对个人，可以对至少由 3 人以上的个人组成的团体开展寿险业务。当前，在个险业务和团险业务分渠道经营的情况下，团险业务无论是针对个人客户还是机构客户，均由各保险公司的团险渠道（也称为"法人渠道"）完成，个险业务主要是针对个人客户，由负责个险业务的销售渠道完成。

一、团险业务的独家垄断发展阶段（1982~1992 年）

1982~1991 年，我国的寿险业务均为团险业务，基本上未涉及针对个人消费者的寿险业务，主要通过依托行业代办和农村代办的兼业代理方式来开展保险业务，兼业代理机构对这段时期的寿险市场发展起到了巨大的推动作用。我国寿险保费收入由 1982 年的 0.0159 亿元迅速增长至 1991 年的 63.51 亿元，保费年均增速高达 129%；寿险在总保费收入中的占比由 0.15%迅速升至 26.96%。

1982~1986 年，寿险市场由中国人民保险公司独家垄断经营。1985 年，中国人民保险公司已经在全国 28①个省、自治区或直辖市开办养老年金保险、简易人身保险、医疗保险和团体人身及意外伤害保险等业务。其中，养老保险主要是针对集体企事业单位；简易人身保险主要是针对集体投保；团体人身及意外伤害保险主要是针对机构客户；医疗保险主要为附加保险，附加在养老年金保险、简易人身保险和团体人身及意外伤害保险等业务上。

1986~1988 年，新疆兵团、交通银行保险营业部（即太平洋保险的前身）和平安保险公司（即中国平安保险公司的前身）陆续成立，打破了保险市场由中国人民保险公司独家垄断经营的格局。截至 1991 年底，三家新成立的保险公司仍然以经营财险业务为主。

1979 年，中国人民保险公司成立以后，为解决分支机构不足的问题，设立了众多的保险兼业代理机构，在全国大部分乡镇设立保险站，以各地人民银行为依托建立保险兼业代理网，并在外贸企业聘用兼业代理等。平安公司和太保公司成立以后，分别成立了一批兼业代理机构开展业务。兼业代理机构的大规模无序扩张也带来了一系列问题，代理机构作风问题较为严重，缺乏必要的规章管理制度，缺乏风险管理意识等。鉴于这些问题，1992 年 11 月，中国人民银行颁布了《保险代理机构管理暂行办法》，对全国的保险代理机构进行了清理整顿，遏制了兼业代理机构的恶性膨胀，兼业代理机构数量大幅减少，管理混乱的问题有所遏制。

二、团险业务的过渡发展阶段（1993~1998 年）

1993~1998 年为团险业务的过渡阶段，在这段时期团险业务在总保费中的占比持续下降，但仍然是中国寿险保费收入的主要来源之一。1994 年以前，团险业务仍然为中国寿险保费收入的最主要来源，主要由中国人民保险公司提供，个险业务的体量较小。1992 年，中国人民保险公司寿险保费

---

① 资料来源：《中国金融年鉴》（1986）。

收入为 93.86 亿元[①]。受团险业务清理整顿的影响，1993 年，中国人民保险公司保费收入为 85.95 亿元，增速为 -8.43%，首次出现了高速增长以来的负增长。1993 年之前，团险业务的竞争并不激烈，主要是因为团险的市场容量相对较小，团险业务没有出现价格战等过度竞争现象。1994 年以后，国内的寿险公司——中国平安，率先推出了个险业务，国内其他各寿险公司纷纷效仿，个险业务开始迅速发展，团险业务在总保费中的占比受到较大的冲击，保费占比持续下降。1997 年，寿险公司的团险业务在总保费中的占比为 56.73%，仍然居于绝对主流地位。截至 1998 年底，寿险公司的团险业务在总保费中的占比为 50.24%，仍然占据市场优势，但是个险业务已经开始占据寿险的近半壁江山。

在这段时期，团险业务的发展出现了一系列新特点，既不同于以前的发展，也不同于后来的发展，主要体现在以下三点。一是寿险市场的正面竞争并未集中在团体保险业务上。1992 年，友邦上海在中国引入个人代理制度以后，个险业务并没有立即在中国大规模铺开[②]，新成立的几家保险公司都选择了个人保险业务优先发展的战略，在这段时期，多家供给主体竞争的市场格局并没有在团险业务上展开，主要是在大型城市的个险业务上打响，团险业务仍然以中国人民保险公司供给为主。二是团险业务的市场竞争主要围绕短期意外险展开。在这个时期的寿险业务中，最能体现经营利润的寿险险种是短期意外险。股份制保险公司的经营压力主要来自于投资人，中国的投资者往往缺乏耐心，要求经营者尽快获取利润，短期意外险是最能满足投资者这种偏好的险种，所以，发展短期意外险成为这段时期国有独资保险公司的重要任务，主要围绕学生平安险和航空意外险展开。这段时期的团险经营出现了行政干预、违规支付手续费和回扣等违规行为，以及竞相降价或变相降价等不正当竞争行为。三是团险业务分流银行存款。在这段时期，寿险市场推出了还本型储蓄、利差返还性质的寿险产品以及福寿安康保险产品，这三类产品兼顾了保险和储蓄的双重功能，满足了市场对保障和储蓄的消费需求，并在一定程度上分流了银行存款。

[①]　资料来源：《中国金融年鉴》（1993）。
[②]　陈文辉. 中国寿险业的发展与监管［M］. 北京：中国金融出版社，2002.

三、团险渠道的专业化发展阶段（1999~2011年）

1999年以后，团险业务走向专业化的发展阶段，多数公司成立了专门的团险事业部，开辟了专门的团险销售渠道。随着个险渠道和银保渠道的逐渐兴起，团险渠道保费增速减缓，在总保费中的占比持续下降，不再是中国寿险保费收入的主要来源。1999年，团险渠道在总保费中的占比为23.18%，首次降至50%以下。2000年以后，投资型寿险产品（包括分红险、万能险和投资连接险）也开始在团险渠道销售。团体年金业务绝大多数是账户式业务，这类业务的保费较高，在拉动团险保费规模增长中的作用较为显著，而团体非年金业务则主要发挥保障功能。2001年，中国加入WTO，保险业对外开放的力度进一步加大，成为金融业中对外开放程度最高的行业。除了要求外资保险公司在中国经营寿险业务时必须采取与中资寿险公司合资的方式以及交强险业务以外，几乎所有的重要领域都对外资保险公司开放。外资保险公司以及新成立的中资保险公司在个险渠道迅速扩张，进一步挤占了团险渠道在总保费中的占比。2001年，团险渠道共实现保费收入315.03亿元，同比增长60.08%，但在总保费中的占比落至22.12%。

2004年，社会保障部颁布了《企业年金试行办法》，要求企业年金采用信托模式进行运作，给商业补充养老保险业务造成了较大的冲击。2005年，中意人寿由于股东的原因，获得了中国石油200亿元的团险保单，维持了团险渠道保费的增长，但是，这种不可复制的背景难以为团险渠道的发展提供长期快速发展的动力。2006年，我国再度出台政策，要求保险公司必须成立独立的养老保险公司来经营团体性质的企业年金业务，市场上陆续出现了中国人寿养老保险公司、平安养老保险公司、太平养老保险公司和泰康养老保险公司等专业养老保险公司，导致一部分长期团险业务分流到专业养老保险公司，再度分割了团险渠道的市场份额。团险渠道的长险业务持续萎缩，再加上短险业务的体量较小，导致团险业务增长乏力。2006年，国寿、平安、太保、新华、泰康和太平6家人身保险公司的团险渠道保费收入占全部总保费收入的比重为16.43%。团险渠道在总保费收入中的贡献不断缩小，但团险保费规模仍然在快速扩张。2008年底，人身保险公司团险渠道共实现保费收入405.44亿元，为1991年团险渠道保费收入的6.4倍，团险渠道保费收入在总保费收入中的占比降至 5.36%。

2009 年 12 月，财政部下发《关于企业加强职工福利费财务管理的通知》，明确指出补充养老保险费（企业年金）、补充医疗保险费等不属于企业的职工福利费，而是作为企业成本在税前列支。我国税法规定，企业的职工福利按照工作总额的 14% 给予免税，部分企业将补充医疗保险（企业年金）、补充医疗保险列支为企业员工福利，享受超额免税优惠。该项政策出台后，对工资总额限额范围以外的团体保险仍然需要交纳税费，打击了一部分企业投保团险的积极性，给团险渠道保费收入增长造成了进一步的打击。2010 年，人身保险公司的团险渠道占寿险总保费的比重为 1.05%，团险渠道保费收入为 92.43 亿元，较 2008 年的团险渠道保费规模大幅缩减。国寿、平安、新华、太保、人保、太平、泰康、英大和中意等几家公司团险保费规模较大，团险渠道在寿险市场总保费收入中的占比较高，保持在 10% 以上，其他中小型人身保险公司团险渠道在总保费中的占比大部分都低于 10%，团险保费规模也较小。近年来，各人身保险公司团险渠道在总保费中的占比基本上都在 10% 以下，扩张速度明显慢于个险渠道和银保渠道。

四、团险渠道发展的新机遇（2011 年以后）

2011 年以来，随着中国经济发展形势的变化，以及中国人口老龄化形势的日益严峻，团险渠道的发展迎来了新的历史发展机遇，推动了团险渠道的大力发展。当前，我国人口老龄化形势日益严峻，预计到 2030 年，我国的老龄人口将比 2010 年翻一番，我国将在相当长的一段时期内面临严重的人口老龄化问题，这将带动与老龄相关的养老、健康等多种保险业务的大力发展。我国基本社会保障制度改革的方向是"广覆盖、保基本"，更多个性化的保障需求将通过商业保险来实现，这将释放出大量的团险保障需求。2014 年 1 月 1 日，我国启动了针对企业年金个人所得税的税收递延优惠政策，带动了我国企业年金业务和相关团险业务的大力发展。

五、团险渠道发展对寿险市场增长的影响

我国的保险业起步较晚，寿险业务最初是从团险业务起步的，团险渠道在我国寿险市场发展初期发挥了重要的作用。1999 年以前，我国的寿险

业务主要是由团险渠道创造的。由于恢复营业初期寿险市场的起点较低，寿险保费规模迅速扩大，保费年平均增速高达 88%，在整个历史时期处于最高水平。1985 年以前，平均以每年近 5 倍的速度高速增长。截至 1998 年底，我国寿险保费规模已经排名全球第 16 位，比寿险市场较为发达的中国台湾在全球的排名略低 2 位。团险渠道在我国寿险市场发展的起步阶段具有重要作用，通过团体保险的形式，逐渐将风险保障的概念引入中国市场，能够带动个人寿险业务的发展。1999 年以后，随着个险渠道和银保渠道的爆发式增长，团险渠道在我国保费收入中的贡献逐渐减小，但是，团险渠道仍然是我国保费收入的重要渠道之一。团险渠道保费收入持续增长，在满足多元化的保障需求和完善社会保障体系等方面发挥了重要作用。1999 ~ 2008 年，尽管团险渠道在总保费中的占比持续下降，但是团险保费规模仍处于快速扩张阶段，为寿险市场贡献了大量的保费，在推动寿险市场增长中发挥了重要作用。2009 年以后，由于受到政策调整的影响，团险渠道保费规模大幅缩减，在总保费中的占比下降，影响了我国团险渠道的发展。

随着我国医疗保障制度改革及养老保险制度改革的推进，未来市场将释放出更多个性化的团体保险需求，并通过商业保险满足这种需求。近年来，我国商业保险公司经办的大病保险业务，在防范居民"因病致贫、因病返贫"风险中发挥了重要作用，既满足了居民的风险保障需求，也减轻了基本医疗保险的负担，提高了基本医疗保险的效率。我国人口老龄化日益严峻，团体养老保险市场的发展潜力巨大，基本养老保险只能解决"保基本"的问题，难以满足差异化的养老保障需求，需要通过企业年金、职业年金和个人养老保险等多种方式，提高居民的养老保障水平，推动我国团体养老保险市场的进一步发展。2015 年 2 月，保监会发布了《中国保监会关于促进团体保险健康发展有关问题的通知》（保监发〔2015〕14 号），规定团体保险应当使用经审批或者备案的保险条款和保险费率，赋予了保险机构更大的团体保险业务定价自主权，降低了团体健康保险的最低投保人数的限制条件，将团险业务的最低投保人数由 5 人降至 3 人，放宽了团体被保险人的区域限制条件，规定投保团险业务的被保险人可以不在同一个省、自治区和直辖市等，为团体健康保险业务的发展创造了更为有利的发展环境。

第二节　个险渠道发展与寿险市场增长

　　个险渠道是指通过个险业务代理人与保险消费者直接接触，销售其所代理的保险公司的保险产品的销售方式。个险渠道引入保险市场以后，带动了我国个险业务的快速发展，将我国寿险业务由团险业务为主导的模式推向以个险业务为主导的模式，开启了我国个人寿险消费的新时代。目前，个险渠道已经成为我国寿险业个险业务销售的主力军之一，是保险公司自身拥有的重要营销渠道。

一、个险渠道的兴起（1992~1995 年）

　　1992 年，中国保险市场迈出了对外开放的第一步，批准美国友邦上海分公司在上海经营保险业务，外资保险的引入给中国保险市场发展带来了新的活力。美国友邦上海分公司进入中国寿险市场以后，并没有同中国人民保险公司在团险业务发展中展开正面竞争，而是将寿险业务的发展方向指向尚未开发的个险业务，主要针对个人消费者开展寿险销售业务，首次将个险代理人制度引入中国保险市场。在个险代理人制度引入中国后不到两年的时间，中国的个险代理人就发展到 2000 人，保费收入突破 1 亿元。

　　中国市场化改革经过 10 多年的发展以后，市场涌现出大量的非国有经济，出现了按生产要素分配的现象，个人和家庭开始拥有一定数量的资产和财富，需要通过寿险来分散风险和持有金融资产，为中国寿险市场中个人代理制销售模式的兴起提供了巨大的潜在市场。新进入寿险市场的保险公司可以扬长避短，成为个人寿险市场的领跑者。

　　1993 年，友邦保险代理人有 300[①] 余人；1994 年底，友邦保险的代理人数量迅速扩大到 4000 多人；截至 1995 年，发展到 8000 人。友邦保险引入代理人销售模式以后，国内其他保险公司纷纷开始模仿这种业务发展模式。1994 年，平安人寿率先跟进，在国内寿险公司中首先推出个险代理人

---

　　①　资料来源：《中国保险年鉴》（1981~1997）。

制度，销售平安保险、少儿终身险等针对个人的寿险产品。1995 年，平安人寿的代理人数量激增至 12000 人。1995 年，太平洋保险公司也开始引入个人代理制度，此后，各家寿险公司纷纷采用个险代理人销售个险业务，个险代理人制度开始迅速在中国寿险市场发展。据不完全统计，1995 年底，中国共有寿险代理人 30 多万人，约有 40%的寿险保费收入来自于寿险代理人渠道。

这段时期的寿险市场快速扩张，陆续开发出定期寿险、终身寿险和两全寿险等传统型寿险产品，个险渠道保费占比持续上升，但是由于这段时期的个险渠道仍处于起步阶段，团险渠道仍然是这段时期寿险保费收入的第一大主要来源。外资保险公司仅参与了个险业务的承保，这导致寿险市场的竞争更多地集中在个险渠道，带动了中国个险业务的快速发展。

二、个险渠道的爆发式增长阶段（1996~2006 年）

1996 年，中国人民银行发布《保险代理人管理暂行规定》，规范了代理人资质条件和行为准则，随后，各家公司纷纷开始发展个险代理渠道，推动了个险渠道的迅速发展。在个险渠道的带动发展下，1997 年，我国寿险保费收入首次超过财险。此后，中国寿险保费在总保费中的占比不断提升，迅速提升至 70%左右，成为我国保险市场保费收入的主要来源，开启了以寿险为主流的保险业务发展新时代。1998 年，个险保费在总保费中的占比为 49.76%，与团险业务的占比基本持平。个险代理人达到 40 万人，共实现保费收入 326 亿元，占寿险保费收入的 42.71%，成为寿险保费收入的主要来源。

20 世纪 90 年代末，随着个险渠道的不断发展，各保险公司陆续推出了新型投资型寿险产品。2000 年，中国产品结构转型完成以后，新型投资型寿险产品的市场份额迅速扩大，个险代理人数量稳步增长。2001 年，中国加入 WTO 以后，外资迅速涌入中国保险市场，中国寿险市场机构主体数量迅速增加，寿险公司加快在全国铺设网点，个险代理人规模迅速扩大。

2001 年，寿险公司个险代理人数量达到 105 万人，个险渠道成为寿险保费收入的主要来源，团险渠道在总保费中的占比逐渐下降。投资连接险和分红险的推出给整个保险市场的发展带来了新的契机。2001 年，全年寿险保费收入为 1424.04 亿元，同比增长 43.84%，增幅较上年同期上升了

31.2 个百分点。个险业务保费收入达到 1109.01 亿元，占寿险的比重为77.88%，个险业务以绝对性优势超过团险业务的发展，成为中国寿险市场保费收入的主要来源。其中，普通寿险保费收入为 1005.55 亿元，同比增长5.76%；投连险保费收入为 106.62 亿元，同比增长 542.26%；万能险保费收入为 40.29 亿元，同比增长 655.85%；分红险保费收入为 271.58 亿元，同比增长 3046.88%。2001 年，全年共实现新单保费收入 705.84 亿元，同比增长 79.87%，占整个寿险保费收入的 49.57%。

2002 年，个险代理人规模达到 130 万人，寿险市场结构开始发生根本性的转变，进入以投资理财业务为主导的发展模式。整个寿险市场共实现保费收入 2274.64 亿元，同比增长 59.69%。其中，分红险异军突起，全年分红险共实现保费收入 1121.72 亿元，较上年同期增长了 3 倍多，在寿险市场中的占比由上年的 19% 迅速增长至 49.3%；普通寿险在总保费中的占比由 2001 年的 70.6% 降至 2002 年的 37.3%。此后，分红险在寿险总保费中的占比持续上升，成为寿险保费收入的主要来源；普通寿险在总保费中的占比持续下降。

2001～2003 年，发生的两次"投连险"风波将个险代理人制度的各种弊端集中放大。此后，监管机构加强了对保险代理人的管理。2003～2006年，监管机构加强了对保险代理人持证的管理。在这段时期，个险代理人的规模稳定在 135 万人左右，个险代理人创造的寿险保费收入在总保费中的占比持续上升，由 2004 年的 48.68% 迅速升至 53.9%，占据了整个寿险市场的一半以上（见表 4-1）。部分公司在 2004 年的个险渠道保费收入突破了1500 亿元，到 2006 年，个险渠道保费收入已经突破 2000 亿元，接近 2002年整个寿险市场的保费规模总量。

表 4-1 2004～2010 年个险渠道人员和业务发展情况

年份	2004	2005	2006	2007	2008	2009	2010
持证人数（万人）	135.00	132.86	137.60	176.70	225.17	257.67	287.90
保费（亿元）	1571.48	1794.32	2226.50	2596.19	2681.11	3250.59	3587.52
保费占比（%）	48.68	48.5	53.9	51.53	36.00	39.35	33.74

资料来源：保监会公布数据、《保险中介市场发展研究报告》。

2003 年以来，个险代理人队伍的问题集中显露，保险代理人进入门槛较低，多为失业的低素质员工，流动频繁，脱落率较高，增加了个险渠道的经营成本。部分公司对个险代理人的培训不够，一些公司加强了对一些素质和业绩较高的代理人或销售经营的争夺，不愿意自己培养代理人队伍，影响了代理人队伍质量的提高。寿险公司对代理人队伍的管理方式也较为粗放，出现了个别代理人套取佣金和挪用保费、虚假承保并在期满前跳槽、信息披露不完整或不准确及销售误导等诸多问题。在发展初期，这些不规范的发展方式损害了消费者的权益，市场开始对保险代理人产生较强的抵触和排斥心理，对保险市场的发展产生了极其恶劣的影响。至今，有些人仍然对保险代理人存在较强的排斥心理，认为保险是骗人的。

三、个险渠道的调整发展阶段（2007 年以后）

在代理人制度发展初期，由于中国保险业整体上处于刚刚起步阶段，市场主体机构数量较少，寿险行业的发展整体较为规范，寿险公司对代理人的招聘门槛较高，代理人队伍的素质整体较好。随着国内寿险市场中保险公司数量的不断增多，寿险公司对代理人的争夺也开始升级。寿险公司对增员的要求逐渐放低，推行人海战术，大规模地竞聘业务员，甚至恶意挖墙脚。部分保险公司为争抢人才而采取了增员与业绩挂钩的政策，加剧了个险代理人队伍的低层次恶性循环。寿险公司的经营管理者无视行业的发展规律，片面追求短期利益，助长了个险代理人的信用风险、销售误导以及假保单、假理赔和假公司（保险业所谓的"三假"）等市场乱象的滋生，扰乱了保险业的经营秩序，损害了整个保险行业的信誉。

2007 年以后，随着银保渠道的兴起，个险渠道由于自身发展中存在的一些问题，保费增速减缓，在总保费中的占比下降，逐渐降为寿险市场的第二大渠道，进入调整发展阶段。2007 年，个险渠道保费突破 2500 亿元，在寿险总保费中的占比达到 51.53%，较 2006 年略微下调，打破了个险渠道保费占比持续上升的局势。2008 年以后，虽然个险渠道保费规模仍然持续增长，但是个险渠道在寿险总保费中的占比已降至 40%以下，2010 年，个险渠道在总保费中的占比降至 33.74%（见表 4-1）。

近年来，我国经济发展所面临的较大的下行压力，给寿险市场的发展也带来了较大的压力。个险渠道增员更为困难，再难通过以"拉人头"为主要特征的粗放式数量竞争模式来扩大业务规模。2010 年，中国保监会在确立了"稳定队伍、提升素质、创新模式、防范风险"的改革目标以后，保监会与人力资源和社会保障部以及国家工商总局联合下发《关于改革完善保险营销管理员管理体制的意见》，逐步解决了长期以来中国寿险代理人存在的固有问题。个险渠道在发展模式上做出了一系列的调整，部分保险公司提出了有质量地增员，提高代理人的举绩率，将保险代理人员工化等一系列措施，并取得了显著效果。2011 年以后，随着银保渠道监管政策趋严，各大保险公司加强个险渠道业务开发，个险渠道在总保费中的占比不断回升，2017 年，个险渠道占总保费的 50.2%，重新回归保费第一大渠道（见表 4-2）。

表 4-2　2011~2017 年各渠道业务发展情况

年份	2011	2012	2013	2014	2015	2016	2017
保费（亿元）	4267	4835	5496	6174.5	7532.6	9914.48	—
保费占比（%）	46.0	48.0	51.1	48.6	47.5	45.8	50.2
同比增速（%）	18.9	13.4	13.7	12.4	22.0	31.6	

资料来源：根据《中国保险年鉴》整理。

四、个险渠道发展对寿险市场增长的影响

个险代理人渠道是保险公司自身专有的销售渠道，在我国寿险市场发展中发挥了重要作用。自个险代理人制度引入中国以来，寿险公司每年都在铺设渠道上大量投资，特别是在个险代理人渠道的投资上。寿险拥有自己的营销渠道，这减少了对其他销售渠道的依赖，保障了寿险业在与其他金融业竞争中的相对独立性，受其他金融业的渠道限制相对较小，可以依赖自己的销售渠道大规模地拓展市场。在长期发展中，个险渠道形成了一些自己独特的渠道优势。一是个险渠道的最大优点是资本占用小，创造的内含价值较高，是寿险公司利润的主要来源。在国寿、平安、新华和太保的新单业务价值中个险渠道的贡献率占比高达 80% 以上，部分公司的个险渠道贡献率高达 90% 以上，是新业务价值的主要来源。二是个险渠道可以实现一对一的服务，更好地为客户量身订制寿险服务。个险代理人可以根据消费者的实际需要，为其设计相应的寿险服务，解答寿险产品设计中的一些专业技术问题，帮助消费者更好地认识寿险，降低错误消费的概率。

三是有利于寿险公司更好地搜集消费市场信息，把握消费市场动态。个险代理人在与消费者接触的过程中，掌握了大量的市场信息，通过这些信息的搜集和整理，可以更好地把握消费市场的发展动态，更好地设计保险产品，更好地促进寿险业的长期发展。

第三节　银保渠道发展与寿险市场增长

银保渠道是指保险业利用银行的信息、网络、产品、服务和资本优势，通过银行网络销售其所代理的保险产品的一种营销方式。银行网络拥有大量的潜在保险客户群体，自银保渠道这种销售模式引入中国以后，它不仅满足了中国消费者偏好储蓄的心理，还推动了中国寿险市场的快速发展。另外，银保渠道的爆发式增长也强化了中国寿险市场以投资理财为主导的寿险发展模式，加剧了中国寿险业务结构的失衡局面。

一、银保渠道的兴起（1995~2000 年）

20 世纪 90 年代中期，国内一些保险公司开始与银行进行合作，通过银行网络销售保险产品。1995 年，中国平安保险公司率先与中国工商银行建立联盟，由工商银行的经营网点在全国代理销售平安保险公司的月缴型养老金，中国银保渠道正式兴起。1996 年 8 月，平安保险上海分公司和北京分公司也开展了与银行的合作，通过银行网络代理销售公司的分红型保险产品。随后，新华和泰康等一些新成立的保险公司为了尽快抢占市场份额，也开始与银行签订代理销售协议。由于银行渠道网点机构庞大，利用银行网点既有的人力资源代销保险产品的进入门槛相对较低，可以在短期内急速扩张保费规模，所以这种销售模式引入后，迅速受到寿险公司的大力追捧，促进了银保渠道的快速发展。截至 2000 年，我国寿险市场已经相继开发了分红型寿险、万能险和投资连接险等投资型寿险产品，产品结构转型已经完成，这些新型寿险产品更好地满足了市场对投资储蓄的需求，更适合在银保渠道推广和发展，将成为未来我国寿险市场快速发展的重要推动力之一。

二、银保渠道的初期发展阶段（2001~2006 年）

随着银保渠道的逐渐推广，银保渠道在总保费中的占比迅速提升，银保渠道保费规模迅速扩大。2001 年，银行代理渠道共实现保费收入 45 亿元（见表 4-3），在全国总保费收入中的占比不到 3.5%。2002 年，银保渠道保费规模增长了 7 倍以上，在寿险总保费中的占比迅速升至两位数，接近 20%。此后，银保渠道成为寿险保费收入的又一大渠道，与个险渠道和团险渠道构成了寿险保费收入的三大渠道，成为寿险市场增长的重要推动力量。2006 年，银保渠道保费规模首次超过 1000 亿元，在寿险总保费中的占比接近 30%，跃升为寿险市场的第二大渠道；银保渠道保费增速高达 30%，高于整个寿险市场保费增速 18 个百分点左右，银保渠道保费规模快速扩张。

表 4-3　2001~2017 年银保渠道保费收入情况

年份	2001	2002	2003	2004	2005	2006	2007	2008	2009
保费（亿元）	45	388	765	795	905	1176	1710	3547	3667
保费占比（%）	3.16	17.1	25.2	24.6	24.5	28.5	33.9	47.6	44.4
同比增速（%）	—	762	97	4	14	30	45	107	3
年份	2010	2011	2012	2013	2014	2015	2016	2017	
保费（亿元）	4400	4174.2	4129.9	4054.99	4954.8	6617.2	9586.1	10584.0	
保费占比（%）	41.4	45	41	37.7	39	41.7	44.2	40.7	
同比增速（%）	20	-5.49	-9.6	22	25.5	33.77	44.7	10.53	

资料来源：根据《中国保险年鉴》整理。

三、银保渠道的快速发展阶段（2007~2010 年）

2007 年，央行多次上调银行基准利率，加上储蓄利息暂免征税政策的执行，年底时，一年期的银行存款利率实际上已经高于寿险预定利率 2.5% 的最高上限。由于保险业发展初期出现的不规范投资行为，保监会对保险资金投资渠道设置了较为严格的限制条件，导致保险资金难以充分获取资本市场收益。传统型寿险产品与银行储蓄相比缺乏竞争力，而新型投资型寿险则可以通过分红等方式，实现半市场化的预定利率，提高寿险产品的市场竞争力。2007 年以后，银保渠道进入高速发展阶段，保费占比迅速提升至 40% 以上（见表 4-2），跃升为寿险市场的第一大销售渠道，成为中国寿险市场增长的最大推动力。2008 年，银保渠道保费规模扩大了 1 倍以上，保费规模突破 3500 亿元，在寿险总保费中的占比达到 47.6%。2009 年和 2010 年，银保渠道保费占比有所下降，但仍保持在 40% 以上，成为寿险保费收入强有力的推动力。国寿、太保、新华、人保和泰康等大中型寿险公司银保渠道在其寿险总保费中的占比已达 50% 以上，生命人寿等部分中小型寿险公司银保渠道占比高达 70% 以上。市场上陆续成立了多家银行系保险公司，将银保渠道作为其保费收入的绝对主渠道。

四、银保渠道的调整发展阶段（2011 年以后）

由于银保渠道过度扩张引发了一系列侵害消费者权益的行为，2011 年，中国保监会对银保渠道采取了较为严格的监管措施，银保渠道的发展受到了较大的冲击。2011 年，银保新单共实现保费收入 3769.3 亿元，同比下降 17.9%；整个银保渠道累计实现保费收入 4174.2 亿元，同比下降 5.49%，一些大型银行银保渠道的保费收入下降了 20%~30%。受银保渠道保费大幅下降的影响，2011 年，寿险保费增速下降 8.57%，此后几年，寿险市场进入了缓慢的恢复发展阶段，开始调整寿险渠道发展策略，增强个险代理人渠道的作用，加强期交业务的开发，开始了以价值创造为核心的转型发展之路。经过近 3 年的调整，直到 2014 年，寿险保费增速才恢复两位数的正增长。

银保渠道的恢复发展对整个寿险市场保费收入的增长起到了较大的拉动作用。2014 年，银保新单保费收入达到 5920 亿元，较上年同期增长 32.1%，超过寿险总保费增速。2014 年，在国内市场份额最大的几家寿险公司中，国寿、新华和人保的银保渠道在总保费中的占比分别为 30.16%、48.63% 和 63.03%，银保渠道保费占比较上年同期均略有下降。其中，新华人寿和人保寿险对银保渠道的依赖比较大。太保基本上完全放弃了高现金价值保险业务，按照客户类型划分销售渠道，形成了营销渠道（个险渠道）和法人渠道（团险渠道），将银保渠道的分保业务按照客户类型归入营销渠道和法人渠道。平安人寿多年以来专注于发展个险业务，银保渠道在总保费中的占比一直维持在 5% 左右。此后几年，随着保险业全面深化改革的推进，改革给寿险业发展带来了巨大的红利效应，加上股票市场行情趋好等多重因素的驱动，银保渠道逐渐恢复高速增长状态，在总保费中的占比逐渐回升（见表4-2）。

五、银保渠道发展对寿险市场增长的影响

银保渠道的兴起将中国寿险市场推入到一个新的发展高度，带动了中国寿险市场的快速发展。中国同其他亚洲国家一样，消费者具有较强的储蓄意愿，超前消费尚未成为我国消费市场的主流模式。由于中国寿险市场的起步相对较晚，市场尚未形成利用保险主动进行生命风险管理的消费意识，在这种环境下，通过外力推动的方式，引导寿险市场的消费需求，培养消费者形成现代化的生命风险管理意识，对寿险市场的发展具有重要意义。长期以来，银行在全国铺设了大量的经营网点，且以国家信用为后盾，因此，资金的安全性相对较高，消费者对银行的信赖度相对较高。保险公司通过与银行合作，可以充分利用银行既有的广泛的网点资源销售保险产品；同时，也可以借助银行的客户信息资源，更有针对性地开发寿险客户；客户还可以通过银行方便快捷的服务，满足"一站式"投资储蓄保障等多项需求；银行甚至可以通过收取代理费的方式增加收入，丰富理财产品线，以此来吸引和稳定客户。银保渠道作为一种重要的销售渠道，在寿险市场的发展过程中起到了重要作用，是寿险市场增长的重要推动力之一。

近年来，银保渠道的发展呈现出调整发展的态势，保费增速有所减缓。银保渠道在长期发展中，积累了诸多问题：一是与保险业的合作层次较低，保险在这项业务的发展中居于弱势，银行利用自己的优势地位收取较高的代理手续费，增加了银保渠道的经营成本；二是银保代理的保险产品较为单一，产品同质化程度较高，银行销售的保险理财产品保障功能相对较弱，难以充分体现保险所独有的功能优势，而且能与银行的理财产品形成竞争，当银行面临资金紧张的局势时将收缩保险销售；三是银行的代理销售员缺乏专业的保险技能知识，容易造成销售误导、难以为消费者量身定做适合其需要的产品等多种问题。这些问题影响了银保渠道的健康发展，这并非意味着银保渠道对寿险市场的发展不具有重要意义。随着寿险市场的发展以及新兴销售渠道的兴起，未来，在银保渠道发展中存在的这些问题将会逐渐改善。银保渠道仍然是中国寿险市场增长的重要动力之一，在法国、

西班牙、葡萄牙、日本和韩国等发达保险市场，银保渠道也是其保费收入的重要渠道之一。银保渠道作为一种销售中介渠道，本身没有天然的缺陷，不过随着未来这一渠道的逐渐完善和发展，银保渠道将在我国寿险市场的发展中发挥重要作用。

第四节　其他渠道发展与寿险市场增长

随着寿险市场的发展，市场涌现出一批新兴的寿险销售渠道，例如，经代渠道、电销渠道和网销渠道等，这些新兴渠道的发展对寿险市场增长具有重要作用。

一、经代渠道

经代渠道①不同于个险代理人制度，是保险公司将其开发的保险产品委托给专业保险代理公司和保险经纪公司经销，由中介公司提供专业咨询和分析服务，为消费者选择合适的保险产品的一种销售模式。世界发达寿险市场的经代渠道在寿险总保费中的占比通常为 50%~60%，是寿险的主要销售渠道之一，英国是最典型的主要依靠经代渠道的寿险市场。经代渠道在中国的起步较晚，随着产寿险分业经营及营销员体制改革的发展，2003 年，经代渠道开始在我国兴起。经过多年的发展，经代渠道在我国寿险总保费中的占比仍然较低，尚未成为我国寿险市场的主要销售渠道之一。

国内规模较大的保险公司关于个险渠道和银保渠道的争夺较为激烈，目前，经代渠道已经成为外资保险公司和部分中小型保险公司的主要销售渠道。2008 年和 2009 年，在追求快速回报的风投资本进入经代渠道以后，经代渠道出现了盲目的资本冲动，开始普遍追求快速上市和快速盈利。这种发展模式违背了寿险业本身的发展规律，导致经代渠道成本攀升，业务质量下降，出现了骗保、不合理退保等一系列问题。2013 年，"泛鑫"事件暴露出经代渠道在发展中存在的诸多问题，同时，也揭露了经代渠道背后

---

① 中小险企可"借力"经代渠道 [N]. 上海金融报，2009-08-07（A06）.

巨大的潜在市场。从长期来看，经代渠道在降低保险销售成本、扩大寿险保费规模及分担保险销售负担从而让保险公司将更多的精力集中在产品开发方面具有重要作用，未来将仍然是寿险市场增长的一个重要潜在渠道，目前则需要做较大的调整。

二、电销渠道

电销渠道是通过电话销售保险产品的一种营销方式。电销渠道最早是20世纪70年代始于美国的一种保险销售模式，2004年，电销渠道开始引入中国。目前，电销渠道已经成为寿险业务新的增长点[①]。根据中保协发布的《2017年寿险电话营销行业发展形势分析报告》，2011年以来，我国开展电销业务的保险公司数量呈"驼峰"式增长状态（见图4-1）。2011~2014年，开展电销业务的保险公司数量逐年递增，于2014年达到峰值，随后开始下降。2017年，我国共有29家公司从事电销业务。随着市场竞争的加剧，未来，开展电销业务的保险公司或将减少。

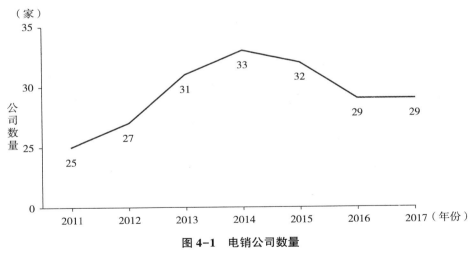

图4-1　电销公司数量

数据来源：根据历年《寿险电话营销行业发展形势分析报告》整理，图4-2同此图。

2017年，电销渠道累计实现保费收入199亿元，同比增长17%（见图4-2）。其中，自建机构是电销渠道保费的主要渠道，而合作机构保费规

---

① 资料来源：《2013年国民经济和社会发展公报》。

模相对较小。电销渠道发展速度虽然较快，但是近年来也呈现出保费增速减缓的趋势。从电销渠道的产品结构来看，人寿保险（包括定期寿险、终身寿险、两全寿险和年金寿险）是电销渠道的主力险种，其次是意外险和健康险。2017 年，电销渠道的人寿保险保费收入 85 亿元（其中，年金保险保费 27 亿元），占电销总保费的 43%；意外险保费收入 71 亿元，占电销总保费的 36%；健康险保费收入 42 亿元。

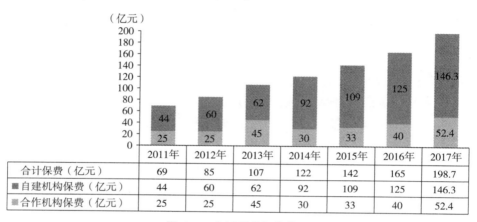

（亿元）

	2011年	2012年	2013年	2014年	2015年	2016年	2017年
合计保费（亿元）	69	85	107	122	142	165	198.7
■自建机构保费（亿元）	44	60	62	92	109	125	146.3
■合作机构保费（亿元）	25	25	45	30	33	40	52.4

图 4-2　电销渠道保费收入

经过多年的发展，电销渠道虽然获得了较大的发展，但总的来看，电销渠道在寿险总保费中的占比仍然较低，尚未成为整个市场的主流销售渠道。我国尚未建立健全的信息保护体制，这给电销渠道的发展带来了一段黄金发展阶段，但也导致我国电销渠道的发展出现重大缺陷。国外电销渠道的发展是建立在良好的信息保护体制基础上的。电销渠道的发展存在周期性问题，早期，中美大都会曾经利用招商银行的数据进行电销业务，电销成功率高达 7%~10%[①]，现在，寿险电销渠道的成功率是极低的，电销渠道对高端客户的销售成功率相对较高，这制约了电销渠道自身的发展。从长期来看，电销渠道成为主流销售渠道的可能性不大。

---

① 毕永辉. 关于中国寿险营销渠道发展的研究 [D]. 北京：对外经济贸易大学硕士学位论文，2012.

三、网销渠道

1. 寿险是网销渠道保费的主要来源

网销渠道是保险公司或保险中介机构通过互联网平台、移动通信技术等电子商务手段销售保险产品的一种营销方式。保险业网销渠道是随着中国电子商务的发展而兴起的一种新兴销售渠道，也是目前新兴销售渠道中最具发展潜力的渠道。电子商务的普及和快速发展带动了保险业网销渠道的兴起和发展。2014 年，中央政府的工作报告提出了"互联网+"的发展思路，各行各业掀起了"互联网+"的战略布局高潮，加快了保险业互联网渠道的发展。2011 年以来，寿险在网销渠道中的占比持续上升，逐渐取代财产保险成为互联网销售渠道保费的主要来源，2016 年，网销渠道中寿险保费占比达到 82.83%（见图 4-3）。

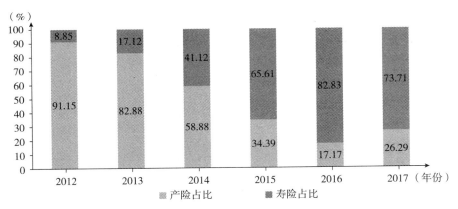

图 4-3　网销渠道产寿险结构

2. 移动互联网销售平台的快速崛起

近年来，随着智能手机的推广和普及，移动互联网销售平台（如移动APP、WAP、微信、支付宝）等迅速崛起，成为网销渠道发展的一大亮点，带动了网销渠道的快速发展。2017 年，保险公司通过移动终端累计实现保费（产寿险合计）收入 184.62 亿元，同比增长 117.28%；PC 终端累计实现保费收入 71.86 亿元，同比负增长 40.75%；保险公司通过专业中介机构和第三方网络平台等累计实现保费收入 217.59 亿元，同比增长 73.12%。

3. 网销渠道的调整期

自 2011 年以来，网销渠道持续多年维持高速增长状态，超越电销渠道成为保险公司最具成长潜力的销售渠道。2012~2015 年，寿险网销渠道的保费增速高达 300% 以上（见图 4-4），2014 年，寿险网销渠道的保费增速最高，达到了 548.1%。随后，寿险网销渠道进入调整期，保费增速持续减缓。2017 年，寿险网销渠道累计实现保费收入 1383.2 亿元[①]，同比增速 −23%。但是，随着寿险转型升级的深入，寿险保障功能日渐凸显，加上保险科技的推广应用，未来，寿险保障功能将日渐凸显，网销渠道仍存在较大的成长潜力。

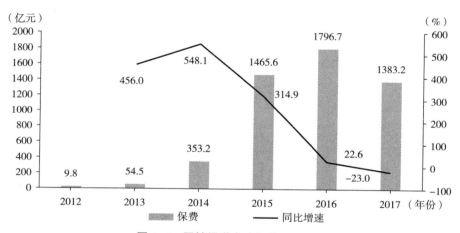

图 4-4　网销渠道寿险保费及增速

四、其他新兴渠道的发展与寿险市场增长

随着人们生活消费方式的转变，市场上出现了其他一些新兴的寿险销售渠道。总的来看，这些渠道的规模较小，尚处于探索发展阶段，部分渠道或将成为带动寿险市场增长的新增长点。

直邮渠道是保险公司通过邮寄保险资料、投保单等方式向潜在客户销售保险产品的一种销售方式。通过这种方式，可以更为灵活地根据潜在客户的需求调整保险产品，为客户量身定做保险产品，由于涉及的客户群体

---

① 中保协《2017 年度互联网人身保险市场运行情况报告》。

较为广泛，对客户私人信息的侵犯较少，成本较低。这种销售模式的缺点是与客户的互动较少，难以抓住客户的不同诉求，所以需要保险公司对消费市场有较为深刻的洞察和了解。

社区门店渠道是保险公司在社区或其他人群较为集中的地区开设保险超市销售保险产品的一种营销方式。在美国，这种社区门店模式较为普遍，而我国的这种模式发展缓慢。社区门店是直销模式的一种对外延伸，对社区门店地点的选择较为关键，要求具有长期稳定的客户资源，通过这种方式销售的保险产品能够覆盖其固定资产投入和成本投入。这种销售模式前期投入的成本较高，容易受房地产市场波动的影响。

除这些销售渠道之外，也有其他一些新兴的销售渠道，例如，通过博客、个人主页、电子邮件、短信、微信、QQ 和 APP 平台等多种方式销售保险产品。多元化销售渠道的发展，可以多元化地满足市场的寿险需求，带动寿险市场的快速发展。

第五节　保险机构发展与寿险市场增长

一、保险机构数量与寿险市场增长

1. 产寿险混业经营时期

1982 年，寿险市场刚恢复营业，市场上只有中国人民保险公司在经营全国的保险业务。1982~1986 年，寿险市场由中国人民保险公司垄断经营，这个时期的寿险业务主要为团险业务，寿险在总保费中的占比不足 30%。1986 年以后，陆续有多家公司开始进入寿险市场，打破了寿险市场由中国人民保险公司垄断经营的格局。1986 年，新疆兵团保险公司成立，主要为区域性保险机构，1987 年，开始经营寿险业务。1987 年，交通银行保险业务部成立。1991 年，太平洋保险公司正式成立，并发展成为全国性的保险公司。1988 年，平安保险公司成立，1992 年，中国平安保险公司正式成立，并在全国经营保险业务。1992 年，友邦上海保险公司成立，成为中国第一家全外资的区域性保险公司，友邦成立后，中国引入了个险代理人制度。

1994 年，平安引入个人寿险业务以后，国内其他寿险公司纷纷开始效仿。虽然，市场上陆续进入了多家寿险公司，但是，寿险业务仍然以团险业务为主，中国人民保险公司是寿险保费收入的主要来源，其他几家公司寿险保费规模较小。

2. 产寿险分业经营初期

1995 年，《保险法》规定，产险和寿险业务必须分业经营。中国人民保险公司改建为集团公司，下设中保财产保险公司（即现在的中国人保）、中保人寿保险公司（即现在的中国人寿）和中保再保险公司（即现在的中国再保险），寿险业务完全由中保人寿保险公司经营。20 世纪 90 年代初，在大连、沈阳、厦门、珠海、湘潭、本溪、丹东、天津、哈尔滨、太原、福州、广州、南京、鞍山和昆明等地成立了 15 家中国人民保险公司的地方性分支机构，1996 年，中国人民保险公司改制，这些地方性人寿保险公司划归中保人寿保险公司。1996 年，经中国人民银行批准，新成立了泰康人寿保险股份有限公司和新华人寿保险股份有限公司。至此，中国寿险市场初步形成。

此后，陆续有多家外资保险公司和中资保险公司成立。截至 2000 年，国内已经有 5 家全国性保险公司，2 家区域性保险公司，7 家外资保险公司。随着新进入公司数量的不断增加，寿险保费规模不断扩大。2000 年，寿险保费收入已经接近 1000 亿元，较 1986 年增长了近 100 倍。

3. 加入 WTO 以后

2001 年，中国加入 WTO，开放保险市场是中国加入 WTO 的承诺之一，此后，保险业进入过渡发展的对外开放阶段。对外开放加快了中国保险业发展的步伐，2001 年以来，中国保险公司的数量快速增长。2001 年，新批准成立了 11 家中资以及外资保险公司[①]，经营寿险业务的保险公司数量达到 17 家之多，是中国新增保险公司数量最多的时期。2001 年，寿险保费规模达到 1424.04 亿元，较 2000 年增加了近 500 亿元，同比增长 43.84%。新公司数量的增多，加剧了寿险市场的竞争，各寿险公司加强了对个险代理人的争夺，个险代理人队伍的数量迅速扩大，保费规模迅速扩大。2002 年，共有 10 家寿险公司、31 家寿险分公司和 150 个中心支公司相继成立，新成立的保险公司保费收入达 36.07 亿元，占寿险总保费收入的 4.2%。2003

① 实际为中外合资公司，我国规定外资保险公司经营人身保险业务必须与中资合办。

年，中国人寿、平安集团、人保集团、太保集团等先后在国外上市，保险业成为该时期我国对外开放的程度最高的金融行业。

2004 年 11 月，中国保险业对外开放的过渡发展阶段结束，进入全面对外开放的新时期，中资和外资公司开始大量涌入中国寿险市场。外资保险公司的数量不断增多，截至 2004 年，外资保险公司的数量达到 21 家，外资保险公司所占的市场份额迅速扩大。虽然外资保险公司进入中国市场的时间较早，数量也较多，但是，外资保险公司在中国寿险市场中的份额较小。迄今为止，外资保险公司在中国寿险市场的份额仅保持在 5%[①]左右，寿险保费收入仍然以国内保险公司为主。对外开放对中国保险市场的影响可以从两个方面来看：一方面它加剧了寿险市场的竞争，部分保险公司为了争抢业务，采取了一系列不规范的发展行为，至今这种这种恶劣影响的后续效应还在延续；另一方面保险公司的数量不断增加，为保险市场的发展注入了新的活力，将国际保险市场的先进管理经验和产品带入中国寿险市场，成为推动这一阶段寿险市场快速发展的重要因素之一。

新的保险公司不断涌入寿险市场，加剧了寿险市场的竞争，也迫使各保险公司加强自身管理，提升了市场化经营水平，推动了中国寿险市场的快速增长。截至 2017 年底，我国共有 85 家保险公司，其中，中资保险公司 57 家，外资保险公司 38 家，外资保险公司保费收入占比 6.97%。

二、市场集中度与寿险市场增长

1996 年，中国产寿险分业经营以来，经营寿险业务的保险公司的数量不断增多，但是，新进入市场的寿险公司的市场份额较小，而最早成立的 4 家全国性保险公司的保费规模一直排名前 4 位。2002 年以后，虽然中国人寿在寿险公司总保费中的市场份额持续下降，但是，在 2013 年之前，其保费收入仍然占寿险公司总保费的 30% 以上（见表 4-4），对寿险总保费规模的增长具有较大的影响。2002~2011 年，前七大寿险公司占寿险公司总保费收入的 80% 以上，市场集中度下降了不到 14 个百分点，寿险市场仍然集中在少数几家大型寿险公司，这些公司的发展对寿险市场增长的影响更大。2011 年以后，中国人寿在寿险公司总保费中的市场份额下跌的速度加快，

---

① 周华林.中国居民个人寿险需求分析［M］.北京：经济科学出版社，2015.

2016 年，中国人寿占寿险公司总保费的 19.87%；前七大寿险公司在寿险公司总保费收入中所占的比重下跌的幅度持续增加，占寿险公司总保费收入的 59.17%，中国寿险市场的集中度仍然相对较高，但是，与加入 WTO 之初相比，寿险市场的集中度明显下降，中小寿险公司的增长速度对寿险业增速的影响逐渐加大。

从前七大公司的保费增速与全国寿险保费增速的比较来看，在我国保险市场发展的十年黄金期，全国寿险保费增速均高于前七大寿险公司的保费增速，其他中小保险公司的保费扩张速度更快。2010 年，整个寿险市场的保费增速接近 30%，前七大公司的寿险保费增速仅接近 10%。2011 年以后，随着寿险市场集中度的持续下降，中小寿险公司仍然是拉动整个寿险业保费增速的重要力量，在整个寿险市场中的影响力持续加强。

在市场相对低迷时，前七大寿险公司保费规模的扩张速度明显高于全国，在整个寿险市场增长中起到了较好的主力支撑作用。2008 年，我国股市相对低迷，前七大寿险公司保费增速高于整个寿险市场保费增速 3.26 个百分点，2011 年，整个寿险市场的保费增速下滑了 8.57%，而前七大寿险公司的保费增长了 4.56%，对市场增长起到了较好的拉动作用，避免了寿险市场增速过快下滑（见表 4-4）。前四大寿险公司的续期保费规模较大，是中国续期保费规模的主要来源，有力地支撑了保费增长，对寿险市场增长起到了较为稳定的拉动作用。

表 4-4　2002~2016 年前七家公司市场集中度及保费增速　　单位：%

年份	2002	2003	2004	2005	2006	2007	2008	2009
CR1	56.60	49.34	50.90	47.36	48.11	41.53	41.26	37.63
CR7	98.24	97.83	96.27	90.03	92.27	87.25	87.10	88.82
前七家增速		19.44	6.27	7.85	15.25	17.14	51.07	11.61
寿险业增速	59.69	33.52	6.32	14.61	11.67	21.94	47.81	10.93
年份	2010	2011	2012	2013	2014	2015	2016	
CR1	36.17	33.78	32.79	30.74	26.29	23.15	19.87	
CR7	86.42	84.39	81.86	80.96	73.48	66.22	59.17	
前七家增速	9.17	4.56	1.23	6.79	7.66	12.54	23.11	
寿险业增速	28.70	-8.57	4.48	8.40	18.36	24.98	36.18	

注：CR1 为中国人寿在寿险公司总保费中的比重；CR7 为前七大寿险公司在寿险公司总保费中的比重。

资料来源：根据《中国保险年鉴》整理。

第五章　寿险市场增长的归因分析：制度因素

第一节　寿险费率政策演变与寿险市场增长

寿险费率政策主要是指预定利率以及准备金提取标准等内容。预定利率相当于保单的预期收益率。准备金是保险公司为了履行未来保险给付，从净保费中提取的资金准备。这两个因素对寿险产品定价都有较大的影响，而寿险产品定价能够影响消费者的寿险需求，进而影响寿险市场的发展。1982 年至今，中国的寿险费率政策经历了三次较大的调整，这三次调整对寿险市场发展的影响和意义也有较大的不同。

一、第一阶段的寿险费率政策与寿险市场增长（1982～1999 年 6 月）

保险业复业之后，先由中国人民银行监管，直到 1998 年底，中国保险监督管理委员会成立，保险业的监管权才交由中国保监会行使。在这段时期，寿险产品的预定利率大多与央行的基准利率挂钩，并随着银行基准利率的调整而调整。全国性基本保险条款和基本保险费率①一律由中国人民银行总行审批，基本保险费率可以在一定幅度内浮动，浮动的最高限度一般为 30%，浮动幅度超过 30% 的由中国人民银行总行审批；地区性的基本保

---

① 1991 年 4 月 13 日，《中国人民银行关于对保险业务和机构进一步清理整顿和加强管理的通知》。

险条款和基本保险费率，由省级中国人民银行审批，基本保险费率的具体浮动由各地、市级中国人民银行分行审批，浮动幅度超过30%的，由中国人民银行省级分行审批。同一地区的保险公司实行同一险种同一费率的原则，各保险公司不能擅自提高或降低保险费率，也不能通过变更保险条款或给付回扣等手段变相提高或降低保险费率。

1. 初期的适应

这段时期，寿险市场刚恢复营业，资本市场的发展处于刚刚起步阶段。改革开放以后，由于我国的资本较为匮乏，储蓄相对不足，所以长期处于高利率的发展环境之下。这种费率政策适应了当时经济和金融市场的发展环境，在经济平稳发展阶段，寿险费率政策显示出较好的适应性，预定利率与银行存款基准利率挂钩，使寿险产品具有与储蓄相似的收益率，也可以通过杠杆效应放大保险赔付金，增强寿险产品对市场的吸引力，为寿险市场的发展创造较为宽松的价格环境。1989年2月1日，央行一年期基准存款利率高达11.34%[1]，1999年之前，寿险产品的预定利率也处于较高水平，1996年，寿险预定利率高达10%（见表5-1），地方性寿险产品的预定利率可能更高。

表5-1 1993年以来寿险预定利率与一年期银行存款利率　单位:%

时间	寿险预定利率	一年定存利率	五年定存利率	预定利率——一年定存利率
1990年4月15日	8.80	10.08	13.68	-1.28
1990年8月21日	8.80	8.64	11.52	0.16
1991年4月21日	8.80	7.56	9.00	1.24
1993年5月15日	8.80	9.18	12.06	-0.38
1993年7月11日	9.0	10.98	13.86	-1.98
1996年5月1日	10.0	9.18	12.06	0.82
1996年8月23日	8.8	7.47	9.0	1.33
1997年10月23日	7.5	5.67	6.66	1.83
1998年3月25日	6.5	5.22	6.66	1.28
1998年7月1日	4.5	4.77	5.22	-0.27
1998年12月7日	4.5	3.78	4.50	0.72
1999年6月10日	2.5	2.25	2.88	0.25

---

[1] 银行历年存款利率表. 依海听香 [EB/OL]. 2018-09-12. http://www.360doc.com/content/18/0912/05/8159742_785844875.shtml.

续表

时间	寿险预定利率	一年定存利率	五年定存利率	预定利率——一年定存利率
2002 年 2 月 21 日	2.5	1.98	2.79	0.52
2004 年 10 月 29 日	2.5	2.25	3.6	0.25
2006 年 8 月 19 日	2.5	2.52	4.14	-0.02
2007 年 3 月 18 日	2.5	2.79	4.41	-0.29
2007 年 5 月 19 日	2.5	3.06	4.95	-0.56
2007 年 7 月 21 日	2.5	3.33	5.22	-0.83
2007 年 8 月 22 日	2.5	3.60	5.49	-1.10
2007 年 9 月 15 日	2.5	3.87	5.76	-1.37
2007 年 12 月 21 日	2.5	4.14	5.85	-1.64
2008 年 10 月 9 日	2.5	3.87	5.58	-1.37
2008 年 10 月 30 日	2.5	3.60	5.13	-1.10
2008 年 11 月 27 日	2.5	2.52	3.87	-0.02
2008 年 12 月 23 日	2.5	2.25	3.60	0.25
2010 年 10 月 20 日	2.5	2.50	4.20	0.00
2010 年 12 月 26 日	2.5	2.75	4.55	0.25
2011 年 2 月 9 日	2.5	3.00	5.00	0.50
2011 年 4 月 6 日	2.5	3.25	5.25	-0.75
2011 年 7 月 7 日	2.5	3.50	5.50	-1.00
2012 年 6 月 8 日	2.5	3.25	5.10	-0.75
2012 年 7 月 6 日	2.5	3.00	4.75	0.50
2014 年 11 月 22 日①	3.5	2.75	—	0.75
2015 年 3 月 1 日	3.5	2.50	—	1.0
2015 年 5 月 11 日	3.5	2.25	—	1.25
2015 年 6 月 28 日	3.5	2.00	—	1.5
2015 年 8 月 26 日	3.5	1.75	—	1.75
2015 年 10 月 24 日	3.5	1.50	—	2.00

　　资料来源：银行存款利率来源于金融机构人民币贷款基准利率；寿险预定利率根据寿险费率政策及网络搜集的资料整理。

　　1982~1992 年，寿险市场刚刚恢复发展，处于高速增长阶段。1992 年以前，寿险业务主要以团险业务为主，基本上未涉及个人业务，采取寿险预定利率与一年期存款基准利率挂钩的政策，即寿险预期收益率与储蓄率

———————————

　　①　自 2014 年 11 月 22 日起，人民银行不再公布金融机构人民币五年期定期存款基准利率。

相似，增强了寿险产品的吸引力，为寿险市场的快速发展创造了较为宽松的价格环境。团险业务受这种寿险费率政策的影响相对较小，寿险销售渠道的发展对寿险市场的影响更大。1992年，个险业务开始在中国兴起，个人消费对寿险预定利率的变化更为敏感；1993年，寿险产品预定利率达到9%，低于一年期银行存款基准利率（见表5-1），1993年的寿险保费增速由1992年的约50%的双位数正增长骤降至-5.74%的负增速。

2. 中后期的不利影响

自1996年5月起，为抑制经济增长过热，银行开始连续多次下调银行基准利率，一年期定期存款利率由1996年5月的9.18%迅速降至1999年6月的2.25%，寿险业也随之连续多次下调预定利率。在此期间，绝大部分年份的寿险产品的最高预定利率仍然明显高于一年期定期存款基准利率，部分年份的预定利率超过银行存款基准利率接近2个百分点。因为寿险预定利率明显具有竞争优势，所以寿险保费连续5年保持正增长，步入了正常增长区间。1996年，银行利率刚开始下调，寿险保费增速甚至高达73.63%。1998年，银行利率连续3次下调，寿险保费增速仍然保持着92.13%的高速增长。

在这种费率政策下，随着银行存款基准利率的下调，寿险产品的预定利率也随之下调，这在一定程度上减轻了利差损的危害，但在预定利率下调之前销售的寿险保单遭受了巨大的利差损，特别是长期寿险保单。中国人寿、平安和太保等规模较大的保险公司销售了大量的保险期限长达二十年以上的长期保单。1995年之前，保险资金的高风险运用造成了较大的投资损失。1995年，《保险法》出台，对保险资金投资渠道设置了严格的限制条件，保险资金不能从资本市场获取收益，所以难以通过投资收益弥补巨大的利差损。

在寿险费率政策和保险资金运用政策的双重作用下，保费规模扩张得很快，而增速越快的寿险公司遭受的利差损越大。国寿、平安和太保在此期间积累了大量的长期保单，银行利率下调给这些保险公司造成了巨大的利差损。1999年，3家公司的利差损接近1000亿元[①]，寿险业总保费收入为878.95亿元，整个保险业总资产不足3000亿元。1999年之前，中国人寿集团保留的寿险准备金高达2660.26亿元。平安在这段时期提供的保证收

---

① 保险公司年报整理。

益率约为 5% ~ 9%，2006 年 9 月 30 日，这部分保单的准备金总额为 990 亿元。太保在这段时期提供的保证收益率约为 4% ~ 8.8%，截至 2007 年 9 月 30 日，这部分保单的准备金总额为 379.39 亿元。1995 年出台的《保险法》规定，人寿保险公司除分立和合并之外不得解散。1996 ~ 1999 年，国寿、平安、太保 3 家寿险公司的保费规模占全部市场保费收入的绝大部分，如果这 3 家公司破产倒闭，就会造成系统性风险。在 2003 年中国人寿上市之前，国家作为最后贷款人角色将中国人寿在这段时期的高预定利率的历史保单剥离给国寿存续，同时对平安和太保也给予相关的优惠政策，通过提留准备金等方式化解这段时期的巨额利差损，从而避免了 3 家公司陷入破产困境。

二、第二阶段的寿险费率政策与寿险市场增长（1999 年 6 月 ~ 2013 年 8 月）

1999 年 6 月，中国保监会发布《关于调整寿险保单预定利率的紧急通知》（保监发〔1999〕93 号），规定寿险保单预定利率不超过年复利的 2.5%，且不能附加利差返还条款，保险条款和费率报中国保监会备案后再投入使用。此后，中国寿险业步入了长达十多年的固定预定利率上限政策时期，对寿险市场的发展产生了深远影响。

1. 初期的适应

在实行之初，这一费率政策适应了当时中国资本市场的变化，表现出较好的适应性。2002 年 2 月，一年期银行存款基准利率下调至 1.98%，寿险产品预定利率的年复合利率的最高值高于一年定存利率 0.52 个百分点（见表 5-1），有效地避免了利差损对寿险市场造成的巨大损失。2001 年，寿险保费增速高达 43.84%；2002 年，寿险保费增速高达 59.69%。2002 年，寿险保费规模突破 2000 亿元，达到 2274 亿元。

2001 ~ 2003 年，各寿险公司陆续推出了分红险、万能险和投资连接险等投资型寿险产品。在这段时期的费率政策下，投资型寿险产品预定利率虽然也受 2.5% 的上限政策的限制，但由于投资型寿险保单大多具有投资收益，实际上是实行了半市场化的预定利率，这在一定程度上减缓了银行利率波动的影响，缓释了传统型寿险低预定利率的束缚，增强了寿险产品对市场的吸引力，对寿险市场增长起到了较大的推动作用。由于普通寿险保单受预定利率上限政策的限制，所以保险公司不再销售高预定利率的保单，降低了利差损风险。寿险预定利率仍然略高于银行存款，与银行储蓄相比仍然具有一定的优势。因此，这个时期的寿险费率政策体现出了较好的市场适应性，对寿险市场增长起到了较好的促进作用。同时，寿险产品的结构发生了明显变化，投资型寿险在总保费中的占比逐渐提高，普通寿险在总保费中的占比逐渐下降。2002 年，投资型寿险占寿险总保费的比重为53.8%，首次超过50%，而普通寿险占寿险总保费的比重为37.3%，首次改变了长期以来以普通寿险为主流的寿险产品结构。此后，寿险市场开始呈现出分红型寿险产品一险独大的发展局面。寿险渠道结构和交费结构也开始发生转变，趸交型寿险占比逐渐上升，期交型寿险占比逐渐下降。

随着万能热、投连热的逐渐消淡，保单持有人发现投资型寿险保单的投资收益率并不高。2003 年，有的地区爆发了"投连险风波"，市场出现了较强的加息预期。2004 年 10 月和 2006 年 8 月，银行先后两次加息，银行利率高于预定利率最高上限 0.02 个百分点。但是，储蓄利息仍然需要按照20%的税率纳税，所以，从总体上来看，2006 年以前，寿险预定利率上限仍然高于一年期银行存款利率，与当时资本市场的发展环境相适应。2004~2006 年，寿险保费增速开始回落。2004 年，寿险保费仅维持着个位数的增长，增速为 6.32%，2005 年和 2006 年的寿险保费增速略高于 10%，分别为14.61%和 11.67%，寿险费率政策对这段时期寿险市场增长变化的影响较小。

2. 中后期的不利影响

2007 年以后，央行连续多次上调银行存款基准利率。2007 年 5 月 19 日加息之后，扣税之后的利率为 2.45%，与普通寿险产品预定利率上限仅差0.05%。随后，在银行连续 4 次加息之后，银行一年期定期存款利率已经高于预定利率。另外，从 2007 年 8 月开始，储蓄存款不再缴纳个人所得税。而寿险预定利率仍然执行 2.5%的上限政策，这使得寿险产品，尤其是具有较强储蓄功能的普通寿险产品面临较大的销售压力。保险资金投资渠道仍然受到严格的限制，保险资金投资收益率较低，降低了市场对投资型寿险产品的热情。2007 年，银保渠道的分红险一度面临滞销的困境，退保率不断上升。寿险产品的预定利率与银行利率倒挂，导致普通寿险产品的保险价格过高，严重影响了普通寿险产品的消费积极性。2005~2007 年，普通寿险产品在总保费收入中的占比分别为 21.3%、24.74% 和 21.85%[①]；2008 年以后，普通寿险产品在总保费收入中的占比迅速下降，2008~2012 年，普通寿险产品的占比分别为 10.46%、10.48%、9.71%、8.76% 和 8.96%。2012 年，普通寿险产品的市场份额再创新低，扩展市场的阻力较大。

在这段时期，寿险业务结构、寿险产品结构、渠道结构和交费结构等继续分化，寿险业务结构严重失衡。普通寿险占比持续下降，投资型寿险占比持续上升；个险渠道保费占比下降，银保渠道保费占比上升；趸交保费占比上升，期交保费占比下降。寿险业务从传统的以保障型为主的发展模式转向以投资理财型业务为主的发展模式，更多地反映了市场对理财投资的需求。整个市场的保障功能相对较弱，生命风险的保障缺口仍然较大，寿险业务结构严重失衡，难以为经济发展提供充分的保障。同时，由于寿险保障功能相对不足，养老问题、跌倒不帮扶的不良事件、因病致贫、因病返贫等社会矛盾和问题逐渐显露，如果这些问题不能妥善解决和处理，可能会激化社会矛盾，最终会影响我国经济发展的质量，导致难以充分发挥寿险对经济建设的辅助和支持作用。在经济高速增长时期，这种业务发展模式表现出了较好的适应性，推动了寿险市场的快速发展。当经济发展环境或者政策环境发生变化时，这种业务发展模式容易受到较大的冲击，难以持续。

以储蓄理财为主要功能的投资型产品，由于保险资金的投资渠道受到严格限制，其预定利率水平被限制在 2.5% 以内。2008 年爆发的全球金融危机导致此后多年全球股票市场依然低迷，投资收益较为有限，投资型寿险产品的市场销量也受到较大的限制。2011 年，多数公司分红险的投资收益率为 3.5%~4.4%（陈文辉，2012），5 年期银行定期存款利率的单利为 5.5%（复利约为 4.98%），银行理财类产品的年化收益率多为 4%~5%，固定收益信托投资的收益率约为 7.79%~8.95%。保险资金利差益约为 0.4%，银行的净利差约为 2.8%。寿险产品竞争力不强，影响了保险消费积极性。2011 年的寿险保费收入较 2010 年下降了 8.57%，出现了十多年高速增长以来的负增长。2012 年，保费收入增长率为 4.48%，寿险市场进入调整阶段。在这段时期，寿险费率政策成为制约寿险市场增长的重要阻力之一，使其难以适应资本市场的变化。

---

① 根据《中国保险年鉴》整理。

2012 年，保监会陆续出台了 13 项关于保险资金运用的改革方案，保险资金投资渠道进一步放宽，保险资金的资本结构得以优化。2013 年，保险资金投资收益率为 5.04%，达到 4 年来的最高水平。酝酿多年的寿险费率改革方案经过多年的调研和取证，逐步走向完善，具备了推行的条件。

三、寿险费率市场化与寿险市场增长（2013 年 8 月以后）

中国寿险市场经过 30 多年的发展，已经具备了继续推进寿险费率政策改革的条件。在认真研究和广泛论证的基础上，中国保监会基于稳中求进的原则，制定了寿险费率市场化改革"三步走"的实施方案：第一步是放开普通寿险预定利率；第二步是放开分红险和万能险的预定利率；第三步是实行完全市场化的寿险费率政策。

（一）普通寿险费率市场化改革

2013 年 8 月 1 日，保监会正式发文（保监发〔2013〕62 号），规定普通寿险预定利率由保险公司按照审慎原则自行决定，分红型寿险的预定利率、万能型寿险的最低保证利率不得高于 2.5%，保险公司采用的法定责任准备金评估利率不得高于保单预定利率和中国保监会公布的法定评估利率的较小者，此项改革方案自 2013 年 8 月 5 日起执行。这意味着执行了 14 年的普通寿险产品预定利率的上限政策被放开，迈出了预定利率市场化改革的第一步。

1. 2013 年的寿险市场的变化

这一改革对普通型寿险产品的市场拓展具有重要意义，保险公司可以根据审慎原则，开发出预定利率高于 2.5% 的普通型寿险产品。预定利率提高意味着在同等条件下，保险产品的价格下降，消费者购买寿险产品的回报率增高。这一政策执行以后，2013 年，共有 4 家保险公司推出了新预定利率的保险产品，预定利率最高的新产品为平安人寿推出的平安福产品组合系列，预定利率达到 4%，比 2013 年费率改革之前的最高上限 2.5% 高出了 1.5 个百分点，比 2013 年银行一年期定期存款基准利率高了 1 个百分点。

2013 年，平安、人保、太保和新华 4 家上市保险公司的普通寿险产品的市场份额分别为 4.93%、11.98%、17.64% 和 13.85%①，分别较上年上升 0.84、9.76、0.03 和 12.98 个百分点。其中，平安人寿和新华人寿在费率改革后推出了新产品，新华普通寿险产品的市场份额上升幅度远高于平安人寿。新华人寿推出的新产品预定利率为 3.5%，比平安人寿的新产品低 0.4 个百分点；人保寿险在费率改革政策实施时并未立即推出新费率产品，其普通寿险市场份额上升了 9.76 个百分点。

2. 2014 年以后寿险市场的变化

2013 年 8 月，普通寿险费率政策的改革方案正式执行以后，一些保险公司陆续推出了存续期限为 1~2 年，甚至是只有 3 个月，而匹配的资产往往超过 2 年的高现金价值保险产品。2014 年，由于保监会对高现金价值保险产品的定义发生了变化，第二保单年度末保单现金价值与累计生存保险金之和超过累计所交保费，且预期该产品 60% 以上的保单存续时间不满 3 年的产品（投连险和变额年金除外），统称为高现金价值的产品。根据以往关于高现金价值产品的定义，保险期间内退保都需要提取退保费率（退保时间越早，退保费率越高），因而中途退保往往要遭受一定的损失。2014 年高现金价值保险产品的定义调整以后，为普通寿险经营这类业务寻找到一个出口，相当于给客户一种有保证的收益回报，从而将长期普通寿险转化为具有固定收益的短期理财型产品。在普通寿险预定利率上限放开的条件下，普通寿险可以为客户提供预定收益率为 3.5%，甚至是 4% 的产品，高于一年期定期存款储蓄利息，从而大大增强普通寿险的市场吸引力。与具有较高稳定结算利率水平的万能险相比，这种高现金价值的普通寿险成本更低，保险公司也更愿意销售这种高现金价值的普通寿险产品。

2014 年以来，国内最大的几家寿险公司的普通寿险保费收入大幅增长，改变了长期以来普通寿险保费增长缓慢的局势，普通寿险在总保费中的比重大幅提升。然而，寿险市场增长并非完全是由普通寿险费率政策改革驱动的，高现金价值保险产品定义变化，传统销售渠道销售理财类寿险产品，将其他部分渠道的理财寿险产品转至传统销售渠道，推动了普通寿险保费收入大幅增长。2014 年，平安、新华、太保和人保 4 家公司的普通寿险保费收入分别为 72.49 亿元、313.31 亿元、241.78 亿元和 605.05 亿元，较上

---

① 根据 2013 年上市保险公司年报数据资料整理。

年同期分别增长了146.4%、118.32%、44.15%和571.08%。其中，人保寿险的普通寿险保费规模增长最快，较上年同期增长了近6倍，人保寿险个险渠道的普通寿险保费规模是平安人寿的近9倍。新华人寿普通寿险保费大幅增长，主要是受普通寿险费率政策改革后新推出的预定利率为3.5%的惠福宝的拉动。平安、新华、太保和人保普通寿险在公司寿险总保费中的占比分别为13.6%、28.52%、24.5%和76.86%，分别较上年上升了8.66、14.67、6.86和64.89个百分点。2015年以后，普通寿险保费仍然维持着较高的保费规模，也延续了高速增长的状态。

2014年2月19日，保监会发布《关于规范高现金价值保险产品有关事项的通知》，要求高现金价值保险产品的保费规模不得超过公司资本金的2倍，当保险公司的偿付能力充足率低于150%时，禁止再销售高现金价值的保险产品。由于高现价业务产品的保障并不高，所以普通寿险保费收入的大幅增加及保费占比的大幅提升并非完全是寿险产品结构优化的表现。针对保险公司借普通寿险费率改革大力发展高预定利率的高现金价值业务的做法，保监会当时既没有鼓励也没有禁止。

从国内最大的5家寿险公司的交费结构来看，大部分寿险公司的趸交保费占比有所下降，但是下降的幅度并不大，寿险交费结构调整的进度仍然较缓慢。2014年，国寿、平安、新华、太保和人保的趸交保费占比分别较上年增加了-1.74、0.75、7.24、-4.59和1.24个百分点。其中，新华和平安的趸交保费规模反而有所上升，新华的趸交保费规模较去年上升了7.24个百分点。

从国内最大的5家寿险公司的渠道结构来看，大部分寿险公司的个险保费占比有所上升，银保渠道保费占比下降，团险渠道保费占比上升，寿险渠道结构有所改善，但是变动不大。2014年，国寿、平安、新华、太保和人保的个险渠道保费占比较上年上升了1.47、-0.65、1.76、11.71和-1.84个百分点；银保渠道保费占比分别较上年上升了-2.84、0.38、-2.89、-32.23和-2.71个百分点；团险渠道保费占比分别较上年上升了-0.14、0.27、-0.06、27.36和4.55个百分点。其中，平安人寿主要以个险业务为主，团险和银保渠道保费占比均较低。2014年，太保基本上放弃了高现金价值业务，主要发展个险渠道和法人渠道，因而各销售渠道保费占比变动幅度较大。人保加强了团险渠道的开发，团险保费较上年上升了4.55个百分点。中国人寿也加强了渠道结构的调整，渠道结构明显有所改善。

总之，普通寿险费率政策的调整给寿险产品结构、渠道结构和交费结构都带来了一些新的变化，但是寿险转型发展的进度仍然较慢，基本上仍在延续过去寿险业务的发展模式。2014年是普通寿险费率政策执行后的第一个完整年度，整个寿险市场保费增长了18.36%，保费规模首次大幅超越2010年2399.13亿元的寿险保费规模，2015年以后，寿险市场仍然维持着较高的保费规模。然而，寿险保费的增长主要受高现金价值产品的带动，而并非完全是寿险费率政策改革的效应。

（二）万能险和分红险费率市场化改革

1. 万能险费率改革

2015年2月3日，保监会发布了《中国保监会关于万能型人身保险费率政策改革有关事项的通知》（保监发〔2015〕19号），规定万能险的最低保证利率由保险公司按照审慎原则自行决定，将万能险的评估利率上限为年复利3.5%，万能险最低保证利率低于评估利率上限的报保监会备案，超过评估利率上限的报保监会审批。这项费率政策出台以后，万能险最低保证利率不再受寿险预定利率年复利2.5%上限的约束，成为寿险费率市场化改革的第二步。

费率改革之前，分红险和万能险也受预定利率上限2.5%的约束，万能险的最低保证收益率不高于2.5%，即保险公司承诺给保单持有人的收益率不得高于2.5%。2007年，央行连续多次加息，一年期定期存款的利率实际上已经高于寿险预定利率的上限。5年期银行定期存款的利率在5%左右，2008年，最高时曾达到5.85%。这导致万能险的最低保证收益率对市场缺乏吸引力，使得万能险的这一优势作用形同虚设。分红险和万能险都具有投资功能，费率政策改革后相当于执行了半市场化的预定利率，在一定程度上绕开了寿险预定利率上限约束对产品定价的制约，这类新型投资型寿险产品受寿险费率政策的影响较小。

我国万能险的保费收入主要来源于中资寿险公司（见表5-2），且主要以个险业务为主，中资寿险公司的万能险保费收入绝大部分来源于平安人寿，其他公司的万能险保费收入较低。2008~2011年，万能险保费收入持续下降，截至2011年底，仅有部分中资保险公司销售万能险，外资公司个险渠道和团险渠道的万能险保费规模均较低。从2012年开始，万能险保费收入出现小幅反弹，主要受平安人寿万能险保费反弹的拉升。2014年，寿险市场"开门红"采用以"分红+万能"的主打模式，万能险保费规模达到114.31亿元。

表5-2　2008~2016年万能险保费收入　　　　　　　　单位：亿元

	保费	2008年	2009年	2010年	2011年	2012年	2013年	2014年	2015年	2016年
个险	中资	1315.27	928.83	85.43	76.41	97.49	89.17	113.28	93.96	232.22
	平安	338.70	576.41	63.47	60.43	64.39	73.84	79.09	83.24	92.54
	外资	58.03	28.08	0.74	0.87	0.94	0.99	1.03	1.03	1.10
团险	中资	27.95	7.27	0.01	0.01	0.27	0.00	0.04	0.04	0.75
	外资	7.68	2.40	0	0	0.01	0	0	0	0
合计		1408.93	966.58	86.18	77.29	98.71	90.16	114.31	95.00	234.07

注：根据《中国保险年鉴》各年数据整理。表中为万能险费用账户中保费收入，不包含投资基金收入。

2015年，万能险费率上限放开以后，万能险的最低保证收益率上浮至3.5%，超过了一年期银行定期存款利率水平，这可以增强万能险最低保证收益率对市场的吸引力，凸显出万能险的投资和保底收益优势。2015年，寿险市场"开门红"延续了2014年"分红+万能"主打产品模式，2016年，寿险市场"开门红"采用了"年金+万能"的主打模式，如平安的尊宏人生、国寿的鑫福年年、太平洋的幸福相伴和新华的福享一生[1]，这在一定程度上带动了万能险保费收入的增长。2015年是万能险费率改革政策落地后的第一年，万能险保费收入达到95.0亿元，较2014年略有下降，平安人寿的万能险保费增加了4.15亿元。2016年，万能险保费规模达到234.07亿元，为费改前保费规模的2倍以上。

2. 分红险费率改革

2015年9月25日，中国保监会发布了《中国保监会关于推进分红型人身保险费率政策改革有关事项的通知》，指出分红险的预定利率将由保险公司根据审慎原则自主确定，分红型人身保险未到期责任准备金的评估利率为定价利率和3.0%的较小者；分红险预定利率低于3.5%的报保监会备案，高于3.5%的报中国保监会审批。个人分红型两全保险和年金保险的平均附加费用率上限比例，分期和趸交分别由原来的18%和10%下调至16%和

---

[1] http://news.vobao.com/zhinan/licai/835021217928383293.shtml。

8%；团体分红型年金保险的平均附加费用率上限比例，在期交情形下和趸交情形下分别由原来的12%和8%下调至10%和5%；个人终身寿险在期交情形下和趸交情形下的上限比例分别调整至30%和18%，团体终身寿险在期交情形下和趸交情形下的上限比例分别调整至15%和8%。

2014年，高现金价值产品的定义发生改变，分红险保费收入大幅下滑了19.99%。2015年9月，分红险费率改革政策落地，当年分红险保费增速的下滑幅度加大，同比增速为-26.24%。2015年12月9日，中国保监会发布《关于进一步规范高现金价值产品有关事项的通知（征求意见稿）》，将高现金价值产品的定义调整为第二保单年度末保单现金价值与累计生存保险金之和超过累计所交保费，且预期该产品60%以上的保单存续时间不满3年的产品。从2016年1月1日起，高现金价值产品的年度保费收入控制在公司资本金的2倍以内，其中，60%以上的保单存续时间在1年及1年以下的高现金价值产品的保费收入控制在公司资本金的1倍以内。同年，中国保监会加强了对中短存续期保险产品的调控政策。2016年，分红险保费增速大幅上升，同比增长了43.29%。2016年，分红险保费收入达到6879.81亿元，超过了2014年的分红险保费规模（见表5-3）。

表5-3　2008~2016年分红险保费收入　　　　　单位：亿元，%

年份	2008	2009	2010	2011	2012	2013	2014	2015	2016
个险	3482.93	5047.08	7148.14	7644.14	7782.41	8087.31	6474.79	4777.63	6846.24
团险	320.90	198.96	31.31	22.71	76.65	48.67	34.76	23.80	33.57
合计	3803.83	5246.04	7179.45	7666.85	7859.05	8135.98	6509.55	4801.42	6879.81
增速	71.08	37.91	36.85	6.79	2.51	3.52	-19.99	-26.24	43.29

资料来源：根据《中国保险年鉴》各年数据整理。

第二节　保险资金运用政策演变与寿险市场增长

寿险业的利润主要来源于死差益、费差益和利差益。盈利模式决定了保险经营者对业务发展模式的选择，对寿险市场增长具有重要影响。目前，各保险公司的死差益和费差益基本上都接近于 0。当保险公司的投资收益率高于责任准备金计算时所采用的预定利率时就可以产生利差益。基于谨慎经营的考虑，各国都对保险资金的投资渠道设置了各种限制条件，既允许保险资金获取资本市场的收益，也在一定程度上保障保险资金运用的稳健性，最大程度地保障保单持有人的利益。保险资金运用政策直接关系到保险资金的投资收益，对寿险市场的发展具有重要影响。

一、初期运用阶段（1982~1995 年）

1982~1985 年，中国保险市场只有中国人民保险公司一家保险机构，保险业务量较小，保险资金的规模也较小，保险资金赔付的压力较小，加之资本市场也处于初期发展阶段，因此，这段时期的保险资金主要配置于银行存款。当时整个国家的储蓄相对不足，银行机构对大额存款提供了较高的利息率，保险资金运用较为规范和单一。保险资金的稳健运用有效地支持了保险赔付，这段时期的寿险市场增长也较为稳定，每年保持着 5 倍左右的增速，是历史上增长波动最小的时期。

20 世纪 80 年代末 90 年代初，保险资金的运用范围不断扩宽，可以投资于房地产、有价证券、信托和借贷等多种渠道。在保险资金运用管理政策方面，1991 年发布的《中国人民银行关于对保险业务和机构进一步清理整顿和加强管理的通知》规定，保险资金运用必须报经中国人民银行批准后才能使用，保险机构办理资金运用业务的资金来源，仅限于财产保险总准备金和人保保险责任准备金；保险资金主要运用于购买各种有价证券、发放流动资金贷款和资金拆出业务，其他资金运用方式也需由中国人民银行批准；保险资金运用余额不得超过财产保险总准备金的 30% 和各种人身保险责任准备金的 50%。由于保险资金投资管理机制不健全，缺乏严格的监管和风险管理制度，此后，保险资金运用出现了混乱和无序状态。这些表现包括大量涉足房地产和各类实体项目、有价证券、信托和股票，投资领域过多过杂，在 90 年代中期宏观经济调整时，不良资产大量出现，产生了较大的系统性风险，造成了较大的投资损失，影响了保险公司的净利润。

这段时期，保险资金运用和发展较不规范，保险公司缺乏规范的风险管理制度，保险资金运用渠道尚未形成科学的领域和比例上的限制条件，寿险市场增长波动较大。80 年代末，寿险保费增速急剧回落，由 1986 年的 150.99% 持续回落至 1989 年的 16.78%。1990~1992 年，寿险保费增速开始回升，1993 年保费增速出现了负增长。

二、规范运用阶段（1995~2003 年）

1995 年《保险法》颁布以后，中国人民银行对保险资金运用渠道设置了较为严格的限制条件，规定保险资金只能用于银行存款、买卖政府债券、买卖金融债券以及国务院规定的其他资金运用方式。此后，保险资金投资混乱的局势得到了有效控制，保险资金运用政策进入规范化的良性发展阶段。1996 年 7 月，《保险管理暂行规定》也明确将保险资金运用范围限制于这几种渠道。国务院在这个时期并没有批准过其他的投资渠道，绝大部分的保险资金主要配置于银行存款、国债和金融债，制约了保险资金获取资本市场收益的能力，导致保险资金投资收益低下，难以充分弥补这段时期银行利率下调所造成的巨大利差损。直到 1998 年，国家才逐步放宽保险资金的运用渠道，允许保险资金在银行债券市场从事现券交易，购买信用评级在 A++以上的中央企业债券。1999 年，国务院批准保险公司可以通过购买证券基金的方式间接进入股票二级市场，并逐步放宽保险资金的投资比例限制。这些法规和制度的建立和完善，限制了保险资金的投资渠道，对债券和股权投资设置了比例限制条件，逐渐引导保险资金运用进入规范化阶段。1994 年以后，寿险保费增速进入震荡增长阶段，开始在极高速增长与温和的高速增速之间交替轮回。直到 1999 年，寿险费率政策改革，2000~2003 年，新型投资型寿险产品大量兴起，寿险保费增长再度进入快速发展阶段。

三、专业化运用阶段（2003~2012 年）

2003 年 7 月 16 日，人保资产股份有限公司的成立，标志着中国保险资金运用开始进入集中化和专业化的管理阶段。保险资金由保险机构的总公司统一调度、集中管理和统一运作，禁止分公司运用保险资金。随后，其他保险公司陆续设立多家资产管理公司，建立专业化的保险资金投资和资产管理队伍，并逐渐建立起专业化的保险资金运用管理制度，包括保险资金运用管理、资产托管管理、产品业务管理和风险管理等较为完善的制度体系。2003~2012 年，国务院和保监会陆续出台了多项关于保险资金运用的政策方案，调整了保险资金投资渠道和投资结构，使保险资金的投资渠道不断放宽，逐渐拓展到直接股票投资、基础设施项目投资、优质企业股权投资和境外投资等领域，逐步提升了保险资金在不动产投资、权益类投资等较大风险领域中的资产配置比例，提升了保险资金获取资本市场收益的能力。

2003 年以后，中国房地产等多个实体经济行业快速发展，资本市场有了较大发展，保险资金投资范围逐渐扩大，增加了投资收益，为新型投资型寿险产品市场的拓展创造了有利条件，促进了寿险市场的发展。这一时期，房地产的利润大增，但由于保险资金不允许投资房地产领域，极大地限制了保险资金的投资收益。2003~2007 年，寿险保费进入温和增长阶段，保费增速由 2004 年的 6.32% 提升至 2006 年的 21.94%。

2007 年，银行多次上调银行利率，寿险预定利率最高上限与银行利率倒挂，保险资金投资由于受到投资领域和投资比例的双重限制，难以充分获取宏观经济增长和资本市场快速发展带来的收益，寿险的投资收益水平较低，与银行储蓄和理财产品相比缺乏竞争力，影响了寿险市场的发展。2008 年，受金融危机的影响，全球股票市场普遍不景气，投资型寿险产品作为一种相对稳健的理财型寿险产品，既可以保证资本本金安全，又可以获得分红收益，还具有一定的保障功能，保费增速大幅增长。2010 年，银保渠道的扩张将寿险保费增速推向高潮，其他年份的寿险保费增长则较为缓慢。

四、市场化运用阶段（2012 年以后）

经过 30 多年的磨炼，中国保险业积累了较多的保险资金运用经验，具备了较强的市场应对能力和管理能力。中国保险资金运用所面临的主要问题仍然是市场化程度不高，保险公司的资产和收益不能有效支持负债。随着中国经济发展形势的转变，为了加快保险业的快速发展，更好地支持经济转型发展的需要，从 2012 年起，中国保监会先后出台了多项保险资金运用新政，扩宽了保险资金的投资领域，放宽了保险资金的投资比例限制，推进了保险资金运用的市场化改革。

2012 年，保险会先后发布了 13 项保险资金运用新政，开启了中国保险资金运用市场化改革的序幕。新政分别从多个方面拓宽了保险资金的投资领域，放宽了保险资金的投资比例限制。新政出台以后，2012 年寿险业的投资收益率达到 5.05%，较 2011 年上升了 3.75 个百分点（见图 5-1）。2013 年，寿险业的投资收益率为 3.90%，较 2012 年略有回落，但仍高于 2011 年的投资收益率 2.6 个百分点。

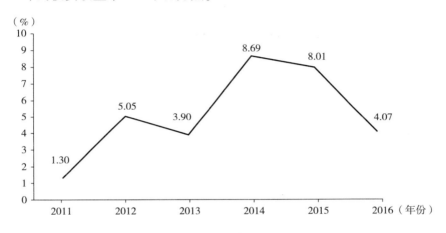

图 5-1　2011~2016 年寿险行业实际投资收益率

注：实际收益率=（利润表总投资收益+可供出售金融资产浮盈变动）/平均调整后总资产，其中，利润表总投资收益=利润表投资收益+交易类资产公允价值变动损益+汇兑损益-资产减值损失-回购利息支出；调整后总资产=总资产-卖出回购资产款-独立账户负债-财务再资产。

资料来源：寿险公司投资收益和利润分析（2016），http：//www.360doc.com/content/18/0114/12/30832123_721803239.shtml。

2014 年，保监会正式发布了《关于加强和改进保险资金运用比例监管的通知》，要求整合保险资产投资大类，压缩资金运用比例监管指标。随着保险资金投资于优先股，集合信托投资计划和创业投资基金政策的陆续落地，保险资产托管业务管理规定等文件相继出台，保险资金运用的投资渠道和比例限制等政策基本上已经实现与发达国家和地区接轨。2014 年，寿险业的资金投资收益率达到 8.69%，较 2013 年上升了 4.79 个百分点。便利的投资渠道为寿险业发展高现金价值业务创造了良好的环境，带动了寿险市场的快速发展。2014 年，寿险保费增速达到 18.36%，恢复至两位数的正增长。

2015 年，股票市场进入牛市状态，保险资金在权益类资产投资中的收益大幅增加，寿险业保险资金投资收益率达到 8.01%。2015 年下半年，股票市场进入回调整顿阶段，资本市场热潮逐渐消减。2016 年，寿险业保险资金投资收益率大幅回落，实际投资收益率为 4.07%，主要受寿险行业可供出售的金融资产浮亏 1419 亿元影响。2016 年，寿险业保险资金投资收益率排名前 10 位的保险公司，投资收益率仍不低于 6%（见表 5-4），远超过行业平均收益率水平。

表 5-4　2016 年寿险业保险资金投资收益率排名

投资收益率排名	寿险公司	实际投资收益率
1	和谐健康	13.48%
2	天安人寿	10.81%
3	华夏人寿	9.01%
4	珠江人寿	8.35%
5	上海人寿	7.67%
6	渤海人寿	7.08%
7	前海人寿	6.76%
8	宏康人寿	6.34%
9	安邦人寿	6.08%
10	生命人寿	6.00%

资料来源：寿险公司投资收益和利润分析（2016），http://www.360doc.com/content/18/0114/12/30832123_721803239.shtml。

总之，我国保险资金运用政策经过 30 多年的演变，已经趋于成熟和完善，保险资金运用的市场化改革将为寿险市场的发展创造更有利的发展环境。投资收益的改善可以增加投资的盈利水平，提高保单持有人的回报率，促进寿险市场的发展。我国寿险市场发展的历史过程表明，保险资金运用政策对寿险市场的发展有重要影响。

第三节　偿付能力监管制度改革与
寿险市场增长

一、偿付能力监管制度与寿险市场增长

保险是合同化的契约，这个特点决定了保险需要提前收取保费，在合同契约期满或保险事故责任发生时，履行保险金给付的义务，这就导致了保险资产与负债期限出现错配。一般行业的资产负债率监管指标难以反映和覆盖保险公司的风险状况，这就需要加强对保险公司偿付能力的监管。保险公司的经营状况不仅会影响保险公司自身的利益，还对相关的利益群体有较大的影响。保险承载了社会保障体系中较大的一部分民生保障职责，保险公司的经营状况甚至关系到保单持有人未来几十年的利益保障问题。保险机构作为资本市场的重要机构投资者，其偿付能力对金融系统以及整个社会的稳定具有重要意义。2008 年金融危机中，美国宁可耗巨资也要力挽美国国际集团（AIG），这反映出某些重要的保险机构保持充足的偿付能力对社会稳定具有重要意义。

科学合理的偿付能力监管制度可以更有效地识别保险公司的偿付能力风险，并通过相关监管措施敦促保险公司加强风险管理，尽可能减少保险公司的偿付能力危机对社会造成的损害，为保险市场的发展创造更有利的发展环境，促进保险市场的增长。过于严格的偿付能力监管措施和指标，可能会造成资本浪费和保险资金的不充分利用，阻碍了保险市场的发展。过于宽松的偿付能力监管制度体系，不利于监管机构发现和识别潜在的偿付能力风险，可能会使某些风险过度累积，一旦爆发将引发重大危机，对社会造成重大危害，危及保险市场的健康发展。20 世纪 80 年代末 90 年代初，美国和日本等保险大国遭受了重大的偿付能力危机，使多数国家开始重新审视保险业的偿付能力监管方式，从而加强了对偿付能力的监管。

二、"偿一代"及其特点

1. "偿一代"的建立

我国保险市场在最初的发展中，保险监管制度主要以所借鉴的西方国家的保险监管模式为主。从 2003 年开始，中国在借鉴欧盟"偿付能力 I"监管制度体系和美国基于资产风险资本（RBC）研究的基础上，开始建立中国第一代偿付能力监管制度（简称"偿一代"）体系，它更接近于英国偿付能力监管的基本模式。到 2007 年，中国建成了一套比较完整的偿付能力制度体系，主要内容包括保险公司内部风险管理制度、偿付能力评估标准和报告制度、财务分析和检查制度、监管干预制度以及破产救济制度五个部分（陈文辉，2012）。其中，寿险最低偿付能力标准借鉴了 1979 年欧盟"偿付能力 I"寿险公司偿付能力标准；产险最低偿付能力标准借鉴了 1973 年欧盟"偿付能力 I"产险公司偿付能力标准。这套制度体系虽然比较简单，但是在推动保险公司树立资本管理理念、防范保险业经营风险和促进保险市场发展中起到了重要作用。

2. "偿一代"与寿险市场增长

"偿一代"是在我国保险市场尚不发达的基础上建立的，适应了当时我国保险市场发展的特点，在推动我国保险市场健康发展方面起到了重要作用，培育了保险公司关注偿付能力管理的意识。在"偿一代"监管制度体系下，我国保险市场进入发展的黄金十年，迅速发展成为世界保险大国之一。

"偿一代"是一种规模导向的偿付能力监管制度体系，主要按照保费规模、赔款或准备金的一定比例确定资本要求，采用单一偿付能力充足率指标反映保险公司的偿付能力状态。这种监管制度体系难以体现保费规模相同的保险公司由于业务结构、产品差异等所导致的风险差异，也不能有效地识别经营中的风险来源。在发展初期，我国保险市场的起点较低，保险公司的数量较少，保险业务也较为简单，这种监管制度表现出较好的适应性，助力了我国保险市场的快速发展。然而，随着我国保险市场的不断发展，这种监管制度逐渐暴露出多种缺陷和漏洞，不再适应我国保险市场发展的需要。这主要表现在五个方面：一是偿付能力监管体系的风险种类覆盖不全面；二是资产负债评估、资本要求与公司实际风险情况的相关性不高；三是没有充分发挥保险公司在提升风险管理中的协助和引导作用；四是"偿一代"监管方法侧重于定量监管要求，定性监管和综合评价不足；五是不能有效发挥监管合力的作用。

三、"偿二代"的建设与发展

1. "偿二代"改革计划

2008 年金融危机爆发以后，世界多国开始反思和总结金融危机的经验和教训，开展了一系列针对现代金融业监管的改革措施和计划。银行业出台了"巴塞尔协议Ⅲ"，美国保险业启动了 SMI 计划，欧盟在欧盟"偿付能力Ⅱ"改革计划中也增添了新的改革内容。中国在借鉴各国改革经验的基础上，针对中国保险市场发展的实际情况，启动了中国保险业偿付能力监管制度的改革，建立了适应现代保险业发展需求和新兴经济体特征的保险监管制度体系。

中国保险业第二代偿付能力制度的全称为"中国风险导向的偿付能力体系（简称为'偿二代'）"，英文全称为"China Risk Oriented Solvency System（简称'C-ROSS'）"，体现了我国保险业监管制度体系的特征。2012 年 3 月 29 日，保监会发布了《中国第二代偿付能力监管制度体系建设规划》（保监发〔2012〕24 号）文件，提出计划用 3~5 年的时间，建立一套与国际保险监管接轨，同时又适应我国保险市场发展情况的偿付能力监管制度，敦促保险公司建立健全风险管理制度，提高我国保险业的风险管理及资本管理水平。该计划分三个阶段来完成我国偿付能力监管制度体系的改革任务：第一阶段是从 2012 年开始，计划用 2~3 年的时间，完成细化的整体框架、最低资本标准、实际资本标准、保险集团偿付能力监管标准、逆周期监管制度及偿付能力"三支柱"中的第二支柱和第三支柱的相关制度等内容；第二阶段是预计在 2014 年底之前，提出"偿二代"制度体系的征求意见稿，预计用 1~2 年的时间，在全行业多次进行全面测试和征求意见，检验"偿二代"制度的科学性和合理性，并根据测试结果和反馈意见继续修改，最终完善"偿二代"的改革任务；第三阶段是从 2015 年开始，进入"偿二代"的执行阶段，为发布"偿二代"预留一定的缓冲期，保障保险监管机构和保险机构做好相关的准备工作，最终推进"偿二代"实施。

2015 年 2 月 17 日，保监会正式发布《保险公司偿付能力监管规则

（1—17 号）》（保监发〔2015〕22 号），提出"偿二代"自发文之日起正式进入试运营的过渡期，计划试运营一年，保监会将根据试运营的结果确定"偿一代"和"偿二代"的切换时间，并规定过渡期内的各项监管规则的适用要求以及具体标准，包括寿险合同中负债的折现率曲线、巨灾风险因子和风险资本模型、利率风险及不利情景下的压力测试和集团偿付能力报告等内容。2015 年 7 月 17 日，保监会发布了《中国保监会关于在偿二代过渡期内开展保险公司偿付能力风险管理能力试评估有关事项的通知》，引导保险公司完善偿付能力风险管理体系。2016 年 1 月 1 日，"偿二代"正式运营，完成了与"偿一代"的切换工作。"偿二代"正式实施期间，中国保险市场也在全面深化改革的浪潮下发生了巨大变化，涌现出了多种新兴风险，"偿二代"相关指标的变化也反映了保险业的风险波动情况，较好地实现了对保险业风险的监管。

2. "偿二代"与寿险市场增长

"偿二代"是一套基于风险的偿付能力监管制度体系，可以较好地反映保险公司的风险状况，增强保险公司风险的透明度。对寿险行业而言，长期业务占比越高的保险公司，资本要求越低；短期业务占比越高的保险公司，资本要求也越高。保险公司在追求规模、速度和效益等指标的同时，也必须要兼顾风险和资本成本等问题，推动保险公司转变粗放式发展方式，促进保险行业的健康发展，引导寿险行业从市场份额导向的发展模式向内含价值导向的发展模式转变，最终实现风险管理和价值管理。

2016 年，寿险市场出现了多种发展模式并存的局面。部分资本实力较为雄厚的保险公司开始大力发展中短存续期业务，保费规模快速扩张，安邦人寿、华夏人寿、富德生命人寿、前海人寿、和谐健康和天安人寿等寿险公司的原保费收入、保户投资款（即万能险投资款）新增交费和投连险独立账户（即投连险投资款）新增交费三项收入之和大幅增加。2016 年，安邦、华夏、富德和和谐健康的万能险投资款新增交费分别占原保费的189.4%、303.1%、66.7% 和 44.3%；而恒大人寿的万能险投资款新增交费为原保费的 11.9 倍，万能险投资款新增交费同比增长了 280.66%[1]。2016年第 4 季度，前海生命和富德生命人寿核心偿付能力充足率分别为 56.23%和 75%，瑞泰、恒大、前海、和谐健康和富德生命综合偿付能力充足率分

---

① 柳立. 偿二代助力保险业转型升级 ［N］. 金融时报，2017-06-26（011）.

别为 108.31%、109.68%、112.47%、113.67% 和 114%①。这些公司的偿付能力充足率指标虽然达标，但均逼近监管门槛值，存在偿付能力充足率不足的风险。国寿、太保和新华等部分大型寿险公司持续推进转型战略，综合平衡保险资金成本和使用效率，业务结构和价值增长均取得了明显改善。2016 年第 4 季度，国寿、太保和新华等国寿偿付能力充足率指标及风险综合评级均维持在较高的水平，平安人寿的 SARMRA 得分最高（86.06 分），监管资本要求可降低 67 亿元。新光海航、中法人寿等极少数保险公司偿付能力充足率低于监管门槛，被列为重点监管对象。

第四节 社会保障制度改革与寿险市场增长

一、社会保障和商业保险的关系

社会保障和商业保险都是我国社会保障制度体系的重要组成部分，两者都是社会保障制度体系中不可或缺的重要组成部分。社会保障解决的是基本民生保障问题，是"保基本、广覆盖"的基本问题；商业保险是社会保障制度体系不可或缺的重要组成部分，而不是必要补充，满足的是多元化和个性化的风险保障需求的问题。社会保障制度和商业保险的发展具有一定的对立性，社会保障制度越发达，商业保险发挥作用的空间越有限，它会抑制和阻碍商业保险的发展。社会保障制度的过度发展通常会耗费巨大的公共财政资源，增加社会公共负担，影响生产积累过程，同时，也容易造成资源浪费、分配不平等诸多问题。目前，国际社会保障体系主要有两种模式：一种是以社会保障为主，商业保险在社会保障体系中的占比较低，部分北欧国家采用了这种模式，如瑞典；另一种是以社会保障为基础，商业保险在社会保障体系中的占比较高，英美以及大部分欧洲国家采用了这种模式，它已经成为当今世界各国普遍采用的模式。我国是世界人口大

---

① 周华林，童金林. 中国保险业风险防范措施与政策建议［J］. 保险理论与实践，2017（6）：35-47.

国，各地区的经济和文化发展差异较大，社会保障制度体系更适合采用第二种模式，通过社会保障解决"广覆盖"和"保基本"的问题，通过商业保险提供多元化和个性化的保障需求。

二、我国社会保险对商业保险发展的影响

社会保障制度是国家通过立法而制定的社会保险、救助和补贴等一系列制度的总称，是现代国家重要的社会经济制度之一。社会保障的主要作用是保障社会成员的基本生存与生活需求，特别是保障社会成员在面临年老、疾病、伤残、失业、生育、死亡和自然灾害等风险时的特殊需要。一个国家的社会保障制度通常由社会福利、社会保险、社会救助、社会优抚和安置等各种不同性质、作用和形式的社会保障机制构成。

社会保险在社会保障制度体系中居于核心地位。我国社会保险主要包括养老保险、医疗保险、失业保险、工伤保险和生育保险，资金主要来源于单位和个人的交费，国家对单位和个人在规定范围内的交费给予免税等优惠政策。自 1997 年国务院发布《关于建立统一的城镇企业职工基本养老保险制度的决定》以来，通过一系列法规和规章制度的出台和执行，我国社会保险制度体系逐渐走向完善和成熟。社会保险作为一种保险制度，与商业保险具有相似的作用原理和机制。社会保险和商业保险的发展也是对立统一的关系，对我国商业保险的发展具有重要影响，特别是寿险市场的发展。社会保险更多的是涉及人身风险的保障问题，与商业人身保险承保的绝大部分风险相似。基本养老保险和基本医疗保险涉及的是养老和健康保障问题，工伤保险与意外伤害、残疾等多种风险相关，生育保险涉及的是死亡和疾病风险等保障问题，失业保险是有关生活费用来源的问题。与其他社会保障制度相比，社会保险对商业保险发展的影响更大，特别是基本养老保险和基本医疗保险，对商业养老保险与健康保险的替代作用尤为明显。社会保险制度的改革和发展，对商业保险发展也具有深远影响。

我国的养老保险、医疗保险和失业保险采用单位和个人各负担一部分的方式，工伤保险和生育保险则完全由单位负担。我国对规定比例范围内的社会保险给予税收优惠，超过税收优惠部分的需要缴纳相关税费。社会

保险缴付比例的一般标准为基本养老保险的交纳比例是单位承担21%①（非农业户口）或14%（农业户口），个人承担8%；基本医疗保险的缴纳比例是单位承担8.5%，个人承担2%；失业保险的缴纳比例是单位和个人各承担1%；工伤保险的单位缴纳比例在0.4%～1.2%之间，生育保险的缴纳比例是单位承担1%。我国以上年社会平均工资的60%～300%缴纳社会保险，由于各地区当地的经济和社会发展情况不同，社会保险的交费比例略有差异。按照最高交费标准，我国个人缴纳的社会保险费超过个人工资收入比例的40%左右，其中，基本养老保险的缴付比例最高为29%，基本医疗保险的缴付比例最高为10.5%。

社会保险负担过重会导致我国的企业负担过重，个人对社会保险的依赖过重，使其对商业保险保障需求的消费动力不足，从而抑制消费者购买商业养老保险和健康保险等寿险产品的积极性。我国社会保险的覆盖面相对较低，2011年，我国城乡基本养老保险的覆盖率约为80%，而其他保险市场较为发达的国家或地区，基本养老保险的覆盖率基本上在90%以上。2017年，我国社会保险在GDP中的比重为7.88%②，寿险保费收入在GDP中的比重仅为3.23%，远低于社会保险的发展水平，寿险在我国社会保障体系中的作用和地位仍然较弱。

三、社会保险制度改革的发展历程

自社会保险制度建立以来，我国社会保险制度的改革一直在持续推进和逐步完善。近年来，随着经济发展方式的转变，我国提出了全面深化改革的方针政策，推进户籍制度改革，逐步打破捆绑于户籍制度之上的养老保险、医疗保险等各项社会保险福利制度，恢复户籍制度的登记功能，推动我国社会保险制度改革的深度发展。目前，我国确立的社会保障制度改革的基本方针政策为"广覆盖、保基本、多层次、可持续"，充分发挥社会

---

① 《降低社会保险费率综合方案》（国办发〔2019〕13号）提出，自2019年5月1日起降低城镇职工单位缴费比例，单位缴费比例高于16%的省份可降至16%，低于16%的提出过渡办法。阶段性降低失业保险和工伤保险费率。自2019年5月1日起，失业保险总费率1%的省份延长阶段性降低失业保险费率的期限至2020年4月30日。自2019年5月1日起，延长阶段性降低工伤保险费率的期限至2020年4月30日。

② 社保收入按照养老保险基金收入+基本医疗保险基金收入计算；寿险保费收入为2017年度人身保险保费收入。

保险在我国社会保障制度体系中的基本保障作用。随着这项改革的推进，未来，更多的养老、医疗和死亡等风险保障需求将会被释放，给寿险市场发展提供更广阔的发展空间。

（一）基本养老保险制度由社会统筹模式向城乡统一的个人和社会统筹模式转变

1. 退休金制度

1991 年以前，我国机关事业单位和国有企业职工实行的是退休制度，机关事业单位的退休金由财政全额拨款，国有企业职工的退休金则由企业完全承担，退休金替代率高达 80% 以上。1991 年 6 月，国务院发布《关于企业职工养老保险制度改革的决定》（国发〔1991〕33 号），提出要进行养老保险费社会统筹改革，改变养老保险费由国家、企业负担的模式，实行由国家、企业、个人三方共同负担的方式，建立基本养老保险、企业补充养老保险和个人储蓄养老保险相结合的多层次养老保险体系。1993 年，十三届四中全会提出，养老保险实行由社会统筹和个人账户相结合的原则。

1995 年 3 月，国务院发布《关于进一步深化企业职工养老保险制度的通知》（国发〔1995〕6 号），确定了我国企业职工养老保险制度改革的目标和原则，允许各地根据实际情况选择试点。1997 年，国务院颁布《关于建立统一的城镇企业职工基本养老保险制度的决定》，规定城镇各类企业职工和个体劳动者都要参加城镇企业职工基本养老保险，标志着我国基本养老保险制度的建立。城镇职工养老保障制度开始进入由个人和社会统筹的发展模式。1998 年，国务院出台《关于实行企业职工基本养老保险省级统筹和行业统筹移交地方管理有关问题的通知》（国发〔1998〕28 号），要求建立基本养老保险基金省级调剂机制。

2. 城镇职工、城镇居民和农村"三分法"制度

2005 年，为落实企业职工基本养老保险制度，改变以往基本养老保险制度中存在的个人账户没有做实、计发办法不尽合理、覆盖范围不够广泛等问题，国务院发布了《关于完善企业职工基本养老保险制度的决定》。2009 年，根据十七大和十七届三中全会精神，国务院发布了《关于开展新型农村社会养老保险试点的指导意见》，要求进一步扩大我国基本养老保险的覆盖范围，解决农村居民的基本养老保障问题。

3. 城乡统一养老保险制度

2014 年 2 月 7 日，国务院常务会议提出了合并农村新型社会养老保险和城镇居民社会养老保险，建立全国统一的城乡居民基本养老保险制度的建议。同年 2 月 26 日，国务院印发《关于建立统一的城乡居民基本养老保险制度的意见》，提出到"十二五"时期末，在全国基本实现新型农村养老保险制度和城乡居民养老保险制度的合并，并与城镇职工基本养老保险制度相衔接。2015 年 1 月，国务院发布了《关于机关事业单位工作人员养老保险制度改革的决定》，统筹了城乡社会保障体系，建立了更加公平、可持续的养老保险制度。

（二）基本医疗保险制度由社会统筹模式向城乡统一的个人和社会统筹模式转变

1. 公费医疗制度

新中国成立以后，我国机关单位实行的是公费医疗制度，企业实行的是劳保医疗制度，主要由国家和用人单位进行统筹，采取据实报销、单位管理的方式。随着市场经济体制改革的深入，这种制度越来越难以解决职工的基本医疗保障问题，暴露出多种弊端，主要表现在两个方面：一是医疗费用增长过快，财政和用人单位不堪重负；二是部分职工没有基本医疗保险。

2. 城镇职工、城镇居民和农村"三分法"制度

1994 年，国务院在江西九江、江苏镇江等地区试点医疗改革，1996 年，试点城市增加到 40 多个。在取得试点经验的基础上，国务院制定了医疗保险制度改革方案。1998 年 12 月，为加快医疗保险制度改革，保障职工的基本医疗保险需求，国务院发布了《国务院关于建立城镇职工基本医疗保险制度的决定》，在全国试点范围内进行医疗保险制度改革。2002 年 10 月，《中共中央、国务院关于进一步加强农村卫生工作的决定》指出，逐步建立以大病统筹为主的新型农村合作医疗制度，争取到 2010 年，新型农村合作医疗制度基本覆盖农村居民。

3. 城乡统一医疗保险制度

截至 2011 年底，我国建立了基本覆盖全国的基本医疗保险制度，我国的基本医疗保险制度主要由三个部分构成：城镇职工基本医疗保险、城镇

居民基本医疗保险和新型农村合作医疗保险。2013 年 5 月，国务院转批的
发改委《关于 2013 年深化经济体制改革重点工作的意见》，提出深化民生
保障制度改革，推进城乡居民大病保险整合，整合城乡基本医疗保险管理
职能，逐步统一城乡居民基本医疗保险制度，健全全民医保体系。

四、社会保险制度改革对寿险市场增长的影响

社会保险制度改革的推进将逐步完善我国社会保障体系，同时，也将
释放出更多的寿险保障需求，推动商业保险市场的快速发展。保险在中国
的起步较晚，居民的风险保障意识较薄弱，居民尚未普遍形成采用社会化
风险管理工具的习惯。社会保险的广泛推广可以形成示范效应，无形中向
社会宣传了保险的作用机制和原理，让市场感受到保险的重要性，对中国
商业保险的发展具有较好的带动作用。以国家强制力的方式建立社会保障
制度，可以引导社会养成良好的财务和风险管理习惯，在储蓄和保障之间
适度分配资源，是一种比较适合培养保险消费理念的方式。

1. 养老保险制度改革释放的红利

我国基本养老保险制度经过多年的发展，已经建立起了较为完善的城
乡养老保险制度体系，城镇居民养老保险和农村养老保险的覆盖率大幅提
升，但是，我国基本养老保险的覆盖率仍然较低，欧美等发达保险市场基
本医疗保险的覆盖率一般在90%以上（见表5-5）。从基本养老保险的替代
率来看，我国社会基本养老保险的替代率已经由 90 年代初的80%下降到目
前的50%左右，与欧美国家社会基本养老保险的替代水平基本一致。但是，
我国养老保险的"三支柱"模式与欧美国家相比，仍存在较大的差距，欧
美社会基本养老保险 40%左右的替代率水平是建立在相对发达的企业年金
和个人养老储蓄基础上的。我国企业年金的覆盖率仅保持在 5%左右，与发
达市场还存在较大差距。个人商业养老保险则处在近乎缺失的状态，商业
保险公司销售的年金保险多为投资型理财产品，在退休年龄之前已经开始
领取，部分公司对死亡风险也给予了较高的赔付，推高了企业年金的成本，
导致个人年金保险的养老保障功能弱化。

表 5-5　欧美发达国家与中国"三支柱"的对比

国家		社会基本养老保险		企业年金		个人养老储蓄
		覆盖率	替代率	覆盖率	替代率	
中国	城镇	70%左右	由 90 年代初的 80%下降到目前的 50%左右	5%以内		无
	农村养老保险	10%左右				
	农民工参加城镇养老保险	10%左右				
欧洲		90%以上	40%~60%	80%以上	20%~30%	有
北美		90%以上	40%左右	50%以上	20%~30%	有

2015 年，我国启动了机关事业单位养老保险改革，目标是将机关事业单位 80%~90%的养老金替代率下调到 50%左右。目前，我国机关事业单位的数量约 10 万个，机关事业单位总人数接近 4000 万人，其中，公务员总人数共计 708.9 万人，事业编制人员共计 3153 万人。如果这一改革落实到位，将会为我国职业年金和个人商业养老保险提供更为广阔的发展空间。这项改革推出以后，预计每年将释放出 1500 亿元的职业年金需求，到 2020 年，职业年金累计规模将达到 1 万亿元，与企业年金规模基本持平。

2. 医疗保险制度改革释放的红利

在基本医疗保险制度的基础上，建立重大疾病保险制度以解决社会广泛关注的"因病致贫、因病返贫"问题，避免因为疾病陷入经济困难的问题。我国不断创新医疗保险的服务模式，2010 年，我国新农村合作医疗保险制度开始探索建立重大疾病医疗保障制度（简称"大病保险"），从城乡基本医疗保险结余资金中抽取部分比例资金，向商业保险公司购买大病保险，对参保人员参保年度内累计发生的超过基本医疗保险基金最高支付限额的医疗费用进行补偿。大病保险业务在提高我国基本医疗保险的服务效率、化解居民"因病致贫、因病返贫"等风险中发挥了重要作用。基本医疗保险制度改革为大病保险业务的发展创造了更为有利的发展条件，为商业保险公司开展其他寿险业务提供了更广泛的客户资源。大病保险自试点以来，取得了较好的成效，先后涌现出太仓模式、湛江模式、和田模式、江阴模式、洛阳模式和家庭医生模式等多种大病保险模式。

2012 年 8 月，国家发展改革委等 6 部门公布了《关于开展城乡居民大病保险工作的指导意见》，对大病保险的必要性、基本原则、筹资机制、承办方式、监管和工作要求等内容作出了具体规定。2014 年，我国已经在全国所有省份开展大病保险试点，其中，10 个省份已经全面推开，共筹资 155 亿元，覆盖 7 亿人，已有 243 万人从中受益，大病保险的实际报销比例提高了 10~15 个百分点[1]。2017 年 10 月，党的十九大报告指出，要完善统一的大病保险制度。2017 年，我国大病保险覆盖城乡 10.5 亿人[2]，各省大病保险政策规定的支付比例都达到 50% 以上，实际报销比例提高了 10~15 个百分点，部分贫困地区贫困人口报销比例达到 80%~90%，在 8 个省份试点的农村贫困人口大病专项集中救治工作也取得阶段性成果，截至 2017 年 10 月，救治患者达到 10.6 亿人，提供诊疗服务超过 20 万人次。

我国基本医疗保险改革让大量群众享受到了医疗保障福利，显示了保险的杠杆机制在疾病风险保障方面的作用，对商业健康保险消费起到了良好的示范作用，在一定程度上推动了我国健康险业务的快速发展。近几年来，我国健康险业务发展迅速，保费增速高达 40% 以上，呈现出爆发式增长的态势。2014 年，健康险保费收入（寿险公司与财险公司健康险保费收入之和）达到 1587.18 亿元，同比增长 41.27%，高于寿险市场年平均增速 22.9 个百分点。2015 年，健康险保费增速为 51.87%，2016 年，健康险保费增速达 67.33%，均远高于同期寿险保费的增速。2017 年，在监管机构强化中短存续期产品监管力度的调控下，健康险业务中的投资型产品被挤出市场，健康险保费增速大幅回落，增速为 8.76%，仍然维持着小幅增长态势。

第五节　税收政策改革与寿险市场增长

一、税收优惠政策与寿险市场发展的关系

税收减免和税收递延是国际保险市场常用的两种税收优惠政策，优惠

---

① 我国所有省份已开展大病保险试点工作 [EB/OL]. 2015-03-09. https：//xuexi. huize. com/study/detal-151440. html.

② 大病保险：兜底线 重精准 织密多层次医疗保障网 [EB/OL]. 央视网. 2017-12-27. http：//www. xinhuanet. com/health/2017-12/27/c_1122172608. htm.

的对象包括保险公司和保险消费者两个主体。商业保险以盈利为经营的根本目标，商业保险也是社会保障体系的组成部分之一，在提供个性化和多元化保障服务方面具有不可替代的功能，可以起到民生保障和社会管理等作用，因此对这类产业进行一定程度的扶持有利于完善社会保障制度体系，更好地支持经济发展。针对保险公司的税收优惠政策在一定程度上降低了保险企业的经营成本，是一种产业扶持政策，提升了保险经营者的积极性。保险消费者分为团体消费者和个人（家庭）消费者两种类型。团体保险一般是单位为员工购买的一种保障福利，一般由单位和个人共同交纳保险费，部分险种的保险费用完全由单位承担；个人（家庭）购买保险产品是一种个人消费行为，由个人交纳保险费。针对单位交纳团险保费的税收优惠政策可以激发单位保险消费的积极性，减轻单位的税收负担，提高单位员工福利的满意度。针对个人交纳保险费的税收优惠是一种经济激励机制，可以增强保险产品对消费者的吸引力，激发购买欲望。

税收优惠政策对保险市场的发展具有积极的推动作用，特别是在保险市场发展到一定阶段时，适度推出相关的税收优惠政策，可以有效促进保险市场的发展。针对人口老龄化的问题，美国出台了《雇员退休收入保障法案》（ERISA），对养老保险实施税收优惠政策。在这一优惠政策的激励下，美国寿险资产占 GDP 的比重由 20 世纪 70 年代中期的 16% 左右上升至2011 年的 35% 左右。在同样的历史背景下，韩国推出了个人退休账户税收优惠（IRA）政策，韩国寿险资产占 GDP 的比重由 20 世纪 90 年代中期的16% 左右上升至 2013 年的 40% 左右。部分国家推行了遗产税，一方面遗产税是强加给遗产继承或财产授予人的一种税收负担，另一方面这些国家对身故性质的寿险给付采取不征或者减征个人所得税，对保险金给付免征遗产税，因而这种税收政策也成为部分国家寿险保费增长的重要动力之一。

二、针对保险公司的税收优惠政策

由于保险业服务以风险保障为主要内容，具有一定的民生保障、社会救济、社会救助等辅助社会管理功能，过高的税收负担会加重保险公司经营成本，阻碍保险消费可得性。多数国家对经营保险业务的保险公司提供了多种税收优惠政策，降低保险经营成本。我国保险公司缴纳的税种主要包括企业所得税、增值税（2016 年 5 与月 1 日起由缴纳营业税改为增值税，停征营业税）、城市维护建设税、教育费附加、房产税、车船使用税、土地使用税、固定资产投资方向调节税（已废止）、印花税、契税等。增值税和所得税为寿险公司缴纳的两大主要税种，对寿险公司的影响较大。城市维护建设税、教育费附加、印花税、契税等为寿险公司缴纳的小税种，对寿险公司的影响相对较小。

1. 企业所得税

1984 年，我国开始对保险公司征收营业税，对中资保险公司按照 55% 的税率缴纳企业所得税。特区保险业以保费收入的 3% 征收工商统一税，企业开办初期提供定期减征和免征工商统一税，由特区人民政府决定。1988 年开始，我国对私营保险公司按照 35% 的比例征收企业所得税（1994 年 1 月 1 日终止）。1991 年 7 月 1 日起，我国对外商投资企业征收企业所得税，外商投资企业在中国设立机构、场所的按应纳税所得额的 30% 计算，按应纳税所得额的 3% 交给地方财政。经济特区、沿海开放城市和经济开发区的外商企业按照应纳税所得额的 24% 或 15% 缴纳企业所得税。外商投资企业没在中国设立机构、场所的对中国境内所得按应纳税所得额的 10% 征收企业所得税（财税〔1994〕27 号）。1994 年 1 月 1 日起，中国人民保险公司国内保险业务按照 55% 的税率征收企业所得税，其他保险公司和境外保险业务按照 33% 的税率缴纳企业所得税（财税〔1994〕27 号）。1996 年 1 月 1 日起，中国人民保险集团公司按应纳税所得额的 33% 征收企业所得税，另外再按应纳税所得额的 22% 向财政缴纳利润（财税〔1996〕38 号），其他保险公司继续执行 1994 年企业所得税政策。1997 年 1 月 1 日起，调整保险企业所得税率，对执行 55% 的企业所得税率的保险企业统一按 33% 征收企业所得税（国发〔1997〕5 号）。2008 年 1 月 1 日起，寿险业企业所得税率由之前的 33%（10%）调整为 25%（10%），企业应纳税所得额＝收入总额－准予扣除项目的金额。寿险业的收入总额为承保保费收入和投资收入等，准予扣除的项目除了其他企业相同的项目之外，还有针对寿险业的特殊规定。

（1）佣金和手续费扣除项目。1999 年起，保险企业当年支付的手续费在不超过代理业务保费收入 8% 范围内的允许税前扣除，佣金在不超过缴费期内实收保费收入 5% 范围内的允许税前扣除（国税〔1999〕169 号）。2009 年 1 月 1 日起不再区分佣金和手续费，寿险公司按保费收入扣除退保金后的 10% 计算扣除额，财产保险公司按照保费收入扣除退保金后的 15%计算扣除额（财税〔2009〕29 号）。2019 年 1 月 1 日起按照保费收入扣除退保金后的 18% 计算扣除额，超过部分允许结转以后年度扣除（财税〔2019〕29 号）。

（2）准备金扣除项目。2011 年 1 月 1 日至 2015 年 12 月 31 日，保险公司按国务院财政部门的相关规定提取的未到期责任准备金、寿险责任准备金、长期健康险责任准备金、已发生已报案未决赔款准备金和已发生未报案未决赔款准备金准予在税前扣除（财税〔2009〕48 号、财税〔2012〕45号、财税〔2016〕114 号）。

（3）保险保障基金扣除项目。有保证收益的人寿保险业务按不超过保费收入的 0.15% 扣除，无保证收益的人寿保险业务按不超过保费收入的0.05% 扣除。短期健康险按照不超过保费收入的 0.8% 扣除，长期健康险按照不超过保费收入的 0.15% 扣除。非投资性意外伤害险按照不超过保费收入的 0.8% 扣除，投资性意外伤害险有保证收益的按照不超过保费收入的0.08% 扣除，无保证收益的按照不超过保费收入的 0.05% 扣除（财税〔2009〕48 号、财税〔2012〕45 号、财税〔2016〕114 号）。

（4）保险赔款扣除项目。保险公司实际发生的各种保险赔款、给付，应首先冲抵按规定提取的准备金，不足冲抵部分，准予在当年税前扣除（财税〔2009〕48 号、财税〔2012〕45 号、财税〔2016〕114 号）。

2. 增值税

寿险业的增值税由营业税转化而来。2016 年 5 月 1 日之前寿险业缴纳营业税，不缴纳增资税。2016 年 5 月 1 日起，寿险业缴纳增值税，不再缴纳营业税。

（1）营业税优惠政策。1984 年 10 月 1 日起，我国重新对寿险公司征收营业税，以营业收入额为依据按照 5% 的税率缴纳营业税。1997 年 1 月 1日起，我国将营业税税率调整到 8%，其中 5% 的营业税收入纳入地方财政，3% 的营业税收入纳入中央财政，营业税缴纳额度在执行中有所调整。1996年 12 月 31 日之前在特区设立的外资保险企业，在 1998 年 12 月 31 日之前按照 5% 的税率征收营业税。1997 年 1 月 1 日起在社区设立的外资保险企业，按照 8% 的税率征收营业税。特区内外资保险公司在特区内的营业收入，5 年内免征营业税，免税期满后按照 8% 的税率征收营业税（国发〔1997〕5 号）。2001 年起，我国分三年每年将保险业的营业税率下调一个百分点，将营业税的税率从 8% 下调到 5%。2003 年 1 月 1 日至 2016 年 4 月 30 日，寿险公司营业税率为 5%，以寿险公司向投保人收取的全部价款和价外费用为依据收取营业税，我国对寿险公司的储金业务利息收入、分保业务、个人投资分红保险业务取得的保费收入（财税〔1996〕102 号）、一年期以上（包括一年期）返还本利的普通人寿保险、养老年金保险保费收入、一年期以上（包括一年期）健康保险保费收入（财税〔2001〕118 号）、无忧赔款优待业务优待部分保费收入和追偿款等免征营业税。

（2）增资税优惠政策。2016 年 5 月 1 日起，寿险公司缴纳增值税，按一般纳税人（增值税税率 6%）和小规模纳税人（增值税税率 3%）两档税率分别纳税。被保险人获得的保险赔付、保险公司和其他金融机构之间的转贴现业务、保险公司的手续费、佣金、酬金等直接收费的金融服务费、利息收入、金融商品转让收入、经纪代理服务、社会保险费、养老机构提供的养老服务、一年以上的人身保险产品的保费收入（财税〔2016〕36 号）和一年以上的返本还利的人身保险和其他年金保险（财税〔2016〕46 号）等免征增值税。

3. 城市维护建设税、教育费附加税和地方教育费附加

城市维护建设税、教育费附加税和地方教育费附加均为小险种，都是在营业税或增值税的基础上计税，对寿险业的影响相对较小。2016 年 5 月 1 日以前分别按营业税的 7%、3% 和 1% 缴纳，2016 年 5 月 1 日以后分别按增值税的 7%、3% 和 1% 缴纳。营业税和增值税的税收优惠政策覆盖三种小税种。

4. 印花税

印花税是对经济活动和经济交往中订立、领受具有法律效力的凭证的行为所征收的一种税。印花税是保险业缴纳的小税种之一，占总纳税额的比重不到 1%，对寿险业的影响相对较小。我国对人寿保险合同和健康险保险合同免征印花税。印花税的特点是税率低，但是罚款重。未缴或少缴印花税的行为为偷税，罚款占未申报的 50%~500%。

三、保险费缴纳阶段的税收优惠政策

1. 补充养老保险所得税优惠政策

2000 年，国务院颁布了《关于完善城镇社会保障体系的试点方案》，规

定对试点地区的企业可将补充养老保险在工资总额 4% 以内的在税前列支。各试点地区的补充养老保险税收优惠政策不同，企业缴纳的保险费在工资总额 4%~8% 以内的部分可以税前列支。2002 年，财政部和劳动保障部联合发布的《关于企业补充医疗保险有关问题的通知》指出，企业补充医疗保险费在工资总额 4% 以内的部分，可以从企业成本中进行列支。2009 年 6 月，财政部和国家税务总局发布的《关于补充养老保险费、补充医疗保险费有关企业所得税政策问题的通知》规定，自 2008 年 1 月 1 日起，对企业为本企业全部员工支付的补充养老保险费（企业年金）和补充医疗保险费分别在工资总额 5% 以内的，准予在计算所得税前扣除。税收优惠政策激发了市场推广团险业务的积极性。2001~2009 年，团险业务在总保费中的占比持续下降，但各年团险保费收入仍然保持着较高的增速。其中，2008 年团险保费收入达到 405.44 亿元，较 1991 年增加了 5 倍以上。

部分公司利用这一税收优惠政策寻租，将补充养老保险（企业年金）、补充医疗保险等列支为企业员工福利，提高了团体保险保费税收优惠的限额（按职工福利享受的免税上限为工资总额的 14%）。部分公司甚至出现通过为公司购买团险享受免税优惠后退保的方式，将退保费用打入个人工资账号等不规范行为。2009 年 12 月，财政部下发《关于企业加强职工福利费财务管理的通知》，明确指出补充养老保险费（企业年金）和补充医疗保险费等不属于企业的职工福利费。这一政策降低了团体保险税收优惠标准，即单位缴纳的补充养老保险（企业年金）和补充医疗保险分别在工资总额 5% 以内的才能享受免税优惠，也降低了单位团险保费缴纳享受的税收免税优惠，对团体保险业务的发展造成了较大的影响。2010 年，团险保费收入 92.43 亿元，较 2008 年的保费规模大幅缩减。

2. 健康险所得税优惠政策

健康险是寿险的重要组成部分之一，可以弥补社会保险中基本医疗保险不足的风险领域。随着我国人口老龄化形势的加剧，市场对疾病风险保障需求不断攀升。为促进健康险市场快速发展、激发市场消费活力，我国制定了针对健康险的所得税优惠政策。

2015 年 5 月，财政部、国务院和保监会联合下发了《关于开展商业健康保险个人所得税政策试点工作的通知》，针对试点地区个人购买的符合商业健康保险的支出免征个人所得税，扣除限额为 2400 元/年，试点地区为北京、天津、上海、重庆四个直辖市以及各省、市人口规模较大，且具有较强综合管理能力的城市。2017 年，财政部等发布《关于将商业健康保险个人所得税试点政策推广到全国范围实施的通知》，自 2017 年 7 月 1 日起，将商业健康保险个人所得税试点政策推广到全国范围实施，我国商业健康险个人所得税税优（以下简称"健康税优"）产品正式在全国推广。2017 年，全国健康税优产品累计实现保费收入 1.26 亿元。随着我国税收体制改革的推进和完善，健康税优产品购买手续的逐渐简化，未来健康税优产品市场份额还存在较大的上升空间。

四、保险金领取阶段的税收优惠政策

我国对保险金实行全额免征个人所得税政策，部分国家或者地区则对保险金给付执行有限额的免征政策。

从税收优惠政策对寿险业务发展的影响来看，在没有征收遗产税的情况下，我国保险金领取免征个人所得税的税收优惠对个人或家庭寿险消费的激励作用并不明显。部分国家或者地区征收遗产税，保险金一般不征收遗产税和个人所得税，寿险消费者可以通过购买身故责任性质的保险产品的方式，享受保险金领取阶段的所得税免税优惠，合理减轻遗产税的税负。2012 年，美国定期寿险和终身寿险产品的保费占比达到 53% 左右[1]，很大的一个原因是美国推行了较高比例的遗产税，身故型的保险产品可以起到合理规避遗产税的作用。我国短期内不会推行遗产税等税收负担，我国寿险消费不受此种税种影响。

五、税收递延优惠政策

个人税收递延型商业养老保险在保险费缴纳阶段按照一定标准准予扣除，不缴纳个人所得税，在保险金领取时按一定标准征收个人所得税。个人税收递延型商业养老保险政策是发达国家或地区普遍采用的应对人口老龄化问题的措施，在激发商业保险消费方面发挥了较好的作用，缓解了多国人口老龄化给社会保障增加的负担。

2018 年 4 月，财政部等 5 个部门联合发布《关于开展个人税收递延型

---

① 孙祁祥，郑伟等. 中国保险业发展报告 2013 [M]. 北京：北京大学出版社，2013.

商业养老保险试点的通知》，自2018年5月1日起，在上海市、福建省（含厦门市）和苏州工业园区进行个人税收递延型商业养老保险试点，试点一年。在保费收入缴纳环节，对工资薪金、连续性劳务报酬所得的个人，按照当月工资薪金、连续性劳务报酬收入的6%和1000元两者的最低额度税前扣除；个体工商户生产者、个人独资企业投资者、合伙企业自然人合伙人和承包承租经营者，按照不超过当年应税收入的6%和12000元两者的最低额度税前扣除。在养老保险账户资金管理期间，计入个人商业养老金账户的投资收益，暂不征收个人所得税。在个人领取商业养老保险金时，对养老金收入的25%免征所得税，对养老金收入的75%按照10%的比例税率计算缴纳个人所得税，税款计入"其他所得"项目。

个人税收递延型商业养老保险政策是我国商业养老保险的一项重要税优政策，对我国发展商业养老保险具有重要意义，弥补了我国商业养老保险在社会保障体系中长期缺位的局面。税收递延型养老保险试点以后在社会上引起了较大反响，试点地方政府和保险公司都积极推进该项政策的落地。但是，由于个税制度安排配套跟进不足、税延期限计算复杂、激励措施有限（税优力度、佣金刺激力度①有限等）、个税起征点提升导致纳税人数不稳定等原因，税收递延养老保险试点并未取得预期效果，个人、保险公司和有关部门对税收递延养老保险的态度都不积极，部分保险公司通过内部自费消费完成试点任务。目前，我国税收递延型养老保险政策仍在进一步完善过程中，未来将根据试点过程中的问题进一步调整税优政策。

---

① 个人税收递延养老保险产品的费用率（初始费用率+管理费用率）的上限为2%，其他寿险期缴保单直接佣金率的上限为5%。

第六章 中国寿险市场增长的影响因素的实证分析

第一节 模型构造和变量的描述性统计分析

一、寿险需求模型的理论基础

Yaari（1965）是最早研究寿险需求的学者。Fischer（1973）用保费表示寿险需求，提出了消费者在不依靠劳动收入，仅以财富生存时的寿险需求模型。Lewis（1989）对 Yaari（1965）的寿险需求模型进行了扩展，用保额表示寿险需求，提出了寿险需求模型。国内外大部分研究都采用多元模型来分析寿险需求的影响因素。

二、模型构造与设计

1. 整体模型

不同文献对寿险需求指标的选择存在略微差异，保费、保额、寿险密度和寿险深度等都是这些文献表示寿险需求的常用指标。保费是多数文献选用表示保险需求的指标。由于部分投资型寿险产品的保额数据很难获取，且保单上载明的保险金额并不是最终的实际赔付支出，特别是分红险、万能险、投资险等最终赔付支出受投资收益影响较大，难以获得保险金额数据。寿险密度、寿险深度等指标主要反映寿险业平均发展水平，侧重于分析市场平均寿险需求情况。因而，本书以保费来表示寿险需求水平。

$$\ln y = \ln\alpha + \ln X + \varepsilon \tag{1}$$

其中，y 代表寿险需求，用保费收入表示；X 表示影响寿险需求的因素，本文选择 GDP、人口（人口总数、少年抚养比和老年抚养比）、金融发展水平（银行资产总额和利率）、保险供给因素（代理人数量和银行网点数量）、保险公司数量、社会保障水平（养老基金收入和医疗基金收入）、寿险费率政策（3 个阶段）和保险资金运用政策（4 个阶段）等作为核心解释变量；ε 表示随机误差项。

团险渠道、寿险费率政策、保险资金运用政策、偿付能力监管制度和税收政策等很难用数字定量化描述，本文将这些变量设为虚拟变量，考虑响应的政策变化对寿险需求的影响作用。

2. 分组模型

当经济发展水平不同时，其对寿险需求的影响效应可能也不同。本文根据以往文献，将人均 GDP 分为 1000 美元以下、1000~3000 美元、3000~7000 美元和 7000 美元以上 4 组，分别研究经济发展水平对寿险需求的影响效应。人均 GDP 在各水平上的寿险需求模型分别为：

$$\ln y_1 = \ln\alpha_1 + \ln X_1 + \varepsilon_1 \tag{2}$$
$$\ln y_2 = \ln\alpha_2 + \ln X_2 + \varepsilon_2 \tag{3}$$
$$\ln y_3 = \ln\alpha_3 + \ln X_3 + \varepsilon_3 \tag{4}$$
$$\ln y_4 = \ln\alpha_4 + \ln X_4 + \varepsilon_4 \tag{5}$$

其中，模型（2）、（3）、（4）和（5）中的变量 y_1、y_2、y_3 和 y_4 分别表示各人均收入水平分组上的寿险需求水平；X_1、X_2、X_3 和 X_4 为解释变量，根据需求层面、供给层面和制度层面的因素进行选择；ε_1、ε_2、ε_3 和 ε_4 分别表示各模型的随机误差项。

三、变量的描述性统计分析

GDP 与社会保障水平、人口总数、银行资产总额、股票市场交易额、金融发展水平（M1/GDP、（M2−M1）/M2）和一年期定期存款利率等变量存在高度共线性，即使变更各变量在模型中的形式，也不能消除高度共线性的影响。寿险费率改革和保险资金运用政策改革存在重叠情况，偿付能力监管制度、税收政策等对行业的影响是近期发生的，部分变量观察值较为有限。因此，在实际回归中，根据实际情况选择部分变量作为核心解释变量，分析各因素对寿险需求的影响效应。实证分析中变量的描述性统计量如表 6-1 所示。

表 6-1　实证分析中变量的描述性统计量

变量	均值	方差	最小值	最大值	变量个数
寿险保费（亿元）	4511.2	6657.1	0.159	26746.35	36
GDP（亿元）	209530	245051.3	5373.4	827121.7	36
人均 GDP（元）	15714.83	17773.87	533	59660	36
股票交易额（亿元）	155278.9	179013.6	1048.15	567086.1	26
银行资产总额（亿元）	499700.5	714981.6	3618.4	2524040	36
银行网点数（万个）	14.28	4.87	7.82	23.91	36
保险公司个数（个）	50.36	57.96	1	170	36
代理人个数（万人）	297.31	192.41	105	806.94	29
社会保障水平（亿元）	12910.73	16902.62	146.7	61241.2	29
人口数（万人）	123700.9	11223.83	101654	139008	36
少年抚养比（%）	32.30	8.62	22.1	54.6	30
老年抚养比（%）	10.88	2.00	8	15.9	30
一年期定期存款利率（%）	0.05	0.03	0.03	0.015	36
金融发展水平（%）	0.57	0.12	0.33	0.72	36
上证综合指数	2002.15	1133.29	555.3	5261.6	26

数据来源：《国家统计局》《中国金融年鉴》《中国保险年鉴》等。

表 6-1 中各变量的取值均在合理范围内，不存在极端异常值。银行网点包括中国人民银行、中国银监会等所有银行机构在内，保险公司包含寿险公司和产险公司。2003 年以后，修订的《保险法》规定产险公司可以经营短期性质的意外险和健康险，本文的寿险保费既包含人寿保险，也包括意外险和健康险，故而，将产险公司数量也纳入模型的考虑范围。由于保险公司个数的对数值与 GDP 对数值之间的相关系数达 0.9 以上，故而，本文采用保险公司个数的一阶差分来反映其与寿险需求的关系。社会保障水平包括社会保障基金中的养老基金和医疗保险基金收入，这两种社会保障与商业保险存在一定的替代关系，可能会对寿险需求产生一定的抑制作用。部分消费者在购买投资理财型寿险产品时，往往会与存款利率进行比较，所以，利率也是影响部分寿险需求的因素。一年期定期存款利率是根据各

年利率调整的加权平均值计算的。金融发展水平采用（M2-M1）/M2 表示，以往文献（Li，2007）等多采用这一方法来研究金融发展水平对保险业的影响。由于 1982~1992 年的 M2 值缺失，故而，寿险恢复营业初期，以 M1/GDP 来表示金融发展水平。银行网点数与寿险业发展可能存在关联性，寿险业恢复营业之初，主要依托银行网点代办保险业务，2000 年以后，寿险投资理财型产品大量通过银行网点代为销售，故而，本文也考虑了银行网点数变化对寿险需求的影响。寿险费率政策改革和保险资金运用政策改革需要通过全样本数据来分析政策效应带来的变化，因而，在模型拟合回归时，未考虑代理人数量、抚养率、上证指数等变量的影响。

第二节　实证结果及相关的政策含义

一、模型回归结果

影响寿险需求的因素较多，本书采用逐步回归法，将寿险保费收入的对数值作为因变量，将 GDP 对数值作为基础核心解释变量，并逐步引入其他解释变量。当在模型中引入一年期定期存款利率、实际利率（一年期定期存款−通货膨胀率）和金融发展水平等指标时，AIC 和 BIC 的值明显变差，模型整体拟合效果也不好，所以，模型中不考虑引入这两个解释变量。GDP 的对数值与银行资产总额的对数值、人口数的对数值、社会保障水平的对数值和股票成交额的对数值等变量的相关系数都在 0.9 以上，如果同时引入这些解释变量，可能会导致模型产生严重的共线性，因此，本书模型中没有引入这些变量。寿险费率政策改革和保险资金运用政策改革这两个解释变量都是虚拟变量，部分解释变量可能存在交叉情况，这些虚拟变量同时出现在模型中会产生严重的共线性问题，因而，本书分别单独考虑这两个解释变量对寿险需求的影响效应。

二、模型实证分析

1. 保险监管改革的政策效应

寿险费率政策改革和保险资金运用政策改革都对寿险需求具有显著影响（见表6-2）。与2013年寿险费率政策市场化改革相比，第一阶段（1999年6月之前）的寿险费率政策和第二阶段（1999年6月至2013年7月）的寿险费率政策对寿险需求的影响效应更大。第二阶段的寿险费率政策对寿险需求的影响效应最大，也最为显著。与保险资金运用政策市场化改革相比，前三个时期的保险资金运用政策对寿险需求的影响效应更大，保险资金运用政策在这段时期对寿险需求的影响效应呈递减趋势。

表6-2　政策改革对寿险需求的影响效应

解释变量		模型1	模型2	模型3	模型4
GDP		2.14*** (0.12)	1.98*** (0.10)	1.94*** (0.22)	2.38*** (0.42)
银行网点数			0.99** (0.47)	1.07** (0.54)	0.24 (0.69)
保险公司个数			0.04 (0.02)	0.03** (0.01)	0.02 (0.02)
寿险费率	d1			0.21 (0.51)	
	d2			0.61** (0.30)	
保险资金运用政策	d4				2.05 (1.36)
	d5				1.72* (0.89)
	d6				1.00** (0.42)
常数项		−18.23*** (1.39)	−19.02*** (1.84)	−19.18*** (3.97)	−22.98*** (5.98)
观测值个数		36	35	35	35
R-squared		0.90	0.94	0.95	0.95

注：***，**，*分别表示变量在1%、5%和10%的显著性水平上显著，括号中的数值为标准差。

2. 经济发展水平差异对寿险需求的影响效应

当国家经济发展水平处于不同阶段时，收入对寿险需求的刺激作用是不同的（见表6-3），本书的结论与以往研究结果一致。在寿险业发展的初期阶段，经济发展对寿险需求的刺激作用更为显著。随着我国经济实力的逐步提高，经济发展对寿险需求的刺激作用减弱，我国人均GDP在1000~

3000 美元时，经济发展对寿险需求的刺激作用最弱。当我国人均 GDP 突破 3000 美元以后，经济发展对寿险需求的刺激作用加强，但与寿险业发展的初期阶段相比，经济发展对寿险需求的带动作用较弱。多数研究表明，经济发展处于中等阶段时，经济发展对寿险需求的带动作用更强。我国人均 GDP 在 2014 年突破 7000 美元，但是由于这一阶段的数据有限，因此当经济发展到较高水平时，经济发展对寿险需求的带动效果还需要进一步检验。

表 6-3　收入水平差异对寿险需求的影响效应

解释变量	AGDP<1000	1000≤AGDP<3000	AGDP≥3000
GDP	2.00 ** (0.87)	0.72 *** (0.08)	0.80 *** (0.10)
银行网点数	7.52 ** (2.81)	−0.53 ** (0.07)	−2.12 *** (0.59)
保险公司个数		0.003 (0.001)	−0.02 (0.01)
金融发展水平	−10.27 * (5.33)	−1.81 (2.02)	
定期存款利率			−6.45 (5.57)
常数项	−32.8 *** (4.36)	1.68 (1.41)	4.39 * (2.03)
观测值个数	19	7	10
R-squared	0.89	0.997	0.98

注：各组人均 GDP 临界值单位是美元，中国人均 GDP 在 2001 年突破 1000 美元，在 2008 年突破 3000 美元。

3. 寿险需求的影响因素分析

（1）银行网点数量的影响。从表 6-2、表 6-3 和表 6-4 中可以看出，银行网点数量对寿险需求的影响作用在正值和负值之间变化，这主要是由模型中观测值的个数差异造成的，并非模型拟合本身存在的错误。在我国寿险业的发展历史中，寿险业在恢复营业和起步发展的相当长一段时期内，银行网点数的增加在带动寿险需求方面发挥了较大的作用，银行网点数量的增加促进了寿险保费收入的增加，这与寿险业发展的实际情况相符。在寿险业发展初期阶段，主要通过银行网点代办和团体业务等方式发展，银行网点数量扩张对寿险需求增加具有正向带动作用。随着寿险市场的不断发展成熟，银行网点数量的增加在一定程度上抑制了寿险需求的增长。近 20 年来，随着寿险业银保渠道的兴起和发展，寿险手续费率不断攀升，寿险公司经营成本不断上升，行业出现恶性竞争，在一定程度上抑制了寿险需求增长，这与我国寿险业发展的实际情况也基本一致。

（2）保险代理人数量的影响。近 20 年来，随着保险代理人营销模式的引入，个险代理人数量增加对寿险需求增加具有明显的作用。个险代理人数量增加对寿险需求的拉动作用明显强于银行网点数量增加以及保险公司数量增加所产生的作用。模型的实证分析结果与我国寿险业发展的实际情况基本一致。这再次证明了保险代理人在我国寿险需求中的作用，中国保险业所拥有的销售渠道对行业发展具有重要作用。保险公司数量的增加对寿险需求具有较弱的正向拉动作用，但是这种拉动作用更多的是间接效应，保险公司数量增加或将加大保险代理人队伍规模的扩张，进而拉动寿险需求增加，模型的实证分析结果隐约反映出了这种现象。

（3）上证综合指数的影响效应。上证综合指数上升对寿险需求具有较弱的负向作用。行情较好的股票证券市场可能会分流一部分投资理财型寿险消费，从而在一定程度上抑制寿险需求，模型的实证分析结果与经济规律基本一致。

（4）模型解释变量选择情况的说明。当少年抚养比、老年抚养比、金融发展水平、利率、银行资产总额和股票成交额等变量引入寿险需求模型时，模型的整体拟合结果会变差，而 AIC 和 BIC 的检验值反而会增大。因此，在本书实证分析中并未采纳这些变量作为解释变量。社会保障水平和人口总数与 GDP 存在高度相关性，本书也未考虑这两个因素对寿险需求的影响。偿付能力监管制度改革和税收优惠政策效应等因素难以进行量化分析，本书也未考虑其对寿险需求的定量化影响。

表 6-4　寿险需求的影响因素分析

解释变量	模型 5	模型 6	模型 7	模型 8
GDP	0.70^{***} （0.11）	1.50^{***} （0.11）	0.71^{***} （0.10）	0.73^{***} （0.09）
银行网点数		-0.61^{**} （0.29）	-0.23^{**} （0.09）	-0.27^{***} （0.09）
保险公司个数	0.006^{*} （0.003）	0.01 （0.01）	0.003 （0.003）	0.003 （0.003）
代理人个数	0.62^{***} （0.13）		0.59^{***} （0.11）	0.60^{***} （0.11）
上证综合指数		-0.00001 （0.001）		-0.00003 （0.00002）
常数项	-3.50^{***} （0.81）	-8.95^{***} （1.75）	-2.88^{***} （0.72）	4.39^{*} （2.03）
观测值个数	17	26	17	17
R-squared	0.987	0.968	0.992	0.993

第三节　中国寿险市场增长的归因总结

一、各种影响因素的总体评价

前几章的研究表明，中国寿险市场增长是多种因素综合作用的结果，经济发展、人口变迁、金融市场发展、寿险销售渠道创新、寿险产品驱动、寿险费率政策改革、保险资金运用政策改革、社会保障制度改革和税收制度改革等在我国寿险市场发展中都发挥了重要作用。中国寿险市场在过去40年的发展中取得的成绩，都与这些因素相关。各种因素的形成具有特殊的历史环境和条件，在不同时期其对寿险市场增长的推动作用不同。

二、寿险市场增长的核心动力

寿险销售渠道创新和寿险产品驱动是过去中国寿险市场增长的核心动力。寿险产品主要是依靠渠道推广的，产品驱动也是通过销售渠道体现的，销售渠道发展作为寿险市场增长最核心的动力，体现了寿险行业发展以渠道为王的发展特点。

三、寿险市场增长的驱动因素

经济、人口和金融市场发展等需求层面的因素是寿险市场增长的内在驱动因素。经济发展水平的不断提高是我国寿险市场增长的经济基础；人口数量和人口结构的变迁是我国寿险市场增长的内在根源；金融市场发展水平的不断提高为我国寿险市场的发展创造了良好的发展平台。寿险费率改革、保险资金运用政策改革、社会保障制度改革和税收制度改革等多项改革红利是我国寿险市场增长的重要推手。寿险费率改革在调节寿险产品价格波动、稳定寿险市场方面发挥了重要作用。保险资金运用政策在平衡保险资金安全和保险资金盈利能力方面发挥了重要作用，是规范保险资金运用行为，维护保险资金健康盈利环境的重要工具。社会保障制度改革明确了我国社会保障在社会保障制度体系中的地位和作用，将释放出更多的保障需求空间，为寿险市场的发展腾挪发展空间；税收优惠政策对保险行业的发展起到了较好的鼓励和支持作用，在特定的历史环境下推出适度的税收优惠政策，可以更好地激发寿险消费的积极性。

第七章 中国寿险市场转型的必要性及转型发展策略分析

当前我国寿险市场的发展模式是在过去特殊历史时期和环境下形成的，这种寿险市场的发展模式曾经在带动我国寿险市场快速发展方面发挥了重要作用。然而，近年来，随着国际经济发展局势的变化和我国经济发展环境的变化，旧有的发展模式难以适应当前我国经济社会发展的要求，难以在旧模式下维持高速增长的状态，难以有效支持我国经济的转型发展。当前我国尚未达到发达国家的经济水平，但人口老龄化却呈加剧趋势，未来，我国将面临着严峻的养老、医疗等问题，潜在的风险敞口巨大，这对寿险业的承保能力有较高要求，也需要寿险业改变旧有的发展模式。寿险转型发展所依赖的主要载体是销售渠道、寿险产品和盈利模式等，这些因素都是寿险公司自己可以有效支配或调节的。经济发展水平、人口结构、社会保障和税收制度等因素则受宏观经济系统的影响，并非保险公司或者保险行业可以驾驭的。保险监管制度、保险资金运用政策，寿险费率政策以及金融发展水平等主要受经济发展大环境的影响，不是某家保险公司可以操作或控制的。所以，寿险转型发展更多地体现在渠道和产品等转型方面。

第一节 中国寿险业发展中存在的问题

一、寿险业务结构问题

1. 寿险保费主要来源于新单，续期保费贡献较低

在中国寿险市场快速扩张时期，新单保费是寿险保费收入的主要来源，

续期保费在总保费中的贡献较低。续期保费和新单保费之和为当年寿险总保费收入，续期业务反映了往年期交业务积累的保费规模，新单业务是当年新开发的保险业务。2005～2011年，在寿险公司保费收入中，续期保费的占比基本上都在40%（见表7-1）以下，2008年，续期保费在总保费中的占比最低，不到30%；新单在总保费中的占比基本上都在60%以上，是寿险公司保费收入的主要来源。2010年，美国续期保费在总保费中的占比为68.8%，续期保费是寿险保费收入的主要来源。中国台湾地区的续期保费收入在绝大多数年份都保持在50%以上，2013年和2014年，全部寿险业务的续期保费占比分别为57.18%和57.79%。

表 7-1　寿险公司保费收入结构

年份	总保费	总保费增速（%）	续期	续期增速（%）	续期占比（%）	新单	新单增速（%）	新单占比（%）
2005	3644.9		1288.0		35.34	2356.9		64.66
2006	4059.1	11.36	1547.0	20.11	38.11	2512.1	6.58	61.89
2007	4946.5	21.86	1590.8	2.83	32.16	3355.7	33.58	67.84
2008	7342.6	48.44	1956.5	22.99	26.65	5386.1	60.51	73.35
2009	8144.2	10.92	2506.9	28.13	30.78	5637.3	4.66	69.22
2010	10500.9	28.94	3373.0	34.55	32.12	7127.9	26.44	67.88
2011	9560.0	-8.96	3881.9	15.09	40.61	5678.1	-20.34	59.39

资料来源：《中国人寿研究报告（2013）》。

续期保费是衡量公司实力的一个重要标准，寿险公司必须形成续期业务优势，才能保持较好的可持续性。2005～2011年，我国续期保费的增速较为平稳，是拉动寿险保费增长的重要力量。2011年，寿险公司在总保费增速大幅下滑的情况下，续期保费仍保持着15%以上的增速，成为阻碍寿险保费增速大幅下滑的重要力量。2005～2010年，在我国寿险保费增速大幅增长的同时，新单保费也维持了较高的增速，成为寿险市场增长的主要拉动力量，但是，新单保费增速极不稳定，容易引起总保费增速的大幅波动。2006年、2009年和2011年，新单保费增速较低，总保费增速也较低。

2. 新单保费主要来源于趸交，期交保费占比较低

新单保费主要有期交和趸交两种交费方式，期交保费的绝大部分会转化为下一年的续期保费收入，对续期保费增长具有重要影响。多年以来，

中国趸交新单保费占比高达 70 以上，绝大多数年份的期交新单保费占比在 25% 左右（见表 7-2）。2005~2010 年，期交保费增速基本上都保持在 30% 以上，处于快速增长阶段，但是，保费规模远不及趸交业务。新单保费规模扩张主要受趸交业务驱动，期交业务对续期业务保费的贡献相对小。

表 7-2　新单期交原保费及其增速　　　　　　单位：亿元，%

年份	2005	2006	2007	2008	2009	2010	2011
新单期交保费	440.6	512.3	769.04	1023.17	1365.11	1804.54	1478.65
新单期交增速	30.2	9.91	50.71	33.05	33.42	32.19	-18.06
期交在新单中占比	22.5	21.73	25.1	19.76	25.16	26.22	27.56
趸交在新单中占比	77.50	78.27	74.90	80.24	74.84	73.78	72.44
年份	2012	2013	2014	2015	2016	2017	
新单期交保费	1469.79	1470.38	1747.64	2468.71	4253.24	5772.17	
新单期交增速	-0.6	0.04	18.86	41.26	72.29	35.71	
期交在新单中占比	30.35	29.43	26.61	26.5	30.65	37.59	
趸交在新单中占比	69.65	70.57	73.39	73.5	69.35	62.41	

资料来源：根据各年《中国保险年鉴》。

从期交保费的结构来看，中国期交保费的保险期限多在 10 年以下，绝大部分为 5 年以下的期交业务。2013 年，寿险行业 10 年以上的期交保费占比为 29.4%，国内七大寿险公司十年以上的期交保费占比达 63.9%。这表明，中国约 70% 以上的期交业务为十年以下的短期业务，中小型寿险公司的寿险业务绝大部分为短期期交业务。短期期交业务，特别是 5 年以下的短期期交业务主要为理财型寿险业务，反映了市场对投资理财的需求，并非风险保障需求的真实反映，这类业务占比越高，寿险市场的保障功能越弱，寿险业务结构越扭曲。

3. 寿险保费主要来源于投资型产品，保障型产品占比较低

投资理财型寿险产品是我国寿险公司总保费收入的主要来源，普通寿险及意外险、健康险等保障性强的寿险产品占寿险公司保费收入的较少部分（见表 7-3）。

表 7-3　各类寿险产品在寿险公司总保费中的比重　　　　单位:%

年份	2005	2006	2007	2008	2009	2010	2011
普通寿险	21.29	19.82	16.81	11.51	10.48	9.71	8.76
意外险和健康险	11.15	12.12	10.04	9.09	8.55	7.53	8.99
投资型寿险	67.56	68.05	73.14	79.40	80.99	82.77	82.25
年份	2012	2013	2014	2015	2016	2017	
普通寿险	8.64	10.54	33.28	42.15	47.61	49.59	
意外险和健康险	10.46	12.19	14.05	16.45	19.53	17.59	
投资型寿险	80.90	77.27	52.67	41.41	32.86	32.83	

资料来源：根据各年《中国保险年鉴》整理。

从投资型寿险占比来看，自 2005 年以来，随着银保渠道的兴起和发展，我国投资型寿险在总保费中的占比持续上升。2005~2007 年，投资型寿险在寿险公司总保费中的占比接近 70%。2009~2011 年，投资型寿险占比升至 80% 以上，到 2010 年达到最高值 82.77%。2011 年以后，随着我国寿险业务结构的调整，投资型寿险在寿险公司总保费中的占比有所下降。2013 年，投资型寿险占比下降至 77.27%，但仍然是我国寿险保费收入的主要来源。投资型寿险是由传统寿险产品发展而来的，包括分红险、投资连接险和万能险，这类产品的保障功能较低，保障期限一般较短，是投资理财型的寿险产品，能够反映市场对投资理财的需求。

从普通寿险占比来看，2005~2012 年，普通寿险在寿险公司总保费中的占比持续下降，2005~2007 年，普通寿险的市场份额保持在 15% 以上；2008~2009 年，降至 10% 左右；2010 年以后，降至 10% 以下；2012 年，达到最低点 8.64%。普通寿险包括定期寿险、普通终身寿险、普通两全寿险和普通年金寿险，其中，定期寿险是纯保障型的寿险产品，其他三种产品则是储蓄保障型的寿险产品。2011 年，寿险市场开始转型调整，普通寿险在寿险总保费中的占比逐渐回升。2014 年，中国保监会调整了高现金价值产品的定义，普通寿险在寿险总保费中的占比大幅提升，2014 年，普通寿险保费占比较上年上升了 22.74 个百分点。2014~2017 年，普通寿险保费占比持续上升，2015 年，普通寿险保费占比超过投资型寿险，成为寿险市场第一大保费来源。2017 年，普通寿险保费占比达到 49.59%。

从意外险和健康险的占比来看，2005~2010 年，意外险和健康险在寿险公司总保费中的占比持续下降。2005~2006 年，意外险和健康险在寿险公司总保费中的占比均在 11% 以上，到 2009 和 2010 年降至 8% 左右的水平。意外险和健康险基本上没有分红等投资功能，是保障型的产品。2011 年以后，随着我国健康险市场的不断扩大，意外险和健康险保费的占比持续上升，2016 年，意外险和健康险在寿险公司总保费中的占比升至近 20%，但相对于整个寿险市场的保费规模来说仍然较低。

二、寿险增长方式问题

1. 重理财、轻保障

中国同其他亚洲国家一样是典型的储蓄消费型社会，"量入为出、勤俭节约"是中国几千年以来的传统消费模式。中国寿险市场正是抓住了消费这一特点，在保险最基本的保障功能的基础上，融入了储蓄和投资理财的元素，陆续推出了储蓄保障型寿险产品以及投资理财型寿险产品，带动了中国寿险市场的快速发展。20 世纪 90 年代末，中国寿险市场开始引入新型寿险产品，随着银保渠道的兴起和发展，投资型寿险产品在寿险总保费中的占比不断上升，成为推动寿险市场增长的重要动力。2005 年以来，投资型寿险产品在寿险总保费中的占比持续上升，保持在 70% 左右，2010 年，投资型寿险产品保费占比高达 82.77%，是消费者购买的主要寿险险种。

投资型寿险产品的保障功能较弱，保险期限一般较短，多为 10 年或者 5 年以下，能够反映市场对投资理财型保险的资本增值功能的需求。普通寿险、意外险和健康险等多为保障型寿险产品，这类产品的保障功能较高，可以通过保险的杠杆撬动更高的保险金额，提升风险保障的作用。我国普通寿险保费占比在 2005 年以后，迅速下降至个位数，意外险和健康险之和仅占寿险公司总保费的 10% 左右，与投资型寿险产品的市场份额相差较大。

这种寿险业务的发展结构导致我国寿险的保障功能过低，居民的生命风险难以获得有效保障。当前，我国经济社会中的许多矛盾都与我国保障体系发展不健全有较大的关系。商业保险也是社会保障体系的重要组成部分，但未能充分起到分担社会保障负担的作用。2000 年，我国进入人口老龄化社会，21 世纪我国将面临严峻的人口老龄化问题，未来，与人口老龄化相关的养老、疾病、护理和死亡等风险隐患将加剧。若未能提前做好防范，或将引发严峻的社会问题，影响我国经济发展的质量和效率。

2. 重保费规模扩张、轻价值增值

1992 年，中国平安公司成立，打破了寿险市场由中国人民保险公司独家垄断的格局，国内寿险公司数量不断增加。2001 年，中国加入 WTO 以后，中国寿险市场对外开放的程度进一步提高，大量外资公司开始纷纷进入中国保险市场，加剧了寿险市场的竞争性。为了抢占寿险市场份额，寿险公司之间展开了激烈的争夺，在"保费论英雄"的评价体制下，寿险负债久期较长的特点决定了当期保费收入是寿险公司管理层可以控制的资产，大量保险金的支付需要经过若干年后由下一任管理层负责，导致寿险公司"自上而下"都有较强的保费驱动。营销员和代理人的收入与保费规模及增员数量直接挂钩，监管部门以及社会对保险公司的业绩考核和管理也与保费密切相关。寿险公司陷入保费规模扩张的竞争循环，大规模发展银保渠道和趸交业务，在银保渠道大量销售 10 年期甚至是 5 年期的理财型寿险产品，2008 年，银保渠道销售的寿险产品约 80% 为 5 年期趸交分红型寿险产品，寿险保险期限呈现出短期化趋势。短期理财型寿险产品的保障功能较低，产品的内含价值较低，资本消耗和占用量较大，而且保险期限较短，期满时保险公司将面临较大的现金流出压力。因此，为保持偿付能力充足，保险公司必须在这类产品期满之前不断开发新的短期理财型业务，以保持充足的现金补给。因而，这类业务占比较大的保险公司的发展模式难以突破这种恶性循环，资本的投资回报率较低，难以吸引长期投资者。

银保渠道和趸交业务对宏观经济和外在环境的变化比较敏感，在经济形势较好的时候能快速带动寿险市场的发展，扩大寿险保费规模。2000～2010 年，在我国经济快速发展的同时，银保渠道和趸交业务的发展模式带动了我国寿险市场的快速发展。2000 年，我国银保渠道在寿险总保费中的占比约为 5% 左右，2010 年，银保渠道在我国寿险总保费中的占比已经高达 40% 以上，成为我国寿险保费收入的主要来源。当银保渠道政策收紧时，寿险业务发展也会受到较大的影响。2011 年，保监会收紧对银保渠道的政策，银保保费大幅缩减，寿险保费大幅缩减，增速为−8.57%，出现了十多年来的首次负增长，直到 2014 年，寿险保费规模才恢复至两位数的正增长。

2005～2010 年，我国新单保费对寿险公司总保费的贡献高达 60% 以上

（见表7-1），2008年，新单保费占比最高时曾达73.35%，新单保费规模的快速扩张带动了我国寿险市场的快速增长。但是，我国新单保费的快速增长绝大部分是由趸交保费带动的，趸交保费在新单保费中的占比达到70%以上（见表7-2），期交保费在新单保费中的占比仅为25%左右。从整个寿险市场保单的期限结构来看，趸交保单占寿险公司总保费收入的50%左右；期交保单占寿险公司总保费收入的15%左右，在寿险市场增长中的贡献较低。期交保费是未来续期保费收入的主要来源，期交保费占比过低，意味着续期保费在总保费中的增长减缓，会降低寿险市场增长的可持续性。同时，趸交保单的内含价值较低，资本消耗比较大，对来年的现金流影响较大，从长期来看不利于整个保险市场的持续发展。

2009年，中国保监会发布了《关于进一步加强结构调整，转变发展方式，促进寿险业平稳健康发展的通知》，要求保险公司破除"规模、市场份额、资产规模、保费排名"等观念的束缚，综合运用规模类指标、结构类指标、保障类指标和品质类指标，全面评估寿险市场结构调整的成效。但在实际监管中，保险公司的评价和考核指标仍然是保费规模和资产规模，保险业发展"十二五"规划仍然将保费收入和资产规模作为发展指标。

3. 盈利模式单一，过度依赖于投资收益

寿险业的利润主要来源于承保利润和投资收益，承保利润主要由死差益和利差益构成。我国寿险业经过30多年的发展，目前，各家公司死差益和费差益基本都趋于零，极个别的寿险公司存在费差益，但是规模不大。投资收益是由保险资金投资业务所创造的收益，而利差益是保险公司的投资收益率高于责任准备金计算时所采用的预定利率时的收益。

中国寿险产品种类较多，目前，寿险产品的主流产品仍然是分红险，分红险占中国寿险保费收入的80%左右。分红险的主要特点是低风险保障、高保险费、高资产负债积累率、高现金价值和低预定利率[1]。2013年8月，我国出台了普通寿险费率市场化改革政策；2015年2月，我国出台了万能险费率市场化改革政策；2015年7月，出台了分红险费率市场化改革政策。目前，除意外险费率市场化改革尚未完成之外，其他寿险产品基本上都完成了费率市场化改革。按照1999年6月的寿险费率政策，分红险预定利率不得超过年复利的2.5%，我国分红险预定利率一般设置在1.5%~2.5%。

---

① 李良温. 寿险费率改革需看银行利率市场化的眼色 [J]. 中国保险，2014（1）：8-9.

只要保险公司的投资收益率高于预定利率就可以产生利差益。除了 2008 年整个行业保险资金投资收益率为 1.91%（见图 7-1），低于 2.5% 以外，其他年份我国保险资金投资收益率均高于 2.5%，2007 年，保险资金投资收益率最高时曾高达 10.9%。单个保险公司的投资收益率可能高于或低于保险行业的平均投资收益率。这意味着我国保险行业是存在利差益的。

保监会规定保险公司必须将盈利的 70% 进行分红，如果分红险的预期收益率为 2.5%，则分红险收益率如图 7-1 所示。除 2005 年、2008 年、2011 年、2012 年和 2013 年以外，其他年份的分红型寿险产品的收益率均高于 5 年期定期存款利率（见图 7-1），所以，基于储蓄动机购买的寿险比银行存款更合适。实际中，部分保险公司的投资收益率高于保险行业整体的投资收益率，也就是说，分红险比银行存款更能满足储蓄消费的动机。

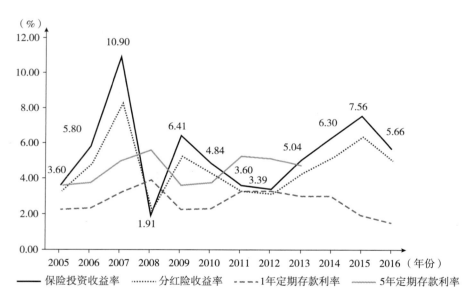

图 7-1　2005~2016 年保险业投资收益率、分红险收益与银行定期存款基准利率

注：分红险收益率=（保险资金投资收益率-预定收益率）×0.7+预定收益率；保险投资收益率为全行业平均投资收益率。

资料来源：https：//news. hexun. com/2019-05-21/197265597. html.

中国寿险消费模式决定了寿险业务结构，寿险业务结构决定了中国寿险市场的盈利模式。我国寿险业的盈利模式主要是投资收益单轮支撑的模式，这种盈利模式对资本市场的变化更为敏感。当资本市场低迷时，保险盈利将受到较大的冲击；当资本市场火爆时，保险盈利水平也较高。从图7-1可以看出，2007年，我国股票市场处于上升期，保险资金投资收益率高达10.9%；2008年，我国股票市场进入调整期，保险资金投资收益率跌至最低点1.91%。

第二节　中国寿险市场转型发展的必要性

一、寿险市场发展面临的新形势

1. 中国经济发展形势的变化

近年来，由于受我国劳动力短缺、资本形成率降低和全要素生产率增长速度慢等因素的影响，多年以来支撑我国经济高速发展的根本动力发生了变化，潜在的经济增长率下降，导致实际经济增速下降，我国经济增速呈现出"L"型发展状态。我国经济发展进入了新一轮的增长阶段，而不是由后金融危机造成的暂时调整。新旧增长动力交替较量，经济发展存在较大的不确定性，尚不明确经济发展的底部及其出现的时间。中美贸易摩擦也给艰难发展的中国经济带来了较大的阻力，国际经济贸易格局正在重新布局，多种因素加剧了中国经济发展未来走势的不确定性。经济发展方式的转变将对各行各业产生深远影响，我国寿险市场的发展同时发生了深刻变化，过去的发展模式在新一轮的经济增长模式下难以为继，维持低速增长也较为困难。

2. 中国人口老龄化形势日趋严峻

21世纪的中国将成为一个不可逆转的人口老龄化社会，人口老龄化形势极为严峻。2000年，中国开始进入人口老龄化，将在较长的一段时期内面临较为严峻的人口老龄化问题，且人口老龄化的问题呈现加剧趋势。2000~2100年，中国人口老龄化的发展趋势总体上可分为三个阶段：第一阶段是2001~2020年，为快速老龄化阶段。在这一阶段，中国平均每年将新增老年人口596万人，老年人口年平均增速为3.28%。2014年，我国65岁以上的人口达到1.38亿，老龄化率达到13.7%。预计到2020年，65岁以上的老年人口将达到 2.48 亿，老龄化率将达到 17.17%。其中，80 岁以上的老年人口将达到 3067 万，占老年人口的 12.37%。第二阶段是 2021~2050 年，为加速老龄化阶段。这个阶段中，在 20 世纪 60 年代至 70 年代中期第二次人口生育高峰时期出生的人进入老龄化阶段，中国老年人口开始加速增长，平均每年增加 620 万。到 2030 年，65 岁以上的老年人口数量将增加到 2.7 亿，与未成年（0~14 岁）的人口数量相当。到 2050 年，65 岁以上的老年人口数量将达到 4 亿，老龄化率将上升至 30% 以上。其中，80 岁以上的老年人口将达到 9448 万，占老年人口的 21.78%。第三阶段是 2051~2100 年，为稳定的重度老龄化阶段。2051 年，中国 65 岁以上的老年人口数量将达到 4.37 亿，为未成年人口数量的 2 倍。在这个阶段，65 岁以上的老年人口数量将维持在 3 亿~4 亿，老龄化率稳定在 31% 左右。其中，80 岁以上的老年人口占老年人口总数的比重基本上保持在 25%~30%，进入高度老龄化的平稳期。

当前，我国正处在快速老龄化的发展阶段，寿险市场的风险正在由过去的生命期过短的风险转向生命期过长的风险转变，市场对由于生命期过长引发的养老、健康和死亡等风险的敞口扩大。随着我国人口老龄化形势的加剧，这种风险敞口呈扩大的趋势。在我国这样一个人口大国，社会保障只能解决"广覆盖、保基本"的问题，社会保障的承载力较为有限，难以满足社会多元化的风险保障需求。商业保险具有强大的承载能力，可以满足市场的多元化保障需求，提供个性化的保障服务，充分弥补社会保障遗留的保障缺口。

3. 多国经济尚未从经济危机中恢复，局部冲突和摩擦不断

2008 年，金融危机引发了全球性的经济危机，多国经济牵涉其中，包括欧洲、美国、日本和韩国等经济发达体。经过近 8 年的恢复调整，多国经济仍未能从经济危机中完全恢复。2015 年爆发的希腊债务危机更是挑战了欧盟体系的完整性。经济发展的严峻形势引发了政治和社会动荡，加剧了局部地区的冲突和摩擦，这种矛盾冲突的发展和升级有可能会引发全球性的冲突，危及世界和平与发展。以美国为首的西方国家加强了对中国经济的封堵和遏制，中国同周边国家的冲突频发，黄岩岛和钓鱼岛的领土纷争，泰国政权更替，越南暴乱引发的中国撤侨等，增加了中国经济"走出去"战略的难度，中国出口贸易的形势仍然较为严峻。2018 年以后，中美贸易摩擦升级并僵持了较长一段时间，尚未明确贸易战停止的时间。这种不确定的世界经济

发展趋势，给中国经济缓解下行压力带来了较大困难。我国是在经济发展水平仍然相对落后的形势下进入人口老龄化社会的，应对人口老龄化的经济基础较为薄弱。在这种局势下，中国经济发展又遭遇了世界经济危机、政治局势动荡等问题，这对中国寿险市场过去的发展模式形成了较强的冲击。

二、我国寿险销售渠道发展存在的问题

1. 个险渠道发展的困境

中国加入 WTO 后，保险业对外开放的力度加剧，随着个险代理人制度的引入及新公司的不断成立，寿险公司对保费规模的争夺引发了个险代理人的恶性竞争，片面追求人力数量，在个险渠道大兴"人海战术"，降低代理人招募门槛，恶意"挖墙脚"，甚至通过"聘才、炒停、炒新"等方式发展个险渠道。"聘才"解决了代理人数量增加的问题，但是寿险代理人的整体素质下降，部分寿险公司为争抢人才将增员与业绩增长画等号，导致"增员—培训—脱落"的低层次恶性循环。片面追求短期利益驱动的粗放式经营助长了个险代理人信用风险、销售误导和"假保单、假理赔、假公司（保险业所称的"三假"）"等市场乱象，扰乱了寿险业的经营秩序，严重损害了寿险业的信誉和形象，导致保险业难以招募到高素质人才。"炒停①、炒新"有助于解决业务问题，但是边际作用在不断下降，甚至绝对值也在下降。

近年来，随着我国劳动力成本的不断攀升、劳动人口增长放缓，营销员收入水平提升缓慢，与其他行业差距加大（2010 年，保险营销员的平均收入为 1640 元，而全国城镇居民的人均可支配收入为 1910 元）。2011~2013 年，个险渠道代理人总量持续下降（见表 7-4），增员的成本不断攀升，队伍的留存率下降，导致渠道业务成本持续攀升，投入产出下降，难以通过粗放式大规模增员的方式实现业务增长。许多中小公司渠道萎缩严重，甚至放弃了个险渠道的发展。

随着我国城镇化的推进，城镇居民社区化加强了对陌生拜访的监控，办公楼加强了安全防范，严格限制非工作人员的进出，这些措施加大了营销员拜访客户的困难，这种发展趋势对我国个险渠道的发展产生了较大的冲击。

---

① 炒停是指保险公司用停止使用保险条款和保险费率等名义宣传炒作，进行销售误导的方式。

表 7-4　2011~2017 年个险代理人渠道保费

年份	2011	2012	2013	2014	2015	2016	2017
持证人数（万人）	342.49	266.83	250	325.29	505[①]	657.28	806.94
保费（亿元）	4267.50	4835.08	5495.9	6174.5	7532.7	10017.41	13065.64
占整个寿险的比重（%）	43.9	47.6	49.9	47.38	47.5	46.18	50.18

资料来源：根据各年保险中介发展报告整理，部分数据来源于 http://insurance.hexun.com/2018-01-31/192356694.html。

2. 银保渠道发展的困境

银保渠道的快速发展造就了中国寿险业发展的黄金十年。然而，由于银行业网点资源的稀缺性，我国保险业和银行业在合作中的地位长期不对等，长期以来，保险业在银保渠道合作中处于弱势地位。特别是在银保渠道一对一代理模式取消，一对多以及一对三代理制度出台以后，银行利用网点资源优势，不断提高保险代理的销售成本，导致银保渠道销售成本不断攀升。在保费规模目标导向的发展策略下，银保渠道粗放式发展模式导致银保渠道出现了一系列不规范销售行为，例如，骗保、变相将存单转为保单、强卖行为等，严重影响了保险业的形象。银保渠道的管理基础和队伍基础比较薄弱，整个队伍的规模、销售能力、管理水平与合作渠道以及市场要求不匹配。

银行业存在高额的存贷款利差收入，2014 年，存贷款利差收入占比大幅下降，但仍然高达 48%，银行自身主业巨大的盈利空间，使银行对代理销售保险业务缺乏充分的积极性。日本和台湾地区的银保渠道发展在很大程度上源自银行执行的接近于零的利率政策，银行的获利主要来源于逐渐缩减的利差收益，需要寻找新的业务增长点。日本银保渠道解禁以后，代理销售保险业务获得的代理手续费成为银行业重要的利润增长点，带动了银保渠道的快速发展。目前，我国正在推进利率市场化改革，以改变银行对利差盈利模式的推动及银行与保险业合作的模式。

我国银保渠道销售的产品多为短期理财型寿险产品，这类业务的内含价值较低，资本消耗较大，期满时保险公司面临较大的现金流压力，创造的利润也低。这类理财类产品与银行自身理财产品的替代性强，2011 年，

① 10 月底统计数据。

银行推出了更高收益率的理财类产品，对理财型寿险产品造成了较强的冲击。

长期以来，银保渠道在发展中积累的问题，已经到了不得不整改的地步，保监会和银监会先后出台了《保险公司委托金融机构代理保险业务监管规定（征求意见稿）》、《商业银行代理保险业务监管指引》和《关于进一步规范商业银行代理保险业务销售行为的通知》，规范银行代理销售保险的行为，强调消费者权益保护。这对银保渠道粗放式增长模式造成了较大的冲击，过去的发展模式难以为继。2011年，在银保渠道政策收紧的压力下，银保渠道保费增速下降了5.49%。2011～2013年，银保渠道保费占比连续三年持续下降。2013年以后，银保渠道逐渐恢复调整，银保渠道在总保费中的占比有所回升，仍保持在45%以下，略低于2008年和2009年的水平。

3. 团险渠道发展的困境

团险渠道在发展中存在几个问题：一是团险业务受政策因素的影响较大，这导致难以对团险渠道的发展进行长期规划。由于中国经济发展仍处于探索发展阶段，相关政策措施也在调整和变革，对团险渠道的发展造成较大的影响。二是团险渠道的增长放缓，团险渠道在总保费中的占比持续下降，人才流失现象较为严重，管理、技术、销售和专业化等方面仍然存在较多有待完善的方面。三是团险渠道产品较为单一，结构不平衡现象较为严重，难以实现以客户为中心的渠道发展策略。

4. 新兴渠道发展的困境

目前，我国保险市场出现了一些新兴的销售渠道，例如，经代渠道、电销渠道、网销渠道和社区门店等。总体上看，这些新兴渠道在我国寿险总保费中的占比仍然较低，主要处于探索发展阶段。经代渠道成本攀升较快，对保险公司已经基本没有利润空间；业务发展存在骗保、不合理退保等不规范发展行为，保单质量下降，这两个方面的原因导致经代渠道发展仍然需要做出较大的调整。电销渠道的发展已经进入周期性调整阶段，由于我国信息保护机制还不健全，未来，这个渠道的发展仍然存在不确定性，此外，电销渠道的成功率较低，此渠道更适合服务高端客户，不具有普遍推广性。网销渠道是伴随着我国电子商务发展起来的销售渠道，市场发展潜力较大，但是受制于互联网、移动通信等网络资源，推高了网销渠道成本，同时，这类业务也需要大量的线下服务实体来支撑，且多适合于一些定制化的保单销售。从国际保险市场网销渠道的发展来看，网销渠道不太可能取代传统的保险销售渠道，但是，作为成长最快的新兴销售渠道，可以借助"互联网+"的服务优势，从多方面为传统销售渠道提供服务和支持。

三、寿险转型发展的深层次原因分析

1. 我国经济社会发展形势的变化加大了市场对风险保障的需求

2008 年，金融危机引发了全球性的经济危机，世界经济政治格局正在发生微妙的变化，我国经济虽然受经济危机的冲击较小，但是，我国经济发展的内生动力在逐渐转化，经济发展进入"新一轮"的增长阶段，新旧动力交替转换给经济社会的发展带来了深层次的影响，经济发展方式发生了不同于以往的多方面变化。我国经济的转型升级需要大力发展保险业，充分发挥保险在民生保障、社会管理和财富管理等方面的功能，更好地服务于我国经济提质增效的发展要求。我国人口老龄化形势加剧，21 世纪将面临严峻的人口老龄化问题，未来的养老、疾病、身故等多种风险敞口扩大，加大了市场对养老保险、人寿保险和健康保险等风险保障产品的需求。我国城镇化的推进，进一步打破了以血缘为纽带的家庭式避险模式，家庭小型化趋势加剧，核心家庭占比达到 70.8%，家庭的抗风险能力减弱，需要通过社会化的风险管理手段满足家庭的多种风险保障需求。我国经济社会在发展中面临的诸多矛盾和纠纷，大多都与我国商业保险发展相对滞后有一定关系，即缺乏商业化的经济补偿机制等手段来化解矛盾双方的利益纠葛。因而，只要出现社会矛盾就都去找政府，既不利于政府职能的有效发挥，也可能有损社会运行效率。

2. 保险业发展对我国经济转型发展具有重要的战略意义

2014 年，我国人均 GDP 突破 7000 亿元，成为中等偏上收入水平的国家，正在向高收入水平国家过渡，预计我国将于 2025 年左右进入高收入水平的国家行列。大力发展保险业对我国跨越"中等收入陷阱"具有重要作用。在过去较长一段时期，我国居民储蓄过高，内需不足，很大一部分原因在于我国保险市场的发展不充分，缺乏较为充分的风险保障机制，居民和家庭的储蓄和财富增加意愿很大程度上是基于风险自保动机。健全和完善的风险保障机制是我国扩大消费的基础，也是我国解决内需不足问题的突破口。我国跨越"中等收入陷阱"的关键就是要解决内需不足的问题，更好地协调消费和投资的关系。当前，以美国为核心的西方发达国家对我国经济设置了多张用于围、堵、拦、截的无形网络障碍。在世界经济普遍不景气的情况下，"走出去"战略的阻力较大，内需的提升可以有效地摆脱这些困境，为我国跨越"中等收入陷阱"提供充分的支持。

我国经济发展有赖于经济增长质量的提高和效益的改善。保险作为社会化的风险管理手段，可以充分发挥保险在风险管理全链条中的作用机制，改进我国经济增长的质量和效益，支持我国经济的转型发展。

3. 寿险业过去的发展模式可持续性差

多年以来，我国寿险业大力发展银保渠道和短期理财型寿险产品，这种业务发展模式对经济环境和政策的变化比较敏感。我国经济发展进入新常态以来，经济增速由高速增长转为中高速增长，经济增长面临较大的下行压力。在这种变化下，寿险业过去的增长方式难以再维持高速增长。2011年，我国银保渠道保费增速连续3年下滑，说明我国寿险过去的增长模式对经济的变化较为敏感，可持续性较差。

寿险业务短期化导致业务的内含价值下降，资本回报率下降，对投资人的长期利益损害较大，会降低投资人投资保险业务的积极性，不利于保险行业的长期发展。寿险市场大量经营短期理财业务，使期交业务在总保费中的占比过低，期交业务会转化为未来续期保费收入，期交保费规模对下一年续期保费规模的增长有较大的影响。特别是保险期限在10年以上的期交业务，对保险公司奠定未来的竞争实力有重要影响。期交业务更容易从长期锁定客户资源，稳定寿险保费来源，为市场加强对客户的深度挖掘奠定了更好的基础。

寿险产品去保障化使整个市场的保障能力下降，市场的风险敞口难以有效覆盖，容易引发一系列社会问题和矛盾，难以体现保险在金融服务中最基本、最独特的作用，加深了市场对保险的误解。从长期来看，不能满足消费者风险保障需求，也会加剧保险在金融业中的边缘化倾向。同时，寿险理财类产品的可替代性强，容易被银行理财产品、证券基金和房地产等其他理财类产品替代，2011年，银行推出的高回报率理财产品对保险理财产品造成了很大的冲击。

4. 现代金融业发展要求多元化盈利模式

我国寿险业盈利模式严重依赖于利差益，受保险资金投资收益的影响较大。投资收益与资本市场走势和宏观经济发展环境等都有密切关系，这种特点决定了保险业深陷"靠天吃饭"的盈利困境，过度依赖于利差，甚至是短利差，主要通过最低收益保证或高预期收益的产品模式。由于存在最低收益保证，这类业务占比越大，寿险公司的偿付能力要求越高，资本占用越大。资本市场出现极为恶劣的环境或资本市场长期低迷，都会对保险公司的盈利造成巨大的影响。2008年，中国股票市场进入调整发展阶段，保险资金的投资收益率仅为1.91%，低于一年期定期存款利率2.02个百分点，部分保险公司承受了较大的利差损。

建立多元化的盈利渠道，即使保险资金投资收益受到冲击，也可以通过其他渠道增加寿险业盈利来源，从而增强寿险业应对经济波动风险的能力。2008年，平安集团投资富通集团产生了巨额亏损，第三季度净利润亏损了7亿元人民币，但是由于其他业务利润的贡献，平安集团整体仍然实现了8.73亿元的盈利。2008年底，平安集团决定坚持综合性发展战略，提出在未来10年内形成集保险、银行和投资管理三大业务支柱为一体的发展模式。单一盈利模式应对市场波动风险的能力较差，特别是在现代金融体系下，高收益背后的高风险隐患需要寿险业建立更为稳健的盈利模式，增强寿险业应对风险波动的能力。

国际保险市场的发展经验表明，保险业的优势主要体现在保险产品的设计以及保险承保等方面，虽然它也具有专业化的投资水平，但是与基金等专业投资机构相比，投资水平相对较弱，保险业可以集中优势主攻自己的主业，通过产品设计给保险消费者提供投资的平台，将投资业务转给专业投资机构发展，通过收取手续费的方式获利。美国的变额年金相当于中国的"投资连接险+最低收益保证"，通过这种方式，把平台型的"财富管理费"作为盈利来源。

国内尚未形成管理费盈利模式，部分国际保险公司已经在向财富管理模式转变，未来，管理费盈利模式将成为国内寿险公司的又一盈利来源。1999年10月，平安保险公司首先在国内推出"平安世纪理财投资连接险"，此后，新华人寿、中宏人寿和信诚人寿等保险公司也相继推出自己的投资连接险产品，在保险公司的营销攻势下，投资连接保险吸引了大量的消费者，带动了保费的快速增长。2001年，投资连接险保费规模为106.62亿元，同比增长了542.26%，占当年寿险总保费收入的7.49%。

自2001年下半年，投资连接保险的投诉开始增长，出现退保现象。

2002 年，由于保险资金的投资渠道过于狭窄，资本市场持续低迷，导致投资连接险投资亏损严重。由于保险代理人在销售中不说明投资连接保险的投资风险，反而夸大投资收益率，误导消费者购买，引发了大规模的投连接险退保风波。2002 年，投资连接险保费收入为 69.35 亿元，较 2001 年大幅下降了 34.9%，占寿险保费收入的比重降至 3%。2002~2005 年，资本市场持续走低，投资连接险业绩下滑，甚至是亏损，投诉逐渐增多，退保现象遍及全国，许多保险公司停办了这类业务。此后，投资连接险成为中国保险行业"一道难以痊愈的疮疤"。

2008 年，受资本市场低迷及国内外严峻的经济形势的影响，国内保险理财产品经历了大起大落的波动，投资连接险再度经历投资收益下跌，投资连接保险的风波又一次出现。此后，投资连接险和万能险的保费规模大幅缩减。目前，中资寿险公司中仅有平安、泰康、太平、生命和银行系保险公司，以及大多数外资寿险公司经营投资连接险业务，在寿险总保费中的占比较低，其他寿险公司均未涉足投资连接险业务。

总体上来看，国内保险市场尚未将管理费这种盈利模式发展起来。2011 年，保监会发布《关于开展变额年金保险试点的通知》（保监寿险〔2011〕624 号），在北京、上海、广东、深圳和厦门等地试点变额年金业务。随着我国投资连接保险和变额年金业务的发展，一些国际保险公司的盈利模式已经在向财富管理费模式转变，未来或将成为国内中资寿险公司普遍的盈利模式之一。

5."偿二代"监管制度敦促保险公司转型发展

2016 年 1 月 1 日起，"偿二代"正式实施，我国保险监管进入"偿二代"时代。"偿二代"是风险导向的偿付能力监管制度，改变了过去我国规模导向的偿付能力监管制度，引导保险公司加强风险管理，兼顾规模、风险和资本成本之间的关系，敦促保险公司转型发展。在"偿二代"制度体系下，寿险市场过去依赖于短期理财产品拉动保费增长的模式，其监管资本要求越高，这类业务的规模越大，需要耗费的资本越多，保险公司不能再无限制地大规模发展这类业务。保险公司风险管理水平越高，长期保障类产品的占比越高，越能为保险公司节约更多的监管资本，释放出更多的资本金，有利于提高保险资金的使用效率，将保险资金配置在价值更高的业务项目上。

第三节　国内外大型寿险公司转型发展实务

一、国际保险集团转型发展的经验启示

（一）法国安盛集团转型发展策略

1. 聚焦持续盈利能力和非资本集中型产品

法国安盛集团（AXA）2017 年在《财富》全球 500 强排名中居第 25 位，将"打造全球最受投资者欢迎的保险公司，践行以客户为中心的服务理念，建立以诚信和绩效为核心的员工培养方式"作为公司的经营目标。围绕这三个方面，安盛提出了坚定不移地从专业、创新、务实、忠诚和团队 5 个方面提升公司的竞争力，以"方便、细致周到和可信"的核心服务理念，引导公司成员更好地服务于客户，建立基于信赖的长期关系。

为了更好地践行以客户为中心这一服务理念，安盛提出在成熟市场上推行多元化战略，主要聚焦于开发具有可持续盈利能力和非资本集中型的保险产品；加快在新兴市场地区的发展，打造战略性的保险公司，以灵活的资产配置加速在高速发展的市场中的扩张；在全球聚焦于提高经营效率，安盛认为当公司发展到一定规模时，必须提高经营效率，2015 年，提出了1.75 亿欧元的成本缩减计划。

2. 安盛集团寿险业务价值增值能力强

安盛集团的主营业务涉及寿险、财险、国际保险、资产管理、银行和控股等，寿险、财险为其主营业务的主要盈利来源，国内寿险板块盈利占安盛集团主营业务净收益的 60%左右（见表 7-5），是安盛集团利润的主要来源。安盛集团的经营理念以价值为核心，致力于为客户提供周到和可信的服务，聚焦于开发具有可持续盈利能力和非资本集中型的保险产品，为集团寿险业务提供了良好的盈利能力。2009~2016 年，安盛集团寿险业务持续稳健盈利，寿险盈利每年年平均增速约为 5%，远高于 2016 年法国 GDP增速 1.1%。

表 7-5　安盛集团经营绩效分析　　　　　单位：百万欧元，%

年份	2009	2010	2011	2012	2013	2014	2015	2016
寿险保费	57620	56792	52431	55016	55331	55345	58862	60282
新业务保费	6188	5780	5733	6170	6335	6477	6464	6600
新业务占比	10.74	10.18	10.93	11.21	11.45	11.70	10.98	10.95
寿险内含价值	2336	2445	2138	2603	2793	3132	3375	3507
新业务内含价值	1113	1290	1444	1928	2193	2220	2471	2623
新业务利润率	17.99	22.32	25.19	31.25	34.62	34.28	38.23	39.74
寿险在集团净收益中的占比	60.61	65.53	56.68	62.65	59.07	61.90	64.00	63.80

资料来源：安盛集团公司主页及公司年报。

从安盛集团寿险业务的结构来看，续期业务为寿险保费收入的主要来源，在总保费中的占比约为 89%。我国整个市场寿险业务的续期保费占比在 30% 左右，平安和太保的续期保费占比在 70% 左右，国寿和新华的续期保费占比在 40% 左右。近年来，随着法国经济逐渐恢复增长，安盛集团新单在总保费中的占比逐渐回升，但升幅较为缓慢，增幅保持在 1 个百分点以内。续期业务是寿险公司竞争实力的重要体现，安盛集团强大的续期业务规模为寿险赢得了稳健的价值增长。从新业务价值增长来看，2009~2016 年，安盛集团的新业务在总保费中的贡献仅为 11% 左右，但是新业务内含价值持续高速增长，每年年平均增速高达 11.3%。新业务利润率由 2009 年的 17.99% 持续上升至 2016 年的 39.74%，2012 年以后新业务利润率均保持在 30% 以上。在我国寿险公司中，平安人寿新业务利润率最高，2016 年，平安人寿新业务利润率为 31.10%，比安盛集团寿险新业务利润率低 8.64 个百分点。

（二）英国保诚集团转型发展策略

1. 价值导向经营原则

英国保诚集团（Prudential）2014 年在《财富》全球 500 强排名中居第 95 位，是一个拥有 157 年经营历史的保险公司，公司至今仍然秉承建立之初提出的"诚信、安全和审慎"的经营原则。保诚集团在市场上能够出类拔萃，主要是因为公司可以为客户提供价值，为股东带来持续回报。在为公司创造长远价值方面，保诚集团的核心策略是专注于亚洲、美国和英国市场，满足亚洲日益壮大的中产阶级的保障及投资需求，为美国婴儿潮一代人口提供退休收入，为英国人口老龄化一代提供财务管理服务。主要体现在四个方面：一是专注客户及分销，客户满意是推动集团业务增长的关键动力，扩展分销能力及实现多元化，以把握各地区的发展机遇；二是兼顾各项指标，重点计量投资与新业务的资金回报，突出业务的现金生产能力；三是有纪律地分配资本，着力分配资本，以配合公司的风险承受能力；四是积极管理风险，主动管理资产负债状况及风险，使公司能够兑现向客户做出的承诺，成为创造长期价值及竞争力的驱动因素。

2. 保诚集团亚洲期交和保障为主的经营策略

保诚集团的寿险内含价值主要来源于亚洲和美国市场（见表7-6），其中，亚洲是保诚集团寿险内含价值的第一大来源。2014年，亚洲寿险的内含价值为英国本土地区的2.5倍以上；美国是保诚集团寿险内含价值的第二大主要来源，内含价值略低于亚洲市场。这表明国际寿险市场，特别是亚洲市场，对保诚集团业务的发展具有重要影响。主要体现在四个方面：一是亚洲地区的经济发展形势较好，2014~2017年，亚洲新增国内生产总值达到4.4万亿美元①；二是亚洲地区拥有极具吸引力的人口优势，2009~2020年，预计将有12亿人口由农村转向城镇；三是亚洲中产阶级的崛起，预计到2020年，东南亚以及香港地区中产阶级人口将超过4.03亿；四是亚洲地区的家庭规模呈现小型化，预期寿命不断延长，慢性病的发病率呈上升发展趋势。

保诚集团在亚洲采用期交保费和保障服务为本的方案，满足东南亚以及香港市场日益壮大的中产阶级的长期财务需要。保诚集团在区域、产品以及分销层面都采取了多元化的发展策略，这也是保诚集团在多个衡量指标中表现出色的重要原因，公司提供了大量的稳健措施以应对个别国家的短期市场波动影响。保诚集团在亚洲将在个险渠道继续开展增员计划，在银保渠道继续与渣打银行开展合作。在整个亚洲市场上，保诚集团保障业务占总保费收入的28%，储蓄型产品中的分红寿险占比有所提高，主要是受香港对分红寿险需求增长的影响。其中，过去两年推出的新产品的续期保费占保费比重的25%。保诚集团在亚洲个险渠道的保险代理人约有50

① 资料来源：根据《中国保险年鉴》整理。

万人，创造了保费收入的近 60%，银保渠道则创造了约 40% 左右的保费收入。

在亚洲市场的发展中，保诚集团认识到产品创新虽然重要，但客户服务才是保诚集团能够出类拔萃的关键因素，所以，公司一直重视服务与客户满意度。保诚集团在印度尼西亚首创了 PRU Hospital Friend 接待服务，该项服务推出已有 4 年时间，并逐渐扩大至 15 个城市的 49 家医院，处理了超过 50% 以上的全面保障索赔[①]。在新加坡，保诚集团推出的 PRU healthcare asistant 是市场推出的首条服务热线，由专业人士协助客户决定应当选用的治疗方法及医院。在亚洲，40% 的新业务保费来自于公司既有客户（重复销售），保单持有率超过 90%，这表明保诚集团以客户为中心的发展战略取得了成功。对亚洲员工的奖励和考核与其业务开发的质量和客户满意度等指标挂钩，而不是单纯的保费激励机制。

表 7-6 保诚集团 2013 年和 2014 年全球寿险内含价值　　　单位：百万英镑

年份	亚洲			欧洲			美国			英国		
	合计	新业务	有效业务	合计	新业务	有效业务	合计	新业务	有效业务	合计	新业务	有效业务
2013	1892	1139	753	6286	2082	4204	1526	706	820	832	237	595
2014	1901	1162	739	6222	2126	4096	1528	694	834	746	270	476

资料来源：保诚集团年报。

（三）日本主要寿险公司转型发展策略

2000 年以前，日本寿险公司销售大量高预定利率的保单，在 1997 年亚洲金融危机时，日本寿险业损失惨重，先后有 8 家保险公司破产倒闭。2000 年以后，日本寿险公司也开始调整发展策略，采取差异化的经营策略，以适应经营环境的变化。总体来看，日本寿险公司都坚持稳健经营的作风，完善营销渠道、业务管理、客户服务和产品整合等方面的经营策略。大型公司采用"以守为主"的经营策略，由保费扩张转变为实现业务的可持续增长；中小型寿险公司采取"以攻为主"的战略，力求占领更多的新业务市场。

---

① 资料来源：保诚集团 2014 年年报。

日本生命、第一生命、明治安田生命和住友生命四家大型传统寿险公司在 2000 至 2009 年期间，以客户为中心采取了一系列改革措施（见附表 1~附表 4）。在客户服务方面，开展了针对老客户的回访、保单内容确认、完善收回服务、提供旅馆等的打折优惠活动等。在产品开发方面，开发了更多适合市场需求的医疗保险、重疾保险和长期护理保险等以生存为主要赔付责任的险种，加强了对客户市场的细分，开发针对中年人群、失能人群和女性特定疾病等不同需求的险种。在销售渠道方面，改革营销员制度，将售后服务点数化，与销售人员的薪酬挂钩；采取多元化的销售渠道，加强与银行和邮政等多种渠道的合作，开设保险超市、保险咨询门店等；加强对销售员的培训，建立职员制度，加强理财规划师的培训。在业务管理方面，加强销售和客户管理服务的信息化过程，设置呼叫中心系统、保单调查中心、事务支援中心、客户意见资料库、理赔审查系统和理赔服务室等，引进手机终端系统，为开发营销员配备新手机终端，为理财规划师配备手提电脑等。部分保险公司加强了寿险公司总部在寿险服务中的支撑作用，完善后援基础设施、构筑第二代经营基础设施等。

二、国内前五大寿险公司转型发展策略及成效

（一）中国人寿依靠续期保费规模和发展期交业务

1. 依靠续期保费规模稳定增长，平稳度过了趸交业务萎缩期

2010 年以后，中国人寿开始调整寿险业务结构，趸交在总保费中的占比持续下降，趸交保费由 2011 年的 1154.19 亿元持续下降至 2014 年的 963.53 亿元。中国人寿强大的续期保费规模优势及其稳定增长，有效支撑了整个寿险业务的增长，避免了中国人寿总保费增速的下滑。在 2011~2013 年寿险市场调整期间，中国人寿续期保费仍然维持正增长，2011 和 2012 年，续期保费增速仍然保持在 15% 以上，有效减缓了新单保费增速下滑给总体增速带来的下行压力。中国人寿续期保费规模由 2011 年的 1547.29 亿元增加至 2017 年的 2881.06 亿元（见表 7-7）。

表 7-7 五家上市公司的寿险保费收入及其增速　　　　单位：亿元,%

公司	年份	新单业务			续期业务		合计	趸交	
		保费	增速	新单占比	保费	增速	合计保费	保费	占比
中国人寿	2011	1635.23	-14.05	51.38	1547.29	20.90	3182.52	1154.19	36.27
	2012	1425.43	-12.83	44.17	1801.99	16.46	3227.42	1748.31	54.17
	2013	1355.63	-4.90	41.55	1907.27	5.84	3262.9	1859.71	57.00
	2014	1429.20	5.43	43.18	1880.90	-1.38	3310.10	963.53	29.11
	2015	1723.64	20.60	47.36	1916.07	1.87	3639.71	1104.64	30.35
	2016	2069.96	20.09	48.08	2235.02	16.65	4304.98	1130.51	26.26
	2017	2238.60	8.15	43.73	2881.06	28.91	5119.66	1107.39	21.63
平安人寿	2011	709.17	-6.75	37.87	732.38	31.61	1872.56	314.16	16.78
	2012	592.70	4.37	28.20	1163.39	12.33	1994.83	200.07	10.03
	2013	618.63	-16.42	29.71	1574.95	20.52	2193.58	179.01	8.16
	2014	751.33	21.45	29.73	1775.97	12.76	2527.30	231.59	9.16
	2015	1058.58	40.89	35.31	1939.56	9.21	2998.14	279.94	9.34
	2016	1421.09	34.24	38.02	2316.72	19.45	3737.81	360.14	9.64
	2017	1807.30	27.18	37.98	2951.65	27.41	4758.95	353.95	7.44
太保寿险	2011	608.74	-0.674	65.31	323.29	21.6	932.03	307.02	32.94
	2012	373.33	-20.46	39.95	561.28	21.31	934.61	221.84	23.74
	2013	339.39	-9.09	35.69	611.62	8.97	951.01	185.36	19.49
	2014	322.50	-4.98	32.68	664.42	8.63	986.92	147.08	14.90
	2015	366.71	13.71	33.77	719.18	8.24	1085.89	88.79	8.18
	2016	593.45	61.83	43.20	780.17	8.48	1373.62	234.64	17.08
	2017	709.17	19.50	40.38	1047.11	34.22	1756.28	238.34	13.57
新华人寿	2011	428.63	-23.51	45.22	519.34	45.71	947.97	259.66	27.39
	2012	322.56	-22.39	33.01	639.18	23.08	977.19	194.04	19.86
	2013	317.53	-1.56	30.64	704.36	10.20	1036.4	229.39	22.13
	2014	441.43	39.02	40.18	657.25	-6.69	1098.68	322.08	29.32
	2015	523.89	18.68	46.83	594.70	-9.52	1118.59	356.29	31.85
	2016	477.21	-8.91	42.40	648.39	9.03	1125.60	240.64	21.38
	2017	318.67	-33.22	29.16	774.27	19.41	1092.94	40.62	3.72

续表

公司	年份	新单业务			续期业务		合计保费	趸交	
		保费	增速	新单占比	保费	增速		保费	占比
人保寿险	2011								
	2012	585.41	10.90	91.43	54.9	15.48	640.3	558.46	87.22
	2013	688.31	17.58	91.44	64.42	17.34	752.73	660.63	87.76
	2014	714.84	3.85	90.81	72.33	12.28	787.17	683.69	86.85
	2015	816.24	14.18	91.09	79.84	10.38	896.08	757.49	84.53
	2016	923.88	13.19	87.89	127.27	59.41	1051.15	762.87	72.57
	2017	812.73	-12.03	76.50	249.65	96.16	1062.38	609.78	57.40

注：人保寿险在 2011 年还不是上市公司，没有公布年报，因此没有获得公开数据。

资料来源：根据各公司各年年报数据整理。

2. 降低对银保渠道的依赖，加强期交业务的开发

近年来，中国人寿逐渐降低了对银保渠道的依赖，开始加强期交业务开发，在个险渠道大力发展期交型业务，提高中国人寿续期业务能力。自 2011 年开始转型以来，中国人寿银保渠道保费占比持续下降，个险渠道保费占比持续上升，个险渠道在总保费中的占比由 2011 年的 50.46% 上升至 2017 年的 69.08%，上升了近 18.62 个百分点。个险渠道是中国人寿新业务价值的主要来源（见表 7-8）。2017 年，中国人寿个险渠道对新业务价值的贡献占比达 88.45%，个险渠道对整个新业务价值具有重要意义。

表 7-8 分渠道的新单保费及新业务价值构成情况   单位：亿元，%

公司	年份	个险			银保			团险		
		保费	价值	利润率	保费	价值	利润率	保费	价值	利润率
中国人寿	2013	373.96	196.39	52.52	782.71	11.29	1.44	170.95	5.32	3.11
	2014	402.86	217.4	53.96	780.1	10.48	1.34	169.34	4.64	2.74
	2015	543.25	288.51	53.11	874.70	23.06	2.64	195.54	3.71	1.90
	2016	823.10	463.26	56.28	864.43	26.10	3.02	242.12	3.75	1.55
	2017	1000.82	531.70	53.13	816.25	65.36	8.01	252.08	4.10	1.63
平安人寿	2013	441.56	168.6	38.18	66.61	4.66	7.00	110.46	8.37	7.58
	2014	533.08	208	39.02	83.86	3.03	3.61	134.39	8.63	6.42
	2015	804.56	301.74	37.50	76.96	2.46	3.20	177.06	4.17	2.36
	2016	1016.34	464.13	45.67	113.19	3.14	2.77	202.60	2.78	1.37
	2017	1366.57	607.86	44.48	81.09	7.16	8.83	202.52	3.30	1.63

公司	年份	个险			银保			团险		
		保费	价值	利润率	保费	价值	利润率	保费	价值	利润率
新华人寿	2013	84.88	38.47	45.32	231.73	4.72	2.04	5.96	-0.83	-13.93
	2014	91.71	47.13	51.39	312.26	2.82	0.90	14.44	-0.83	-5.75
	2015	125.41	63.61	50.72	349.28	3.21	0.92	13.01	-0.61	-4.69
	2016	206.79	102.71	49.67	256.75	2.35	0.92	13.68	-0.57	-4.17
	2017	234.04	114.40	48.88	64.92	6.83	10.52	19.71	-0.61	-3.09
太保寿险	2013	129.76	65.8	50.71				208.32	9.19	4.41
	2014	172.81	80.69	46.69				149.69	6.56	4.38
	2015	278.64	114.97	41.26				88.07	5.25	5.96
	2016	373.93			176.84		0.00	42.68		0.00
	2017	494.84			158.60		0.00	55.73		0.00
人保寿险	2013	174.35	14.07	8.07	452.79	22.19	4.90	61.17	4.45	7.27
	2014	161.18	13.71	8.51	453.33	12.32	2.72	100.33	4.46	4.45
	2015	198.66	23.02	11.59	533.22	7.07	1.33	84.56	4.32	5.11
	2016	262.53	34.03	12.96	557.54	1.34	0.24	103.81	5.92	5.70
	2017	264.17	48.44	18.34	444.16	4.03	0.91	104.36	4.40	4.22

注：价值是指新业务价值，利润率是指新业务利润率；各公司计算新业务价值的风险贴现率不同，2017 年中国人寿风险贴现率为 10%，平安人寿风险贴现率为 11%，新华人寿风险贴现率为 11.5%，太保寿险风险贴现率为 11%，人保寿险风险贴现率为 10%；风险贴现率越高，内含价值相应地越低。

3. 个险渠道着力价值发展，银保渠道着力拉升保费规模

中国人寿仍然采取的是依靠个险渠道创造价值、依靠银保渠道拉升保费规模的发展思路，银保渠道新业务价值创造能力不断提升。2013~2017年，中国人寿个险渠道新业务利润率保持在 50% 以上，在上市公司中的利润率最高，比平安人寿高了近 10 个百分点，有效地支撑了中国人寿新业务的价值增长，反映了中国人寿价值导向的发展策略。2017 年，中国人寿风险贴现率为 10%，平安人寿风险贴现率为 11%，中国人寿在相对保守的风险贴现率假设下，个险渠道新业务利润率高于平安人寿 8.65 个百分点。如果中国人寿风险贴现率提升至 11%，其他条件不变的情况下，中国人寿个险渠道的新业务价值还会继续上升，与平安人寿个险渠道的新业务利润率的差距会进一步放大，这也反映出了中国人寿个险渠道的新业务价值具有较强的盈利能力，中国人寿个险渠道采取的是价值发展策略。2013~2017

年，中国人寿银保渠道的新业务保费规模最大，但是银保渠道的新业务盈利能力相对较弱，价值创造能力弱于平安人寿，但其庞大的保费规模在提升中国人寿总保费规模方面发挥了较大的作用，因而，银保渠道发展特点仍然能够拉升保费规模。2013～2017年，中国人寿银保渠道的新业务利润率不断提升，2017年的银保渠道新业务利润率较2013年上升了6.57个百分点，银保渠道新业务价值创造能力取得突破性进展。

（二）平安人寿主要发展个险渠道和期交业务

1. 专注于发展个险渠道和期交业务

自成立以来，平安人寿就专注于发展个险渠道（见图7-2），在个险渠道大力发展期交业务，有力地支持了续期保费规模的增长。自2004年以来，平安人寿个险渠道的保费占比持续稳定增长，在总保费中的作用不断加强。2014～2015年，平安人寿个险渠道在总保费中的占比为90%左右。到2016年底，平安人寿代理人数量超过110万人，较年初增长了27.7%。2017年上半年，平安人寿代理人规模持续稳定增长，代理人规模达到132.5万人，较年初增长了19.3%，人均首年保费规模同比增长了18.2%。稳定增员带动了平安人寿个险渠道保费的快速增长，2016年和2017年，平安人寿个险

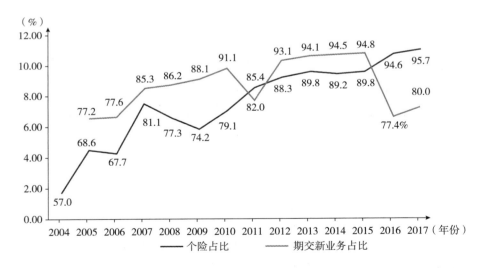

图7-2　2004～2017年平安人寿个险渠道占比及期交新业务占比

渠道在总保费中的占比分别达到 94.6% 和 95.7%，创有史以来最高值。个险渠道既是平安人寿保费收入的主要渠道，也是平安人寿价值创造的主要载体。

平安人寿个险渠道期交保费占比高达 80% 以上，为平安人寿续期保费打下了良好的基础。2016 和 2017 年，平安人寿期交新业务保费占比大幅下降，但仍保持在 75% 以上，庞大的期交保费规模为平安人寿总保费的稳健增长奠定了基础。

2011~2017 年，平安人寿续期保费规模连续多年保持着 10% 以上的高速增长（见表 7-7），部分年份续期保费增速高达 20% 左右，有效拉升了平安人寿的保费增速。即使在 2011~2013 年寿险市场保费增速大幅减缓的形势下，平安人寿庞大的续期保费规模使平安人寿的总保费增速仍然维持着高速增长状态。平安人寿与中国人寿续期保费规模的差距逐渐缩小，2016年开始反超中国人寿续期保费，跃升为国内续期保费规模最高的保险公司。2017 年，平安人寿续期保费规模超中国人寿 70.59 亿元，新业务价值超中国人寿 17.16 亿元。

2. 持续压低趸交业务比例

近年来，平安人寿加快了业务结构调整，持续压低趸交业务占比，专注于价值发展。2011~2017 年，趸交保费占比持续下降。2017 年，平安人寿趸交保费占比为 7.44%，较 2011 年下降了 9.34 个百分点，是我国上市保险公司中趸交保费占比最低的公司。

3. 在各渠道都坚持以价值为核心的发展策略

自 2016 年开始，平安人寿个险渠道的新业务保费规模超过了中国人寿，与中国人寿个险渠道的新业务保费规模的差距不断扩大。各保险公司风险贴现率的选择存在差异，中国人寿风险贴现率的选择相对保守，如果两家上市公司风险贴现率相同，那么，平安人寿个险渠道的新业务价值或将下调，个险渠道的新业务内含价值规模与中国人寿的差距会缩小。

平安人寿的银保渠道尽量开发具有高价值贡献率的期交业务，在团险渠道大力发展具有高价值贡献率的保障类业务。平安人寿的银保渠道和团险渠道在总保费中的占比在 5% 左右，银保渠道的期交保费占比创造价值的效率高达 35.17%，有效地支持了银保渠道的价值增值。平安人寿银保渠道的新业务利润率均高于其他几家上市公司（见表 7-7），居业内领先地位。近年来，平安团险渠道的新业务利润率略有下降，但仍然在上市公司中处于相对领先地位，与中国人寿团险渠道的新业务利润水平较为接近。

4. 依托科技提升服务品质

随着智能科技的不断发展，移动互联网日益成熟，平安人寿积极打造"科技+"核心竞争力，形成了不可复制的竞争优势。平安人寿实现了从"1.0（复制）→2.0（制造）→3.0（创造）"的战略升级过程。平安人寿依托"金管家"APP平台，提供了多元化的产品，以及医疗、健康、运动、汽车、住房、教育、家化产品和律师求助等一体化的生活服务，全方位地满足客户衣食住行财等多方面的需求，并借助科技平台解决传统业务的痛点，为传统寿险业务的销售、增员、服务、互动和体验提供全方位的支持，提高客户黏性，更好地实现精准营销服务。

（三）太保寿险聚焦营销渠道和期交业务

1. 太保寿险转型升级发展历程

太保寿险的转型发展最早可追溯至2005年左右。当时，外资保险公司来华"跑马圈地"，以快制胜的思想成为保险市场发展的主流思想，使规模大、内含价值低的业务迅速发展，太保寿险也采用了这种模式大规模发展。由于这类业务的资本耗用大，不少保险公司触碰了偿付能力监管红线。2004年，太保寿险出现了115亿元的偿付能力缺口，受到保监会的警示，开设分支机构和业务发展均受到了限制。在引资的过程中，外资股东对利润的重视远大于对保费规模的诉求，促进太保寿险进行转型发展。

然而，知易行难。随后，A股市场的火爆几乎一度阻断了太保寿险的转型尝试，太保寿险也在理财型寿险业务发展方面做了一些布局。2008年，金融危机席卷全球，中国股票市场受到较大的冲击，寿险市场出现了第二次"投连险风波"，保监会也开始推动寿险业务的结构调整。从2008年开始，太保寿险试图放弃单纯的规模化增长路径，但受制于当时整个行业发展的环境，其转型真正开始于2010年。

2010年，太保寿险认为，往年支撑寿险市场高速增长的三大因素已经成为强弩之末，甚至成为了行业发展的累赘，当前，寿险行业的粗放式发展模式已经无法持续，转型不可避免。因此，太保寿险将价值导向作为公司转型发展的方向，提出了"以客户为中心"的转型战略，力图扭转以产品和渠道为主的业务发展模式，推崇客户体验至上。太保集团秉承"专注保险主业，推动和实现可持续的价值增长"的经营理念，针对两大主力渠道采取"聚焦营销、聚焦期交"的市场策略，采用人力和产能双轮驱动的营销发展策略。"聚焦营销"主要是指建设个险渠道，改变过去的"陌生拜访、死缠烂打"的传统销售方式，主要提供顾问式、服务式营销。对于银保渠道的定位，开发针对银保渠道的专属产品，改变传统的"产说会"的传统销售模式，要求银行提供大量客户交由个险渠道开发，通过个险服务和专属产品取胜，加强个险客户的二次开发。通过市场策略和转型项目的整体推进，着力打造"在你身边"的保险公司，打造专业的团队和产品，为重点客户量身定制保险服务。

在保险金融化发展趋势下，太保寿险认为保险的核心功能在于风险管理，这是保险区别于银行、证券等的根本所在，而金融功能只是保险的辅助功能。基于这种战略认识，太保寿险推出了以联想乐 Pad 为终端的"神行太保"智能移动保险平台，迈出了"太保云"设想的重要一步。"神行太保"可以提供 7×24 小时的实时投保、实时收费、实时生效服务，将承保环节由 7 个减少到 4 个，25 分钟左右即完成投保流程；将保单制作时间由 5～6 天缩短至 3～4 天；通过大数据分析技术，对客户的生命周期、家庭结构、财务状况、健康状况和生活习惯五大层次的需求进行分析，匹配客户的真实需求；通过强大的后台引擎，为客户量身定制优选的保障方案。

2. 太保转型发展成效

从续期保费规模来看，太保寿险在 2001 年开始正式经营寿险业务，比新华人寿晚了近 5 年，多年以来，新华人寿续期保费规模保持在太保寿险之上。近年来，在个险渠道和银保渠道大力发展期交业务转型战略的推动下，太保寿险期交保费增速加快，形成了强劲的续期保费增长优势。2014 年，太保寿险续期保费规模超越新华人寿，达到 664.42 亿元（见表 7-7）。2014 年以后，太保寿险续期保费规模与新华人寿的差距持续拉大，这反映了太保寿险转型的显著成效。

从渠道结构来看，转型后，太保寿险个险渠道在总保费中的占比持续上升（见图 7-3）。自正式执行转型策略以来，太保寿险个险渠道在总保费中的占比持续上升，由 2010 年的 40.16% 上升至 2014 年的 72.64%。从交费结构来看，转型后，太保寿险的期交保费占新业务价值的比重持续上升（见图 7-4），由 2010 年的 31.13% 上升至 2015 年的 75.79%，上升了近 45 个百分点。2016 年和 2017 年，太保个险渠道开发的业务绝大部分是期交业务。

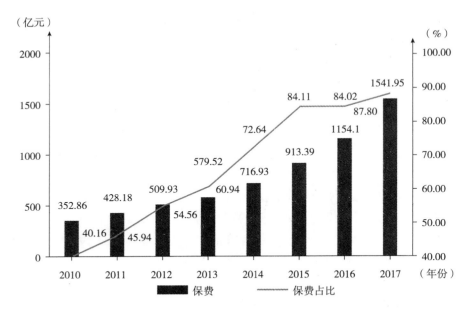

图 7-3 太保寿险个险渠道保费占比

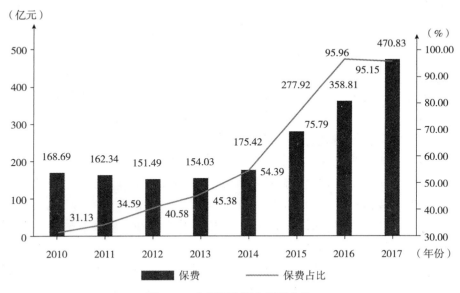

图 7-4 太保寿险期交保费占比

注：2016 年和 2017 年的期交保费占比为个险渠道期交保费占比。

从内含价值来看，转型后，太保寿险内含价值持续增长，2010～2017 年的年平均增速为 14.87%（见图 7-5）。太保寿险转型以后，寿险业务结构明显改善，寿险业务结构的优化提升了太保寿险价值创造能力，内含价值由 2010 年的 706.13 亿元增长至 2017 年的 2140.37 亿元。2017 年，太保寿险内含价值增速为 17.86%。

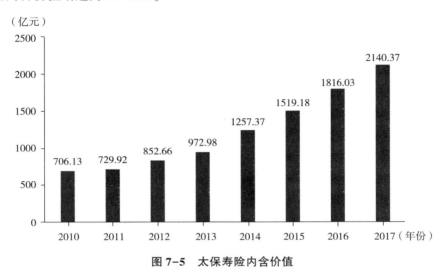

图 7-5　太保寿险内含价值

从新业务价值增长来看，转型后太保寿险新业务价值持续增长，2010～2017 年，太保寿险新业务价值平均增长 20.28%（见图 7-6），由 2010 年的 61 亿元增长至 2017 年的 267.23 亿元。2017 年，太保寿险新业务价值增速高达 40.34%，为历年新业务价值年平均增速的 2 倍。

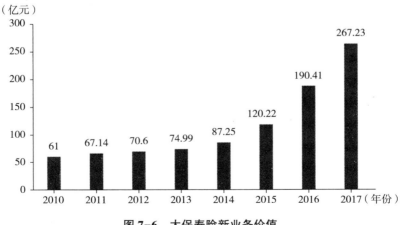

图 7-6　太保寿险新业务价值

总之，太保寿险在渠道发展策略、新单期限结构和新单内含价值等方面的变化，体现了其以价值为核心的转型发展思路。预计未来太保寿险在资产、规模、ROE、市值、品牌价值、市场占有率和客户满意度等方面的指标将有明显提升。2016年和2017年，太保寿险保费增速分别恢复至26.5%和27.9%，寿险内涵价值和新业务价值增速也表现突出。太保转型战略体现了价值导向的发展方向，取得了明显成效。

（四）新华人寿加强期交业务开发和续期业务管理

1. 新华人寿着力推进推转型发展

新华人寿也加入了主动转型的行列，大力发展期交业务，为续期业务积累保费。新华人寿前期主要靠趸交保费拉升保费规模，近年来，转型发展后仍然面临较大的现金流压力，虽然转型取得了一定的成绩，但仍然需要深入推进。2011~2016年，新华趸交保费在新单保费中的占比高达60%左右，与2010年之前相比，略有下滑，转型发展策略取得了一定成效。2016年，新华人寿提出"价值转型五年计划"，计划在2016和2017年以期交和续期保费增量替代趸交保费，建立期交和续期拉动的业务发展模式；2018~2020年，形成完全依靠续期拉动的业务发展模式，大力发展长期期交业务。

新华人寿期交保费规模较低，新华人寿续期保费积累的速度较慢，2014和2015年，续期保费增速甚至出现负增长现象。2014年和2015年，新华人寿趸交保费在总保费中的占比分别为29.32%和31.85%，趸交保费占比反而上升。2016年以后，在监管机构强力推进中短存续期产品比例限制的监管压力下，新华人寿趸交保费规模大幅缩减，2017年，趸交保费在总保费中的占比为3.72%，趸交保费降至40.62亿元，基本实现了转型五年计划的初步目标。转型期间，新华人寿主推健康养老保障型产品，建立续期业务拉动的发展模式。2018年上半年，新华人寿续期保费占总保费规模的79.2%，同比提升了10.4个百分点。未来，随着新华人寿转型升级的不断推进，趸交业务比例或将继续控制在较低的水平。新业务中期交保费的积累也将为续期保费的积累奠定基础，为新华人寿总保费的稳定增长提供一定的支撑。

2. 个险渠道的新业务价值创造能力相对较好

新华人寿个险渠道的新业务价值的成长性较好（见表7-8）。新华人寿的新业务价值主要来源于个险渠道，其新业务价值利润率在几家大型寿险公司中处于相对领先地位。新华人寿各年个险渠道新业务利润率高于平安人寿，部分年份超过太保寿险。2017年，新华人寿的风险贴现率为11.5%，取值相对激进；平安人寿风险贴现率为11%，取值相对保守。因此，新华人寿和平安人寿的个险渠道新业务利润率的比较可能存在一定的偏差。新华人寿银保渠道的新业务保费规模较高，但新业务价值创造能力较低。团险渠道新业务保费规模不大，但新业务价值基本上都处于亏损状态。

3. 主推养老和健康两类保险产品

针对中国人口老龄化加剧的形势，以及未来我国巨大的养老和健康的风险保障敞口，新华人寿抓住时代机遇，在转型发展策略中主打养老和健康两类保险产品，力推业务发展回归保障。2014~2017年，新华人寿健康险保费规模分别为111.75亿元、165.0亿元、235.0亿元和312.62亿元，2015~2017年，健康险保费同比增速分别为47.8%、42.3%和33.0%。2018年上半年，新华人寿个险渠道近80%的保费主要来源于健康险，健康险寿险保费由2017年上半年的69.51亿元上升至2018年上半年的78.44亿元，同比增长了12.8%。其中，十年以上的健康险保费规模为57.28亿元。2018年5月，个人税收递延型商业养老保险试点已经在部分地区展开，随着养老保险税优政策的推进，新华人寿沿着转型五年计划推进，年金保险和政策性养老保险保费规模及其增速或将面临巨大的发展机遇。

（五）人保寿险转型发展策略与成效

1. 新业务价值连续三年高速增长

2014年，人保寿险启动了转型发展战略，随着转型升级的不断加强，新业务价值持续上升，连续三年的年增速达10%以上。2014~2017年，人保寿险的新业务价值增速分别为12.9%、20.0%和37.7%。2017年，人保寿险新业务价值为56.87亿元，是2014年的近2倍。个险渠道是人保寿险新业务价值的主要渠道，转型期间，个险渠道在新业务价值中的占比不断提高，个险渠道新业务价值占比由2014年的45.0%上升至2017年的85.2%（见表7-8），个险渠道的新业务利润率连续上升，由2014年的8.51%升至2017年的18.34%，个险渠道逐渐发展成为新业务价值的主要来源。人保寿险团险渠道的盈利能力较强，团险渠道的新业务利润率远高于中国人寿、平安人寿、太保寿险和新华人寿几家公司，但是，团险渠道在新业务价值中的占比较低，约为10%左右。转型期间，银保渠道在新业务价值中的作用逐渐减弱，由2014年的40.4%降至2016年的3.2%，银保渠道退出价值创造的主渠道，2017年，银保渠道新业务价值4.03亿元。

2. 大力发展个险渠道和开发期交业务

2014年，人保寿险围绕价值强化考核，以城市项目和基本法制度经营为抓手，打造专业化销售团队，建立长效激励机制。2017年，人保寿险个险渠道的营销员达25.59万人，同比增长了35.2%。在加强增员的同时，注重销售平台建设，加大对营销员的教育培训，通过对新人、主管和组训等各级员工的培训，提高营销员的后援支持力和服务保障能力。2017年，人保寿险个险渠道营销员人均产能同比增长了18.7%。

2012~2017年，人保寿险期交保费规模持续上升，2017年，期交保费规模达202.95亿元，是2011年的7.5倍，期交保费增速高达10%以上（见表7-7）。转型期间，人保寿险加快发展十年以上长期期交业务，2017年，人保寿险新业务中十年以上的期交保费增速超过50%。期交业务的发展，为人保寿险续期业务的发展积累了大量的保费，续期业务保费规模快速增长；续期保费增速由2012年的15.5%上升至2017年的96.16%；续期业务在总保费中的占比持续上升，由2012年的8.6%上升至2017年的23.5%，在稳定人保寿险保费增速方面发挥了一定的作用。

3. 转型升级任重道远

2007年，人保集团接管人保寿险，对人保寿险发展战略进行了调整，大力发展趸交业务和开发新单业务，保费规模快速扩张，迅速跃升为我国第五大寿险公司。人保寿险依托新业务和银保渠道拉动保费规模，在几年内迅速使人保寿险列居全国第五大寿险公司，同时，短期保险业务也使人保寿险每年面临较大的现金流出压力和较高的新业务开发成本。传统的保险业务模式积重难返，给人保寿险的转型升级造成了较大的压力。

2011~2017年，人保寿险新单保费在总保费中的占比高达90%左右（见表7-7），且新单保费占比没有明显的下降，新单业务对人保寿险保费规模的影响较大。人保寿险趸交保费在总保费中的占比高达80%左右，人保寿险仍然在依赖趸交业务来扩充保费规模。2016年和2017年，人保寿险趸交保费占比较以往年度出现大幅度下降，2017年，人保寿险主动减少了中短存续期业务[1]，这主要是受中短存续期业务逐步退出政策的影响。

第四节 寿险市场转型发展的思路和对策

一、寿险转型发展的原则

1. 以价值为核心进行转型

投资人或者股东以及保单持有人的利益是保险经营业务中两个对立统一的利益主体，保险经营过程中需要平衡两者，过度向一方倾斜的利益分配机制不利于保险行业的长期健康发展。2000年以后，中国寿险市场的快速发展主要是依靠短期理财型寿险业务的大力发展和银保渠道的利用，这类业务的内含价值较低，资本消耗较大，给投资人和股东创造的价值较低。保监会规定保险公司必须将分红险利润中的70%分配给投保人，所以，投资人或者股东在保险经营业务中可以获得的利润空间较为狭窄，从长期来看不利于发挥投资人和股东经营保险业务的积极性。从消费者的角度来说，2000年以后，我国陆续出台了多项政策法规，基于保护保单持有人利益的原则规范保险市场的发展秩序。2000~2010年是中国寿险市场快速发展的十年，这段时期开发的产品多为理财型产品，产品的保障功能较低，主要是为了满足市场对保险财富管理功能的需求，消费者的风险保障敞口仍然未能有效覆盖，保险在社会管理方面的职能也未充分发挥，影响了我国经济发展的质量和效益。随着我国经济发展方式的转变以及人口发展趋势的变化，寿险市场进入了必须依靠转型谋求发展的阶段。目前，市场已经就"以价值为核心"进行转型形成了共识，这就要求寿险市场推动寿险业务的结构的转型，实现投资人或者股东，以及保单持有人双赢的业务发展模式。

2. 以客户为中心推进寿险市场转型

寿险结构转型的定量监测目标是保费收入和保险产品结构转型两个方

---

[1] https://baijiahao.baidu.com/s? id=1596056374368468997&wfr=spider&for=pc.

面。保费结构转型主要体现在将趸交驱动的业务发展模式向续期驱动的业务发展模式转变方面，保险产品结构转型主要体现在增加风险保障型和长期储蓄型产品方面。这两个方面的转型都要以客户为中心。

从保费收入转型来说，续期拉动能力主要体现在两个方面：一是期交业务，特别是长期期交业务的高速增长。期交业务是续期保费增长的重要动力，长期期交业务越多，续期保费滚动的时间越长，对续期保费占比的提高越有利。二是降低期交业务退保率，特别是长期期交业务的退保率。期交业务退保率越低，下一年转化为续期保费的可能性越大，续期业务的记忆性越强，越有利于提升续期业务的占比。客户在实现这两个方面的转型目标中起着核心作用。趸交型长期业务需要打消客户对支付不便利等方面的顾虑，退保能够反映客户对保险公司的满意度，因此，保费收入转型的关键是客户，需要保险公司做好客户的服务和沟通。

从保险产品的结构转型来说，保险公司推出的保险产品重点是需要反映客户的真实需求，避免投资账户对客户决策的干扰，这是提高风险保障型和长期储蓄型产品占比的关键。投资型产品具有较强的投资属性，客户主要根据产品的投资收益率来衡量产品的价值，其波动较大；保障型产品凸显的是保险的特色功能，其对客户的价值较为平稳。当投资型产品与保障型产品进行比较时，客户很难判断保单的真实价值，往往容易简单地根据资本市场的变化进行决策，容易出现购买的产品与实际想要的保险需求不一致的情况。目前，我国保险业的发展水平较低，市场的风险保障缺口较大，我国经济发展仍然处于中高速增长的发展阶段，这就为风险保障型产品预留了足够的发展空间。保险公司完全可以做到以客户的真实需求为核心，回归寿险产品的保障功能，让客户真正体会到保险的经济价值和社会价值，更好地促进保险产品的结构转型，推动寿险市场的健康持续发展。从这个意义来说，客户也是保险产品结构转型的关键。

保费收入和寿险产品结构转型应当注意拉近寿险公司与客户的距离，尊重客户的真实需求，为保险客户提供优质的服务，推动寿险业从以推销为主的经营模式向以客户为中心的经营模式转变，按照客户需求的模式进行转变。最终，使保险服务得到客户的认可，促进保险经营向"以客户为中心"转型。

3. 基于科学的经营绩效评价机制转型

中国保险市场具有较强的供给导向特点，经营绩效评价机制对整个保险市场的发展方向具有重要影响。过去几十年来，寿险市场在规模导向的发展模式下取得了巨大的成绩，也给寿险市场未来的发展带来诸多潜在的问题和困难。目前，保险业必须建立科学的经营绩效评价机制，这套机制至少要包括两个指标体系：一是体现保险业在整个金融业以及国民经济体系中的地位和作用的评价体系。这个指标体系的目的是从市场经济发展全局的角度，正确评价保险业在国民经济体系中的价值，明确保险业的发展路径和方向。2014 年，国务院发布了《关于加快发展现代保险服务业的若干意见》（俗称"新国十条"），明确了保险业在我国金融体系中的地位，要使保险业成为金融系统的重要支柱。二是评价保险公司和保险中介公司绩效的评价指标体系。这个指标体系的主要目的是引导保险业向健康可持续发展的方向转型，扭转规模导向的发展模式。这两个评价系统的构建需要系统的研究。

从可操作性方面来说，应当尽量保持评价系统的定量化，全面客观地评价保险业在市场经济自保障、自发展和自协调机制中的作用。整个保险业的量化评价指标主要包括保险业在国民经济中的贡献度、保险业与其他行业的关联度、保险业风险管理总体绩效、保险业在社会保障体系和国家救灾体系中的贡献度、保险业对社会就业和促进经济体制改革的贡献度及保险业对货币和资本市场的贡献度等。对保险公司和中介公司的量化评价指标应当包括偿付能力指标及风险管理服务能力指标、公司治理结构状况、盈利指标、运营指标、客户评价和社会评价指标及创新能力指标等。

二、寿险渠道转型

1. 个险渠道转型

（1）个险渠道对寿险市场发展的战略意义及存在的问题。中国保险在 30 多年的发展中大量铺设经营网点和建设队伍，形成了强大的渠道基础。个险代理人是保险业自己的销售渠道，截至 2017 年底，保险在全国拥有约 806.94 万人[①]的代理人，是 2013 年保险代理人总数的 2.78 倍。中国寿险业在 2011 年出现增长危机，经过近 3 年的调整，于 2014 年恢复两位数的增长，很大部分原因是寿险个险渠道创造了寿险市场近一半的保费收入，在

---

① https://d.qianzhan.com/xnews/detail/541/180307-15f83107.html.

扭转寿险市场增长趋势中发挥了重要作用。保险拥有自己的营销渠道，这个优势吸引了市场上其他渠道基础较为薄弱的行业。在当前中国的保险营销员，特别是保险代理人社会名声较差的情况下，证监基金行业仍愿意将公共基金的销售放开给保险业。

寿险业在长期发展中投入了大量的寿险资金来铺设渠道，特别是在保险代理人渠道方面，但是寿险业对个险渠道的开发并不充分。2017年，个险渠道给寿险业创造了约13071.85亿元的保费收入，然而，与银行业以及国际保险市场代理人的投入产出相比，代理人渠道潜力的挖掘并不充分。在长期扭曲的业务发展模式下，个险代理人渠道的发展进入了两个恶性循环：一是增员难，寿险公司越是增员，代理人的留存率越低，寿险公司越是依赖人海战术；二是代理人素质低，代理人收入越低，整体素质越低，其收入也越少。寿险公司在长期发展中的"大进大出"和代理人素质低的问题长期得不到有效解决，形成了"劣币驱逐良币"的恶性循环发展模式。

（2）个险渠道转型的对策。针对个险渠道发展中存在的一些问题，近年来寿险公司采取了一定的应对策略，提升个险渠道在寿险市场增长中的作用。

一是继续稳定增员。绝大部分保险公司均将增员作为未来业务发展的一项重要任务，设计了近几年的增员计划。在当前保险机构数量众多、相互"挖墙脚"等竞争压力下，大规模增员已经较为困难，增员的成本较高，但是，营销员队伍规模仍然是业务增长的重要影响因素，未来，寿险公司仍需要加强增员建设，通过完善人才制度建设来提高营销员的留存率。

二是重提精英战略。提高代理人质量和素质，通过提高效率的方式实现渠道增长。大力引进高层次人才进入代理人销售团队，建立激励机制，鼓励代理人团队通过学习等方式提高受教育层次，在系统内部建立差异化的培训机制，对不同角色的人员提供培训服务，加强跨界业务知识技能的培训。在寿险公司渠道费用率难以下降的形势下，开发费用吸收率强的保险产品，如重疾类产品、年金保险产品等。

三是实现代理人职员制，增强代理人的归属感。目前，很多公司都对这一模式进行了试点，大部分以失败告终，但是这并不证明这种模式不适合中国市场，很多公司仍然在进行试点，未来，还有待继续探索和完善。有些大型公司在北京开展了职员制的保险代理人精英团队试点，一些公司尝试给代理人稳定而长期的员工福利，以成本价让员工消费本公司的保险产品。

四是试点完全独立的代理人制度。根据《保险法》的规定，允许有条件的营销员领取保险营销许可证，经过工商登记获得独立代理人资格，设置相对高的准入条件，允许个险代理人销售多家保险公司的产品；设置相对低的准入条件，允许个险代理人成为专属的个险代理人，只能代理一家保险公司的产品。保险公司可以先进行小范围内的试点，开展专属保险代理人办公室的试点，采取类似于分公司服务柜台的运营和管理方式，再根据试点效果考虑扩展和推广。

五是改革营销员体制，引进高端营销人员。加强寿险理财规划师团队的建设，增强家庭个性化风险保障需求的设计元素。寿险产品的复杂性决定了寿险销售是一项对专业技能要求较高的职业，特别是在长期寿险产品的销售方面，需要营销员具有较强的金融、保险、经济和社会等专业知识背景，可以在家庭风险管理规划、生命周期规划等方面为消费者提供专业性服务。日本和韩国的个险渠道在经历了粗放式发展后，转入到高端的理财规划师团队建设的轨道上，增强寿险产品设计元素在营销中的作用。

六是大力发展兼职代理人。2015年，中国保监会下发《关于保险中介从业人员管理有关问题的通知》，要求各保监局不得再受理保险销售（含保险代理）和保险经纪从业人员资格核准审批事项，依法妥善做好后续工作。保险中介从业人员执业前，所属保险公司应当为其在保监会保险中介监管信息系统进行执业登记，代理人资格证书不再作为执业登记的必要条件。这一规定放松了对代理人执业资格证书要求的限制，为大力发展兼职代理人制度提供了有利条件，可以鼓励更多有条件的个人参与到保险销售业务，缓解当前保险业面临的增员困难。

七是加强对保险代理人的培训。保险公司应当加大对保险代理人培训的物质投入和人力投入，提高保险代理人的业务素质和综合能力，培养具有多元化服务技能的代理人团队，适应现代科技发展环境，通过保险综合服务技能解决现实生活中的多种服务困境。例如，英国养老保险市场快速发展的一个原因是复杂的报税和退税等手续问题，而保险公司在这种劳务型的事务管理上可以发挥重要作用。

2. 银保渠道转型

（1）银保渠道对寿险市场发展的战略意义及存在的问题。寿险市场的快速增长让银行业看到了营销渠道潜在的巨大商机，渠道资源的有限性加大了寿险公司对渠道资源的争夺。部分银行设立了保险公司，利用自身的渠道优势发展银保业务。目前，国内银行系保险公司已有9家，其中中邮人寿、建信人寿等已经成为国内寿险保费规模排名前十位的保险公司。竞争的加剧推高了银保渠道的代理手续费，代理手续费率已经从2003年的7‰上升到目前的3%以上。

在银行利率尚未完全市场化的环境下，贷款业务收入并未让银行业感受到行业发展的危机，这种情况也给寿险业的发展带来了较大的困难，难以突破传统合作模式的困境。我国银行利率市场化改革正在推进，这在一定程度上改变了我国保险与银行在合作中的不对等地位，为银保渠道的发展创造更有利的发展平台。

目前，众多中小型寿险公司仍然在保费规模驱动的模式下，利用银保渠道作为快速推动保费规模增长的重要利器。银保渠道创造的价值率虽然不高（从行业发展规律来看，八成的业务规模仅创造了两成的利润），但是规模效益仍然能带来一定的好处，是多数寿险公司生存和发展的条件。

（2）银保渠道转型的对策。随着利率市场化改革的推进，未来银行传统业务的盈利空间将逐渐收窄，银保等中间业务将成为银行利润的重要来源。保险公司可以采取一些措施来深化同银行的合作层次，推动银保合作由单纯的代理协议模式向长期利益共享的战略合作伙伴或股权合作等模式转变。

一是开发适合在银保渠道销售的保障型寿险产品。推出更多适合在银保渠道销售的保障类寿险产品，避免与银行理财产品的正面竞争，降低银保渠道寿险产品的可替代性，充分利用保险最基本的功能优势对消费者的吸引力。

二是增强银保渠道寿险金融产品的创新力度。加强保险同其他金融产品服务功能的融合，开发"一站式"寿险产品，增强寿险产品的多元化服务功能，满足市场多元化的服务需求，为市场提供更综合、更便利的金融服务。

三是大力发展期交型和高端化的高现金价值业务。尽量拉长高现金价值业务的保障期限，大力开发10年以上的长期高现金价值业务，减少短期高现金价值业务到期时的现金流出压力。通过多层次的保险期限结构，缓解银保渠道现金流压力，拉高这类短长期业务的保费规模，依靠规模优势增强银保渠道的净利润。

四是探索银保渠道的专业化发展模式。将银行的兼业代理模式转变为与银行有股权合作或者战略合作关系的保险经纪公司销售寿险产品的模式，即由商业银行设立中介机构以从事保险业务的销售，保险公司与商业银行设立的这类中介机构合作，向保险经纪人模式转变和发展。美国和中国台湾等在银保专业化发展模式方面具有丰富的经验。中国大陆适用银保专业化发展模式的机构主要有三类①：第一类是管理链条长、银保管理效率逐级损耗大的银行，例如，工、农、中、建、交和邮政银行，这类机构实行银保专业化发展模式，可以将保险销售业务板块分离出去，有利于集中管理、明确管理职责、防范不规范经营行为、提高服务能力；第二类是运作比较成熟的金融集团，例如，平安集团、光大集团、中信集团等，通过银保专业化经营的方式，增加利润来源，有利于这些金融集团探索综合性理财业务的发展；第三类是已经参股和控股保险公司的银行，例如，招商银行、北京银行和汇丰银行等，这些银行的分支机构较少，可以借助其控股或者参股的经代公司销售保险产品，减少渠道营运成本，快速发展中间业务以增加利润来源。

五是寿险公司加强自身的专业性服务优势。依靠品牌、产品和服务优势摆脱与银行的低层次合作模式，凸显寿险公司自身的发展优势，在与银行合作中利用专业性服务优势取得主动性。目前，银行业正处于转型发展阶段，寿险业可以抓住这个机遇，利用自身在资金规模、渠道队伍和人力储备等方面的优势，加强与银行的深度合作，增强在合作中的博弈能力。

六是寿险公司加强银保渠道后台的服务支持。银保渠道工作小组主要为银保渠道销售提供各种相关的服务支持，主要职责是负责与银行沟通，包括寻找合作银行，定期走访各银行销售网点，加强对银行销售网点的监督，定期或不定期为银行销售人员提供培训工作，加强银行销售人员对寿险产品的理解和认识以及掌握根据客户需求为客户量身定做产品的技巧，也可以与银行职员一起拜访客户，增强对银保渠道的服务支持。

3. 团险渠道转型

（1）团险渠道对寿险市场发展的战略意义。团险渠道是寿险业的传统销售渠道，在扩大保费规模、降低寿险费用率等方面具有其他渠道不能比拟的优势，部分上市公司团险渠道的业务价值创造能力较强，可以作为保

---

① 施强. 银保经营的第五种模式 [J]. 中国金融, 2011 (16)：32-33.

险公司价值创造的重要辅助渠道。多年以来，相对于快速增长的个险业务来说，团险业务虽然也获得了较大的发展，但是受制于多种因素，团险业务增速减缓。随着我国社会保障制度改革的推进、税收优惠政策的出台以及《中国保监会关于促进团体保险健康发展有关问题的通知》（保监发〔2015〕14号）等利好政策的影响，未来，团险渠道仍然有较大的发展空间，可以成为寿险市场增长的重要来源之一。目前，团险业务的发展环境与形势与以往相比发生了较大的变化，团险渠道也需要探索新的发展模式，以适应当前的经济社会发展。

（2）团险渠道转型。一是由主要针对机构客户转向以机构客户为主，以家庭或个人客户为辅。在企业年金和职业年金被分离给专业养老保险公司经营的情况下，各寿险公司可以加强开发针对家庭或者个人客户的团体业务。一方面，社会保障制度改革将释放出更多的风险保障需求，扩大了效益比较好的机构客户对团险业务的需求。另一方面，2015年1月发布的《中国保监会关于促进团体保险健康发展有关问题的问题》为非机构客户投保团险业务创造了更为便利的条件，将团险业务的最低投保人数由5人降至3人，适应了当前核心家庭人口小型化的发展趋势，将更多地以三口之家为特征的核心家庭纳入到团险业务投保的范畴，扩大了非机构客户团险业务的投保范围；允许投保团险的被保险人不在同一个省、自治区或直辖市等，适应了当前我国人口流动性较大的特征，扩大了家庭或个人投保团险业务的范围。

二是由短期保障类业务向长期保障类团险业务转变。随着我国人口老龄化的加剧，市场对养老、护理、疾病和死亡等类型风险保障的需求增加，这类风险事故的保险期限一般较长，以家庭为核心成员的夫妻双方一般具有相似的生命风险特征，家庭或个人可以通过购买团险的方式适度降低个人单独投保时的保险费用。在企业年金个人税收优惠、商业健康保险税收优惠等税收优惠政策的激励下，机构客户对团体养老、健康等风险保障的需求大幅增加，特别是近年来小微企业的发展壮大，为团体业务的发展提供了巨大的市场空间。未来，长期保障类业务的市场发展潜力较大，将成为团险渠道增长的重要动力。

三是加强同社会保障机构的合作，开发更多政策性团险保险业务。利用大病保险、长期护理保险等利用政策型团体保险业务积累的客户资源，发挥政策型团体保险业务的示范效应，带动其他寿险业务的发展。在当前我国普遍推广大病保险业务的政策支持下，继续创新大病保险的业务发展模式，大力推广大病保险业务。

三、寿险产品转型

1. 寿险产品转型的战略意义

寿险产品是寿险渠道发展的重要载体，对寿险渠道的转型发展具有重要意义。20 世纪 90 年代末，我国引入投资型寿险产品，投资型寿险产品在推动个险渠道和银保渠道发展及带动个险业务发展方面发挥了重要作用，改变了我国寿险产品以保障型产品为主的发展模式，使个险业务成为中国寿险市场的主流消费模式，提高了中国保险业的金融化程度。当前，随着我国人口老龄化的加剧，以及经济社会发展方式的转变，寿险市场的主要风险从以生命期过短的死亡风险向生命期过长的生存类相关风险（如养老、疾病、护理）转变，寿险市场将从以储蓄理财产品为主的财富积累式发展模式向以风险保障为主的杠杆化模式转变，养老保险和健康险等将成为未来我国寿险市场增长的重要险种。

2. 寿险产品转型的对策

（1）大力发展具有较高内含价值的保障类寿险产品。保障功能是保险区别于其他金融产品最基本、最核心的功能特征，是最能反映保险本质特征和优势的功能。高保障类型的寿险产品的内含价值往往较高，这类业务在寿险总保费中的占比越高，其为投资人或股东创造的价值就越高。对于消费者，这类产品提供了较好的保障功能，可以有效地防范和化解相关的风险，降低消费者的风险损失。这类产品的形态较为复杂，设计的形态多种多样，可以通过保险期限、交费期限、保险责任、犹豫期、豁免条款、宽限期、转换条款和责任免除等多种维度改善产品设计，综合运用营销策略、价格策略和产品策略等。例如，2013 年 8 月，传统人身保险费率市场化改革以后，同年 9 月，平安人寿推出"平安福"产品系列组合。近年来，我国健康险保费高速增长，保费增速基本上保持在 30%以上，反映出了我国寿险产品向高保障类产品转型的变化。目前，我国寿险市场规模较大的保险公司都在沿着这个方向转变，太保寿险从 2014 年开始完全放弃了高现金价值业务，大力开发终身型的寿险产品。

（2）大力发展长期理财类寿险产品。这类产品的价值低于高保障类型的寿险产品，但是保费相对较高，可以迅速拉高寿险保费规模，通过量大的优势提高寿险盈利水平。目前，我国寿险市场仍然在大规模发展高现金价值类的寿险业务，但与以往不同的是，各寿险公司都在尽量拉长这类业务的保险期限。这种产品模式适合于以前短期理财寿险业务规模较大的寿险公司，因为这类公司在这类产品期满时面临较大的现金流出压力，每年需要吸收较大规模的现金流入才能缓解公司现金流出压力。长期理财类寿险产品可以逐渐延长现金流出的时间，给这类寿险公司提供一定的现金流出缓冲时间，也可以为公司创造一定的利润。

（3）大力发展短期理财型寿险产品。从保险精算的角度来看，长期保障型寿险产品的期初最低资本要求也可能高于短期理财型寿险产品，而大规模发展短期理财型寿险业务可能会大大降低期初的资本要求。这种产品战略适合于资本规模比较大、风险承受能力比较强的保险公司。目前，银行系保险公司开展的这类业务比较多，过去安邦集团下属的各类保险公司是最典型的以投资理财型寿险产品为驱动的业务发展模式，较少涉足传统型寿险业务。

（4）大力发展长期纯投资型寿险产品。借助我国个人税收递延型商业养老保险即将推出的税收优惠机遇，设计和开发具有较长保险期限的纯投资型寿险产品，增强寿险产品的财富增值功能。例如，投资连接险和变额年金等产品。一旦个人税收递延型商业养老保险优惠政策出台，就立即将这类纯投资型寿险产品上市销售。随着我国金融全面改革的不断深化，中国资本市场未来发展潜力巨大。寿险公司可以根据客户特点，在银保渠道或者网销渠道等推出投资连接险和变额年金产品。

（5）大力发展养老、疾病、护理和失能等风险保障类型的寿险产品。加强对以生存期限较长为核心的各类生命风险保障的力度，降低这类产品中死亡风险保障的力度，减少风险对冲效应导致的寿险产品价格过高对消费的影响。加强养老保险产品与健康保险、护理和失能产品的组合，实现生命周期过长风险和生存期间健康风险、护理和失能风险的组合，放大保险杠杆机制，扩大生命期过长的风险保障。

（6）创新人寿保险产品保险金额给付方式。针对我国人身风险由生命期过短风险向生命期过长风险转化的趋势，我国保险公司可以借鉴发达市场的保险产品的设计经验，创新人寿保险产品保险金给付方式，增强保险金给付的灵活性，在死亡和全残赔付的基础上，增加罹患癌症等疾病保险金给付方式，使保险金给付用在被保险人生存期间的资金需求上，缓解家庭在风险期间的费用负担。目前，香港的人寿保单基本上都具有这种给付特征，这也是香港人寿保险产品的一个优势（周华林等，2017）。人寿保险产品多以死亡或全残风险为保险责任，受益人一般是被保险人之外的第三者，然而，在疾病死亡情况下，部分被保险人在疾病死亡之前承担了巨大的医疗和护理等费用，这是家庭真正需要耗费大量资金的消费，通过增加罹患癌症等疾病保险金给付方式，可以真正地解决家庭在这期间的消费负担，而不只是为了弥补家庭其他成员的经济损失，它可以增强人寿保险产品的吸引力，更好地适应市场的风险保障需求。

四、盈利模式转变

1. 国际市场财富管理盈利模式

国际寿险市场的发展经验表明，以投资连接险业务为主的财富管理费可以为寿险公司带来较多的利润，是寿险盈利的重要来源之一，中国保险机构的盈利模式应当打破单一的利差益盈利模式，向多元化或者混合盈利模式转变。

美国寿险公司在养老金和企业年金中的占比仅为 20% 左右，年金业务占整个寿险业务的 50% 左右，其中，60% 以上的年金业务为变额年金，变额年金的投资手续费和最低投资保证的保证费是保险公司最大的盈利来源。在保证管理费能覆盖保险公司经营风险的前提下，美国保险业将变额年金的投资业务转给投行经营，获取投资收益，保险公司相当于是借投资平台收取长期管理费，将管理费作为这类保险业务的重要盈利来源之一。

英国保险公司的年金保险占整个年金市场的 60%～70%，养老金产品以投资连接险为主（占年金产品的 70%～80%），没有给投资连接险附加最低投资保证。由于英国推行了养老保险税收递延优惠政策，养老金的账目较为复杂，税优和报税等管理过程也较为复杂，保险在这类劳务性事务的管理方面具有较强的优势，这也是导致英国保险业快速发展的重要原因之一。保险公司的投资能力比证券、基金和投行等专业机构要弱势得多。英国保险公司根据这一特点，设计了投资连接保险产品，通过一个透明的平台，让客户在全球选择最好的投资机构，满足客户的资产最优增值需求和税务管理需求，充分利用了保险机构的优势和特点，因而，投资连接险手续费成为英国年金业务盈利的重要来源之一。这表明保险业务的利润来源可以从传统的盈利模式向多元化或者混合盈利模式转变，也可以通过做平台的方式获取管理费。

2. 中国寿险业盈利模式转型的对策

（1）加强长期保险业务的市场开发。依靠长期寿险业务的复利效应增加投资收益，从而降低客户对投资收益的要求，增加寿险产品的保障成分，提高寿险业务的长利差和死差益。寿险公司可以尝试市场化的机制，将一定的资金委托给专业投资机构运作，提高保险资金的投资收益率。2014年下半年，中国人寿将200亿元的保险资金委托给证券基金公司进行专户运作，取得了不错的效果。

（2）加强保障型寿险业务的市场开发。保险公司加强了流程和理赔管理，逐步稳定并扩大死差益，提高了寿险业务的边际利润和内含价值。近年来，我国健康险业务增长迅速，即使在寿险总保费增速下降的形势下依然保持着较高的增速，反映了市场对保障型寿险业务有较强的需求。除近几年发展的一些较短期限的护理保险产品外，健康险基本上都是保障型业务，这类业务的发展对调整寿险业务结构具有重要意义。寿险的转型发展过程实际上是推动寿险业务结构调整的过程，在这个过程中，加强承保管理，可以增加寿险公司的死差益。

（3）控制费差损。寿险费率市场化改革的推进，将加剧行业内以产品为依托的竞争格局。由于保险业务要持牌经营，一些其他金融机构仅取得了企业年金的经营权，所以，在保险行业发展中，真正的竞争对手并不是来自于保险以外的其他金融行业，而是保险行业内部的竞争，竞争的加剧提高了市场对保险公司成本管理的要求。寿险市场过去几十年的粗放式经营模式是以高成本和高投入为代价的，个险渠道和银保渠道的代理成本不断攀升。随着寿险转型的推进，未来，寿险公司需要加强对成本的精细化管理，特别是银保渠道的经营成本，控制费差损，尽量争取费差益。

（4）大力推广针对高端客户的资产型产品。寿险公司逐渐实现由单纯的保险产品供应商向渠道平台服务转变的发展模式，收取长期管理费。因为以分红险和万能险为主的理财型寿险产品与其他理财类产品同质化，保障程度较低，所以这类理财型产品的可替代性强，既没有体现寿险费率杠杆效应带来的保障优势，也没有其他金融理财产品的透明度高、期限短、手续简单和收益高等优势，产品没有竞争力，未来在寿险业务中的占比将逐渐下降。随着中国资本市场的发展以及世界经济的逐渐恢复，投资连接寿险和变额年金作为具有更强投资功能的产品，将成为更具市场竞争力的投资型寿险产品。寿险公司可以将商业年金保险产品设计成投资连接险或者变额年金的方式，在个人税收递延型商业养老保险优惠政策出台以后，这类业务在寿险业务中的占比将逐渐增加，并逐渐形成财富管理盈利模式。

参考文献

［1］毕永辉．关于中国寿险营销渠道发展的研究［D］．北京：对外经济贸易大学，2012.

［2］曹勇．中国人身保险产品发展方向研究——保障性产品占主导地位是中国人身保险产品发展的大方向［D］．天津：南开大学，2009.

［3］陈文辉．保险资金运用的回顾与展望［J］．保险研究，2013（9）：3-8.

［4］陈文辉．中国寿险业：前景、风险与应对［J］．中国金融，2010（23）：10-12.

［5］单月华．日本人寿保险的发展演进及对我国寿险发展的启示——兼议我国转型期人寿保险的发展［D］．成都：西南财经大学，2010.

［6］丁振寰．以客户为中心推动寿险业结构转型［J］．中国保险，2009（8）：24-26.

［7］凤兰，包双宝，李晓林．保险业增长对经济增长的作用：一个文献综述［J］．现代管理科学，2011（12）：12-14.

［8］郭金龙．人身保险费率政策改革的影响［J］．西部金融，2013（10）：22-24+29.

［9］郭金龙．现代商业保险规范发展与金融稳定关系的综合研究［M］．北京：经济管理出版社，2014.

［10］郭金龙，周华林．我国万能险发展存在的风险及政策分析［J］．保险理论与实践，2016（11）：1-11.

［11］和成．投连险风波［J］．中国保险，2003（6）：18-21.

［12］何小伟．保险发展对经济增长的影响：一个文献综述［J］．湖北经济学院学报，2014，12（5）：57-62.

［13］黄英君．日本寿险业的盛衰变迁及其对中国的启示［J］．云南财贸学院学报，2006（1）：32-37.

［14］黄友松．"十二五"时期银保渠道转型发展之路［J］．中国保险，2011（6）：34-36．

［15］李良温．传统寿险产品预定利率市场化不会引发系统性风险［J］．中国保险，2011（4）：16-18．

［16］李良温．寿险费率改革需看银行利率市场化的眼色［J］．中国保险，2014（1）：8-9．

［17］李良温．寿险预定利率市场化分析［J］．保险研究，2010（9）：16-20．

［18］李香雨．中国保险业促进经济增长的路径研究［D］．长春：吉林大学，2012．

［19］李学军，杜鹃．论中国寿险业利率风险的管理［J］．上海保险，2005（1）：42-44．

［20］凌秀丽．对当前寿险业发展若干问题的思考［J］．中国保险，2014（6）：11-13．

［21］凌秀丽．对中国寿险业转型之路的探讨［J］．中国保险，2013（6）：13-16．

［22］牛播坤，刘蕾蕾．利率市场化和寿险定价利率改革互动研究［J］．金融监管研究，2013（8）：85-102．

［23］牛利．发展方式转型：人保寿险在新的起点上跨越［J］．中国保险，2013（2）：47-51．

［24］孙乃岩，金喜在．改革开放以来中国保险业发展历程综述［J］．现代管理科学，2012（6）：46-48．

［25］孙祁祥．论寿险业投资的市场化运作——兼论中国监管者面临的两难选择［J］．经济研究，1998（12）：48-56．

［26］孙祁祥，王国军，郑伟．中国保险市场对外开放的重大议题与政策选择：2012~2020［J］．保险研究，2012（2）：3-12．

［27］庹国柱，朱俊生．国外个人年金保险的发展变化及其启示［J］．中国金融，2007（12）：25-27．

［28］万峰等．日本寿险业研究［M］．北京：中国金融出版社，2014．

［29］王国军．保险业转型的难点与方向［J］．中国保险，2011（5）：8-14．

［30］王焕平．对我国两次投连险退保风波的思考［C］．中国保险学

会——第二届学术年会入选论文集（实务卷），2010：402-407.

［31］王庆蕊.我国寿险个人代理人发展研究［D］.石家庄：河北经贸大学，2014.

［32］王稳，王东.寿险费率市场化改革［J］.中国金融，2013（16）：84-86.

［33］王鑫.台湾寿险业的发展演进及对大陆地区寿险业发展的启示［D］.成都：西南财经大学，2013.

［34］王绪瑾.商业车险条款费率的市场化路径［J］.中国保险，2015（1）：31-34.

［35］王绪瑾，席友，龙云飞.中国寿险市场的特征、矛盾和对策研究［J］.保险研究，2011（12）：60-69.

［36］魏华林，冯占军.中国寿险业当前面临的利率困境及策略选择［J］.经济评论，2005（4）：90-93.

［37］魏瑄.个人所得税制度对商业养老保险发展的影响——以欧洲寿险市场为例［J］.中国保险，2013（11）：54-61.

［38］温燕，钱敏.台湾地区银行保险市场的发展与启示［J］.保险研究实践与探索，2011（9）：36-40.

［39］熊林.传统险定价利率改革风险与后果［J］.金融经济，2013（17）：38-39.

［40］许冰凌.转型时期我国寿险业增长方式浅析［J］.保险职业学院学报，2010，24（2）：27-30.

［41］许闲，刘洋.我国寿险行业转型期盈利能力分析［J］.中国保险，2013（7）：59-61.

［42］杨明生.对保险资金运用与监管的思考［J］.保险研究，2008（8）：74-77.

［43］余志成，李宜凌.我国保险业转型期面临的问题与应对策略［J］.生产力研究，2007（9）：34-36.

［44］袁序成.人身保险费率形成机制改革［J］.中国金融，2014（9）：33-35.

［45］张梅.论我国寿险营销渠道的建设与整合［D］.成都：西南财经大学，2005.

［46］张宁.我国保险公司个险渠道业务现状浅析［J］.时代金融，

2014（9）：189+191.

［47］张细松，刘素春．我国保险业对利率政策的反应研究［J］．保险研究，2013（1）：32-40.

［48］郑伟，刘永东．中国保险业中长期增长潜力分析［J］．北京大学学报（哲学社会科学版），2007（5）：105-114.

［49］郑振．我国寿险营销渠道的整合探讨［D］．成都：西南财经大学，2008.

［50］中国人寿保险股份有限公司甘肃省分公司课题组．寿险业转变发展方式问题研究［J］．甘肃金融，2011（4）：32-33.

［51］钟瑛．20世纪90年代以来的中国宏观经济政策调整［J］．当代中国史研究，2005（4）：101-107+127-128.

［52］周华林，龚晓伟．收入对居民寿险产品类型选择的影响及弹性分析［J］．经济研究参考，2019（21）：47-58.

［53］周华林，郭金龙．人身保险产品费率政策改革后产品创新效率分析——以平安人寿平安福保险产品为例［J］．金融评论，2014，6（2）：82-101+125.

［54］周华林，郭金龙．中国寿险产品供给及其影响因素分析［J］．保险研究，2012（11）：62-74.

［55］周华林，郭金龙，周小燕等．"偿二代"与"偿一代"的比较及风险管控分析［J］．保险理论与实践，2017（10）：33-48.

［56］周华林，郭金龙，周小燕．内地与香港寿险业发展比较分析［J］．保险理论与实践，2017（3）：11-27.

［57］周华林．经济"新常态"下中国保险市场发展的新变化及对策［J］．海南金融，2015（3）：48-53.

［58］周华林，童金林．中国保险业风险防范措施与政策建议［J］．保险理论与实践，2017（6）：35-47.

［59］周华林．中国居民个人寿险需求分析［M］．北京：经济科学出版社，2015.

［60］祝向军．后危机时代保险公司盈利模式选择的理论分析［J］．广东金融学院学报，2010，25（6）：85-93.

［61］祝向军．寿险费率市场化的国际经验［J］．中国金融，2014（9）：40-41.

［62］左学金．人口增长对经济发展的影响［J］．国际经济评论，2010（6）：127-135+6．

［63］Alex C，David J. Securitization of Life Insurance Assets and Liabilities［J］. Journal of Risk and Insurance，2005，72（2）：193-226．

［64］Alhassan A，Fiador V. Insurance-Growth Nexus in Ghana：An Autoregressive Distributed Lag Boundscointegration Approach［J］. Review of Development Finance，2014（4）：83-96．

［65］Andrew N，Sherri M. Interest Rate Risk Management：Developments in Interest Rate Term Structure Modeling for Risk Management and Valuation of Interest-rate-dependent Cash Flows［J］. North American Actuarial Journal，1997，1（2）：1-26．

［66］Babbel D F . Inflation，Indexation，and Life Insurance in Brazil［J］. Journal of Risk and Insurance，1981（1）：111-135．

［67］Babbel F . The Price Elasticity of Demand for Whole Life Insurance［J］. Journal of Risk and Insurance，1985（1）：225-239．

［68］Beck T，Webb I. Economic，Demographic and Institutional Determinants of Life Insurance Consumption across Countries［J］. World Bank Economic Review，2003（1）：51-88．

［69］Berekson L L. Birth Order，Anxiety，Affiliation and the Purchase of Life Insurance［J］. Journal of Risk and Insurance，1972（1）：93-108．

［70］Bernard P，Lavingne N E M A，Mahieu R. Age and the Demand For Life Insurance：An Empirical Investigation Using French Panel Data. EURISCO，University Paris Dauphine. 2003. http：//www. dauphine. fr/eurisco．

［71］Bernett J J，Palmer B A. Examining Life Insurance Ownership Through Demographic and Psychographic Characteristics［J］. Journal of risk and insurance，1984（51）：453-467．

［72］Bernheim B D. How Strong are Bequest Motives？Evidence Based on Estimates of the Demand for Life Insurance and Annuities［J］. Journal of Political Economy，1991（99）：899-927．

［73］Browne M J，Kim K. An International Analysis of Life Insurance Demand［J］. Journal of Risk and Insurance，1993（4）：616-634．

［74］Brown W，Churchill C F. Providing Insurance to Low-Income Households [R]. Microenterprise Best Practices Project, 1999.

[75] Campbell R A. The Demand for Life Insurance: An Application of the Economics of Uncertainty [J]. Journal of Finance, 1980 (5): 1155-1172.

[76] Carsten-Henning S. Determinants of Demand for Life Insurance Products-Theoretical Concepts and Empirical Evidence. Swiss Re, Economic Research and Consulting, Mythenquai 50/60, CH-8022 Zurich. 2003.

[77] Chen R B, Wong K A, Lee H C. Age, Period, and Cohort Effects on Life Insurance Purchase in the U. S. [J]. Journal of Risk and Insurance, 2001 (2): 303-328.

[78] Compbell Y J. Household Finance [J]. Journal of Finance, 2006 (61): 1553-1604.

[79] Cristea M, Marcu N, Cârstina S. The Relationship between Insurance and Economic Growth in Romania Compared to the Main Results in Europe-atheoretical and Empirical Analysis [J]. Economics and Finance, 2014 (8): 226-235.

[80] David Cummins J, Francois Outreville J. An International Analysis of Underwriting Cycles in Property-Liability Insurance [J]. Journal of Risk and Insurance, 1987 (2): 246-262.

[81] Dragos S L. Life and Non-Life Insurance Demand: the Different Effects of Influence Factors in Emerging Countries from Europe And Asia [J]. Economic Research-Ekonomska Istraživanja, 2014 (1): 169-180.

[82] Eling M, Kiesenbauer D. What Policy Features Determine Life Insurance Lapse?: An Anaysis of the German Market [J]. Journal of Risk and Insurance, 2013 (2): 241-269.

[83] Fischer S. A Life Cycle Model of Life Insurance Purchases [J]. International Economic Review, 1973 (1): 132-152.

[84] Fortune P. A Theory of Optimal Life Insurance: Development and Test [J]. Journal of Finance, 1973 (3): 587-600.

[85] François Outreville J. Life Insurance Markets in Developing Countries [J]. Journal of Business, 1996 (2): 263-278.

[86] Goldsmith A. Household Life Cycle Protection: Human Capital Versus Life Insurance [J]. Journal of Risk and Insurance, 1983 (3): 473-486.

［87］Hammond J D, Houston D B, Melander E R. Determinants of Household Life Insurance Premium Expenditures: An Empirical Investigation ［J］. Journal of Risk and Insurance, 1967 (3): 397-408.

［88］(Jed) Frees E W, Sun Y J. Household Life Insurance Demand a Multivariate Two-Part Model. University of Wisconsin-Madison, 2009 (9): 1-28.

［89］Joskow P. Competition and Regulation in the Property-Liqudility Insurance Industry ［J］. The Bell Journal of Economies and Management Science, 1973, 4 (2): 375-427.

［90］Kwon Soon-Il, Lee Soon-Jae, Yong Chung S. Household Characteristics on Demand for Life Insurance, 2009.

［91］Lewis F D. Dependents and the Demand for Life Insurance ［J］. American Economic Review, 1989 (3): 452-467.

［92］Li D H, Fariborz M, et al. The Demand for Life Insurance in OECD Countries ［J］. Journal of Business, 2007 (3): 637-652.

［93］M Beennstock, Dickinson G, Khajuria S. The Determination of Life Premiums: An International Cross-Section Analysis 1970-1981 ［J］. Mathematics and Economics, 1986 (5): 261-270.

［94］Neumann S. Inflation and Saving through Life Insurance ［J］. International Economic Review, 1969 (5): 567-582.

［95］Pissarides C A. The Wealth-Age Relation with Life Insurance ［J］. Journal of Risk and Insurance, 1980 (188): 451-457.

［96］Showers E, Shotick A. The Effects of Household Characteristics on Demand for Insurance: A Tobit Analysis ［J］. Journal of Business, 1994 (3): 492-502.

［97］Spence M, Zeckhauser R. Insurance Information and Individual Action ［J］. American Economic Review, 1971 (2): 380-387.

［98］Tennyson L, Weiss A., Laureen R. Automobile Insurance Regulation: The Massachusetts Experience in Deregulation Property-Liability Insurance ［J］. American Economic Review, 1989 (79): 452-467.

［99］Vadlamannati K C. Do Insurance Sector Growth and Reforms Affect Economic Development? Empirical Evidence from India ［J］. The Journal of Applied Economic Research, 2008 (1): 43-86.

［100］Verma A, Bala R. The Relationship between Life Insurance and Economic Growth: Evidence from India［J］. Global Journal of Management and Business Studies, 2013（4）: 413-422.

［101］Yaari M E. Uncertain Lifetime, Life Insurance, and the Theory of the Consumer［J］. Review of Economic Studies, 1965（2）: 137-150.

附　录

附录1　2006~2012年日本生命的"新整合计划"

涉及方面	策略要求	具体措施	执行成果
客户服务	构筑新服务体制，保障客户机能高效化，提出"投保越久服务越佳"的口号，充实各种后续服务	（1）2007年8月，开展"保单内容确认活动"，保户说明各种手续，确认最近一年有无发生住院、门诊、手术等可以申请理赔的事由 （2）开发"新整合系统"：日本生命将在2012年启动"新整合系统"，重新构筑跨越整个客服领域和过程的基础系统，力求使售后服务更具竞争力	已减少失效解约的状况，得到追加契约的核心客户源；日本生命的客户满意度由2007年的77.9%上升为2009年的83.7%
产品开发	开发浅显易懂的产品，进行产品精简化	（1）2008年10月，开发"未来surport"产品和简单易懂的"综合医疗附加险"产品 （2）2009年4月，进一步精简整合原有的医疗附加产品，将原来的六种产品简化为一种新的保险"My Medical EX"	截至2009年12月末，"未来surport"产品累计销售231万件，截至2010年3月底，"综合医疗附加险"和"My Medical EX"销量超过300万件

涉及方面	策略要求	具体措施	执行成果
销售渠道	展开符合客户需求的多种渠道销售	（1）修正营销员制度：2007 年 4 月，大幅修改营销员制度，更加重视客户服务及业务流程；将售后服务点数化，增加该部分的薪金比重 （2）营销员育成：着重培养有活力的营销员成为核心职员，完善自上而下的统一育成体系 （3）继续扩充银行窗口和代理店渠道	银行窗口已成为储蓄型产品的有力市场，保费收入占总保费收入的 20%，截至 2010 年 3 月底，代理店数量达到 9400 家
业务管理	实施"保户服务革新计划"	（1）新设契约总务部，强化整体业务方面的技能管理 （2）新设理赔服务室，针对拒绝理赔、保单解除的保户进行委婉详细的说明 （3）在保单审查部新设审查事务改革小组，构建切实能发挥功能的业务流程 （4）启用新的理赔审查系统 （5）通过公司类不考试制度"审查人员制度"，有计划地培育人才，以便随时调整人事安排 （6）在保单审查部新设"保单调查中心"，专门管理保险金及付款等给付后验证工作的组织 （7）设立"事务支援中心"，受理来自业务员的紧急性较高的保全、新契约事务等手续，做出迅速的保户服务 （8）全面更新 Call Center 系统，一元化管理"客户的意见资料库"，开展更多更好的服务 （9）倡导无纸化，实现手续简洁化	2007 年上半年的保全活动量（根据点数比较）较 2006 年同期增加 1.8 倍，每一名营销员的新单件数从 2007 年 5 月起呈增加趋势。改变了以往保单续签手续要求客户提供户口本复印件等资料、署名以及印章等程序，变更为在手提电脑上通过"客户 ID"和"密码"认证即可办理，实现了更高效便捷的管理
总部支持	完善后援基础设施，充实对营销员的支持	增加服务窗口设置，在 2012 年导入"营销员使用的新手机终端"，加强对营销员的支持	

资料来源：日本生命各年年报及公司网站公开信息，以下各表同此表。

附录 2　2003～2009 年第一生命的"生涯设计"及中期经营战略

涉及方面	策略要求	具体措施	执行成果
客户服务	以"客户第一"为经营口号	在公司网站上设定投保人专用的网页，根据投保内容有机会获得各种旅馆的减价和优惠服务的积分等	第一生命的客户满意度由 2003 年 3 月的 72.1%逐年上升至 2010 年 3 月的 82.6%
产品开发	细分客户需求	(1) 业界首创在死亡保障上添加免缴保费的附加险，即当出现三大疾病、规定的身体残障状态或需要护理的状态时，以后的保费可免缴 (2) 抢先销售面向中年人群的终身医疗保险 (3) 将原有的 13 种核心产品根据性别、年龄等分类整合成三大类产品 (4) 关注失能人群的保障 (5) 第一生命 2008 年销售的部分是以终身寿险为基础的产品，实现了附加险的自由组合 (6) 改版一些寿险产品，加入新医疗附加险和女性特定疾病住院附加险等附加险种，在客户加入时和加入后，商品设计的自由性进一步提高，结合新医疗附加险	丰富、整合了寿险商品，客户享有的综合保障得以提高，可以更有弹性地应对不同的客户需求，客户第 13 个月的综合续保率由 2005 年的 83%攀升至 2009 年的 93%
销售渠道	强调追求质量保障和更高的生产力，发展多元化渠道	(1) 重视保单续保率和营销员留存率 (2) 通过发展有效的组织管理制度和改进工作流程来提高生产效率 (3) 为生涯设计人员（营销员）提供便携式手提电脑，提高服务品质	共有超过 4 万名"生涯设计师"提供面对面咨询服务，直营店"生涯设计公园"由 2007 年首度商圈的 3 家扩充至 2010 年 4 月的 4 个城市共 7 家店铺
资产运用	强调资产运用的安全性和稳定性	(1) 机遇寿险特有的负债特性，强化资产负债管理 (2) 下调风险性资产比重 (3) 分散投资控制风险，重视收益稳定性	

附录 3　2008～2011 年明治安田生命的"挑战计划"

涉及方面	策略要求	具体措施	执行成果
客户服务	提高客户满意度，加强与客户间沟通；提高营销人员售后服务质量和访问频率，提倡优化服务内容	（1）推出"放心服务活动"，以规范保单的访问频率和售后服务水平 （2）每个营销员每年要回访每个客户 2～4 次，向客户解释现有保单合同内容，讲述理赔程序和其他有用的信息	客户第 13 个月的综合续保率由 2007 年的 86.2% 攀升至 2009 年的 92%
销售渠道	营销员体制改革和多样化销售渠道；积极强化营销员的培训与育成体系	（1）继续贯彻 2007 年进行的个险渠道营销改革 （2）2008 年 11 月，进行"生命规划顾问计划"，大幅度提高营销员的固定工资 （3）将产能提高和留存率上升等指标按比例计入营销员工资，提高薪酬的吸引力 （4）把新入职营销员教育课程由 2 年延长为 5 年，其中 4 个月由专职讲师带领小组培训 （5）建立公司内部培训考核制度，提高营销员资质 （6）公司针对营销员的知识、技能和礼仪编辑了 5 本教材，进行培训；营销员要通过内部认证考试，内容涉及业务知识和实际操作	营销员在册人数减少的状况得到了有效控制，个险营销员第 13 个月的留存率由 2007 年的 50.3% 上升为 2009 年的 66.1%；银保渠道中定额寿险和退休金的销售额大幅提升，2009 年的银保渠道保费同比增长 260.5%
营销管理	改进原有的营销管理模式	（1）通过前台系统功能的提升，强化销售活动 （2）结合市场实际情况，适当安排展业范围 （3）重视推进区域性市场管理，根据现有客户量、职场范围、市场情况（人口等）、签单质量和效益性等制定不同地域级别的佣金 （4）根据不同地域级别佣金的情况，设置划分分公司和营业所，实现资源合理配置和产能、质量以及效益的最大化	销售活动和客户满意度均有明显改善
业务管理	强化办事效率	（1）建立便于记载、便于阅读的索赔资料 （2）设立专门核查保险金业务的赔付监察室 （3）2009 年 12 月，引入查询鉴定新签约情况的支援系统；2006～2009 年，投资了 10.87 亿美元用于改善承保、保全和理赔的系统	

附录 4 2008~2009 年住友生命的 "再生"
与 "创新" 战略

涉及方面	策略要求	具体措施	执行成果
客户服务	提供最好的服务，通过品质经营，提高竞争力	(1) 定期访问客户，进行最细致的售后跟踪服务，并提供最新的商品信息 (2) 通过呼叫中心解答客户在加入保险和重新估计保障时的问题 (3) 引进新的营销员评价体系	2009 年，客户的综合满意度为 84.9%
产品	提供最好的商品，通过品质经营，提高竞争力	(1) 研发简单并具有竞争力的产品 (2) 进一步充实医疗保障，2009 年 2 月，发售了住院保障充实附加险；6 月，发售了 "享受 FA，三点可领会"；10 月，发售新的医疗附加险系列 "救 Q 队 KING" 和医疗保险 "KING 医生" (3) 2010 年 3 月，在护理保险需求和终身的死亡保障需求增加的背景下，发售新商品 "Live One Full Care"，将一生的护理保障和死亡保障结合到一起	2009 年，个人新单年换算保费为 2.313 亿日元，比 2008 年增长了 32.8%
渠道销售	与商业伙伴共同繁荣	(1) 寻求多样化的分销渠道，推进在金融机构和日本邮政集团各公司的窗口销售 (2) 与三井寿险公司共同出资设立保险商店和保险销售网页 (3) 录用适合营销的人才，强化营销员的培训系统，鼓励取得金融理财师（Associate Financial Planner）资格，提高个险营销员的咨询、销售技能	销售活动和客户满意度均有明显改善
总部支持	构筑第二代经营基础设施	(1) 2007 年 7 月，启动呼叫中心系统，通过手机可以完成手续 (2) 制作申请理赔手册等，几年来，在系统投资上花费约 1.45 亿美元 (3) 2007 年 8 月，引进手机结算保费的手机终端 SPAT (4) 发行 "住生 ALCard"，可以通过该卡完成各种保险交易	2010 年 4 月使用 "住生 ALCard" 的用户达到 381 万人左右

附录5　收入对居民寿险产品类型选择的影响及弹性分析[①]

一、引言

人寿保险（简称"寿险"）是对人身风险中的生（生存期过长）、死（生存期过短）两种风险提供保障的保险产品。收入在很大程度上制约着居民[②]的消费能力，影响着居民对寿险产品类型的选择。本书分析了消费者的收入对寿险需求的影响，主要围绕两个问题展开分析：一是收入如何影响消费者对寿险产品类型的选择，寿险产品包括定期寿险、终身寿险、两全保险和年金保险这四类；二是如果消费者选择了某种寿险产品，收入如何影响消费者购买多少保障，即寿险需求的收入弹性。

国内外关于收入对寿险需求影响的研究已经积累了不少，可以分为如下三个方面。

（1）学者普遍认为，收入对寿险需求具有正向作用，关于寿险产品性质的研究存在不同的结论。刘学宁（2012）发现，中国寿险商品是奢侈品，潘军昌和杨军（2010）的研究显示中国寿险需求缺乏弹性。Bernard 等（2003）发现，居民持有两全寿险产品的数量随收入的增加而递增，累计边际倾向随收入水平的增加而递减。Dragon 等（2017）发现，寿险在发达国家是正常品，在新兴市场国家是奢侈品。

（2）不同收入层次的居民的收入变化对寿险需求的影响程度不同。Hammond 等（1967）发现，中等收入群体的寿险需求富有弹性，高收入群体的弹性相对较小，低收入群体的收入弹性最小。Berekson（1975）发现，收入对收入均值较高的群体的寿险需求的影响效应大于收入均值较低的群体。Frees 和 Sun（2010）发现，拥有极高收入的家庭的寿险需求相对少。

[①]　本文作者为周华林、龚晓伟，文章发表于《经济研究参考》2019 年第 21 期，第 47–58 页。
[②]　此处的居民是指居民个人，不包括居民家庭和居民企业。

阎波（2006）发现，人均 GDP 在 1000~3000 美元时，寿险需求的收入弹性最大；小于 1000 美元时次之；大于 3000 美元时最低。刘学宁（2012）按照人均 GDP 水平将中国内地分为低收入、中低收入、中高收入和高收入四个组，发现，中低收入组的寿险需求的收入弹性最大，高收入组的寿险需求的收入弹性最小。袁成（2015）发现，中国经济欠发达省份的寿险需求弹性大于 1，经济发达省份的寿险需求弹性小于 1。瑞士再保险研究报告（2013）发现，收入对不同收入阶层的寿险需求的影响效应依次递增。

（3）不同类型寿险产品的收入弹性存在较大差异。Babbel（1985）发现，分红型终身寿险需求的收入弹性大于非分红型终身寿险，终身寿险需求的收入弹性大于 1，购买率对收入的变化比较敏感。Brown（1999）发现，终身寿险需求的收入弹性大于定期寿险。Kwon 等（2010）发现，定期寿险需求的收入弹性最小，个人年金保险和储蓄性寿险产品需求的收入弹性较大。王向楠和徐舒（2012）发现，收入对投资型寿险产品（投资连接保险和万能寿险）和传统型寿险产品（普通寿险和分红寿险）需求的影响作用不同，传统型寿险的收入弹性小于投资型寿险。孙秀清和毕泗锋（2018）发现，收入对普通寿险保险金额的影响最大，其次是分红寿险和万能寿险，对投资连接保险的保险金额的影响最小。

本书以居民个人为单位分析了收入对寿险需求的影响。本书的创新之处包括以下三个方面：一是比较了收入对定期寿险、终身寿险、两全保险和年金保险这四类寿险需求的影响，并运用第四类 Tobit 模型进行了估计；二是将投保人与被保险人的关系分为给本人投保、给配偶投保、给子女等晚辈投保和给父母等长辈投保四类，分析了给不同家庭成员投保时收入对需求的影响；三是比较了收入对不同收入阶层的居民寿险需求的影响。前两点是国内外研究中鲜见的，第三点是国内研究中鲜见的。

二、寿险产品的分类和模型构建

（一）寿险产品的分类与特点

寿险涉及生（生存期过长）、死（生存期过短）两种对立的生命风险。根据保险事故责任类型的不同，寿险产品一般可以分为四种：定期寿险、终身寿险、两全保险和年金保险。

定期寿险是一种风险保障性强、无储蓄性的寿险险种。如果被保险人在保险期内身故或者全残，可以获得数倍保费的赔付，保险杠杆系数较高；

当保险期限届满时，如果被保险人没有身故或者全残，就不能获得赔付，也不能收回已经交纳的保费。定期寿险产品在签订保险合同时确定保费和保险金额，没有分红功能；与同等条件下的其他寿险产品相比，定期寿险产品的保费较低，保险金额较高。

终身寿险、两全保险和年金保险属于储蓄性强的险种，保单的受益人或者在保险期间获得身故或全残风险赔付金，或者在保险期限届满时获得生存①风险待遇。①终身寿险以被保险人终身为保险期限，承保身故或者全残风险责任。②两全保险以生存和死亡两种风险为保险责任。如果被保险人在保险期内死亡或全残，将获得死亡赔付金；如果被保险人在保险期满时生存，将获得生存赔付金。两全保险的死亡赔付系数高于生存赔付系数，体现了该产品更关注保障过早死亡风险的特点。③现阶段，中国寿险公司的年金保险一般也承担生存和死亡两种风险责任，生存赔付金按照保险合同约定的某个时刻开始领取。需要说明的是，虽然两全保险和年金保险都提供生存和死亡保险责任，但两全保险的风险保障更偏重死亡保险责任，而年金保险的风险保障更偏重生存保险责任。

对定期寿险与三种储蓄性质的寿险产品进行比较，结果如下：①定期寿险和终身寿险。两者都为死亡风险提供保险，定期寿险的保险期限为有限期，终身寿险的保险期限是被保险人终身。②定期寿险与两全保险。定期寿险只为保险期内的死亡风险提供赔付，两全保险既为保险期内的死亡风险提供赔付，又为保险期满的被保险人提供生存赔付。③定期寿险和年金保险。生死风险是对立性质的生命风险，所以，两种寿险是风险对冲型产品。

（二）模型构建

定期寿险是保障型产品，终身寿险、两全保险和年金保险是储蓄型产品，储蓄型寿险产品具有现金价值，所以，消费者在选择寿险产品时，首先要在保障型寿险产品和储蓄型寿险产品之间做出选择。如果消费者选择了储蓄型寿险产品，再从三种储蓄型寿险产品中选择其中一类产品。当消费者选择了某种类型的寿险产品，便能观测到其对这种寿险产品的需求情况；当消费者没有选择某种类型的寿险产品，就无法观测到其对这种寿险产品的需求情况。因此，本书关注的问题需要构建受限因变量模型，可以通过构建 Tobit 模型来实现。

---

① 被保险人"生存"是指非处于全残状态的生存。

本书以第四类 Tobit 模型（适用于二元选择的受限因变量问题）为基础，构建了多元选择情况下的受限因变量模型（周华林，2015）。y_{mi}（$m=1$，2，3，4）表示消费者 i 对定期寿险、终身寿险、两全保险和年金保险四种产品的需求。I_{1i} 表示消费者选择某类寿险产品的虚拟变量，$I_{1i}=1$ 表示消费者购买了定期寿险产品，$I_{1i}=0$ 表示消费者购买了储蓄型寿险产品（包括终身寿险、两全保险和年金保险三种）。当 $I_{1i}=0$ 时，$I_{2i}=1$、$I_{3i}=1$、$I_{4i}=1$ 分别表示消费者选择的是终身寿险、两全保险和年金保险；$I_{2i}=0$、$I_{3i}=0$、$I_{4i}=0$ 分别表示消费者没有选择终身寿险、两全保险和年金保险。

y_{mi}^{*}（$m=1$，2，3，4）表示消费者选择定期寿险、终身寿险、两全保险或年金保险时的保费或者保险金额的对数值。I_{mi}^{*}（$m=1$，2，3，4）是潜变量，表示消费者选择某种寿险产品的净收益。X_{mi}（$m=1$，2，3，4）表示影响消费者 i 对定期寿险、终身寿险、两全保险和年金保险需求程度的因素。X_{5i} 表示消费者选择定期寿险还是储蓄型寿险时的影响因素。$X_{j+4,i}$（$j=2$，3，4）表示消费者选择终身寿险、两全保险和年金保险产品的影响因素。

本书的 Tobit 模型如式（1）~ 式（6）所示。消费者选择寿险产品时，主要考虑的是保险事故责任差异等因素，与保费或者保险金额的多少关系不大，所以，式（5）和式（6）中没有引入保费或保险金额。

$$y_{1i}^{*}=X'_{1i}\beta_1+\mu_{1i} \tag{1}$$

$$y_{2i}^{*}=X'_{2i}\beta_2+\mu_{2i} \tag{2}$$

$$y_{3i}^{*}=X'_{3i}\beta_3+\mu_{3i} \tag{3}$$

$$y_{4i}^{*}=X'_{4i}\beta_4+\mu_{4i} \tag{4}$$

$$I_{1i}^{*}=X'_{5i}\beta_5+\varepsilon_{1i} \tag{5}$$

$$I_{ji}^{*}=X'_{j+4,i}\beta_{j+4}+\varepsilon_{ji}, \quad j=2,3,4 \tag{6}$$

$$I_{1i}=\begin{cases}1 & \text{如果}I_{1i}^{*}>0 \\ 0 & \text{如果}I_{1i}^{*}\leq 0\end{cases}$$

$$y_{1i}=\begin{cases}y_{1i}^{*} & \text{如果}I_{1i}^{*}>0 \\ 0 & \text{如果}I_{1i}^{*}\leq 0\end{cases}$$

$$I_{ji}=\begin{cases}1 & \text{如果}I_{1i}^{*}\leq 0,\ I_{ji}^{*}>0 \\ 0 & \text{如果}I_{1i}^{*}\leq 0,\ I_{ji}^{*}\leq 0\end{cases}$$

$$y_{ji} = \begin{cases} y_{ji}^* & \text{如果 } I_{1i}^* < 0, \ I_{ji}^* > 0 \\ 0 & \text{如果 } I_{1i}^* < 0, \ I_{ji}^* \leqslant 0 \end{cases}$$

其中，假设 $\mu_{mi}(m=1,2,3,4)$ 和 $\varepsilon_{ji}(j=2,3,4)$ 服从均值为 0、方差为 $\sum$ 的联合正态分布。假设 $\text{cov}(\mu_{mi}\mu_{ni})=0$，且 $m \neq n(m, n=1,2,3,4)$。

$$\sum = \begin{bmatrix} \text{var}(\mu_{1i}) & \text{cov}(\mu_{1i}\mu_{2i}) & \text{cov}(\mu_{1i}\mu_{3i}) & \text{cov}(\mu_{1i}\mu_{4i}) & \text{cov}(\mu_{1i}\varepsilon_{1i}) \\ \text{cov}(\mu_{2i}\mu_{1i}) & \text{var}(\mu_{2i}) & \text{cov}(\mu_{2i}\mu_{3i}) & \text{cov}(\mu_{2i}\mu_{4i}) & \text{cov}(\mu_{2i}\varepsilon_{1i}) \\ \text{cov}(\mu_{3i}\mu_{1i}) & \text{cov}(\mu_{3i}\mu_{2i}) & \text{var}(\mu_{3i}) & \text{cov}(\mu_{3i}\mu_{4i}) & \text{cov}(\mu_{3i}\varepsilon_{1i}) \\ \text{cov}(\mu_{4i}\mu_{1i}) & \text{cov}(\mu_{4i}\mu_{2i}) & \text{cov}(\mu_{4i}\mu_{3i}) & \text{var}(\mu_{4i}) & \text{cov}(\mu_{4i}\varepsilon_{1i}) \\ \text{cov}(\varepsilon_{1i}\mu_{1i}) & \text{cov}(\varepsilon_{1i}\mu_{2i}) & \text{cov}(\varepsilon_{1i}\mu_{3i}) & \text{cov}(\varepsilon_{1i}\mu_{4i}) & \text{var}(\varepsilon_{1i}) \end{bmatrix}$$

$$= \begin{bmatrix} \sigma_1^2 & 0 & 0 & 0 & \sigma_{15} \\ 0 & \sigma_2^2 & 0 & 0 & \sigma_{25} \\ 0 & 0 & \sigma_3^2 & 0 & \sigma_{35} \\ 0 & 0 & 0 & \sigma_4^2 & \sigma_{45} \\ \sigma_{15} & \sigma_{25} & \sigma_{35} & \sigma_{45} & \sigma_5^2 \end{bmatrix}$$

假设 ϕ 为标准正态分布概率密度函数，Φ 为标准正态分布函数，则消费者的保障型寿险或者储蓄型寿险的需求均值分别为：

$$E(y_{1i} | I_{1i}^* > 0) = X'_{1i}\beta_1 + \sigma_{15}\sigma_5^{-1}\lambda(X'_{5i}\beta_5 / \sigma_5) \tag{7}$$

$$E(y_{ji} | I_{1i}^* \leqslant 0, \ I_{ji}^* > 0) = X'_{ji}\beta_j - \frac{\sigma_{j5}}{\sigma_5} \cdot \frac{\phi\left(\dfrac{X'_{5i}\beta_5}{\sigma_5}\right)}{\left[1 - \Phi\left(\dfrac{Z'_1\beta_5}{\sigma_5}\right)\right]\Phi\left(\dfrac{X'_{j+4,\,i}\beta_{j+4}}{\sigma_{j+4}}\right)}$$

$$\tag{8}$$

因此，当寿险需求程度模型忽略了消费者对寿险产品类型的选择这种不确定性的选择性偏差时，模型的估计结果是有偏差的。周华林和李雪松（2012）阐述了 Tobit 模型的估计方法问题，国外研究对近年来出现的更为复杂的 Tobit 模型进行了探讨，如 ARCH Tobit 模型、GARCH Tobit 模型、面板 Tobit 等。本书建立模型的估计方法遵循了 Heckman 两步法的思路：第一步先估计寿险产品类型的离散选择模型，计算选择性偏差 $\lambda(X'_{5i}\beta_5 / \sigma_5)$，$\left(\dfrac{X'_{5i}\beta_5}{\sigma_5}\right) \cdot \left\{\left[1 - \Phi\left(\dfrac{Z'_1\beta_5}{\sigma_5}\right)\right]\Phi\left(\dfrac{X'_{j+4,\,i}\beta_{j+4}}{\sigma_{j+4}}\right)\right\}^{-1}$；第二步利用 OLS 估计

模型式（7）和式（8）。

三、数据和变量

本书的数据来源于中国某大型中资寿险公司个险渠道所有的保单记录信息（2011年）。没有纳入银保渠道的保单主要是因为银保渠道中的保单上缺乏居民个人或者家庭的收入信息，难以分析收入对寿险需求的影响。该公司的规模保费收入在寿险市场上排名靠前，该公司的寿险需求变化规律与整个市场一致，并且本书的样本数据涉及该公司在中国内地（除西藏外）的所有省市的客户，因此，样本的代表性较好。我们剔除了保单信息记录不符合常理的样本，这种情况很可能是因为投保人填写不真实或过于粗糙。总样本量为1804966个，大样本回归分析的结果相对稳定。

本书使用保费和保险金额两个指标来度量消费者的寿险需求水平。保费受交费方式和保险期限的影响，所以，不能直接用保单上的保费来比较不同交费方式和保险期限下的寿险需求水平。本书按照原中国保险监督管理委员会的规定，将保单上记录的保费数据折算为标准保费①，分别用保险期限内平均每年的标准保费来度量消费者的寿险需求水平。保险金额是指保单上载明的基本保险金额②，不需要进行调整。

根据研究目的的需要，本文将样本按照两种方法进行分组：按照收入水平分组、按照投保人和被保险人的关系分组。按照投保人与被保险人的关系，将保单分为四类：投保人给本人投保；投保人给配偶投保；投保人给子女等晚辈（包括侄子女、外甥子女、孙子女等）投保；投保人给父母等长辈（包括公婆、岳父母、姑叔、祖父母、外祖父母等）投保。

（1）按照收入水平分组。分析寿险产品类型的离散选择模型中的解释变量包括：投保人的年龄（实际年龄）、年收入（取对数值）、婚姻状态、职业③；被保险人的年龄（按生命周期内的生命风险特征分为六个年龄段④，设置为虚拟变量）、性别、交费期限（用交费年数表示）、保险期限；投保

---

① 当交费方式是趸交时，标准保费＝总保费×0.1。当交费方式是年交型时：标准保费＝年交保费×交费期限×1.0（交费期限≥10年）；当交费方式为x年交费（x＝1，2，…，9）型时，标准保费＝年交保费×交费期限×0.x；当交费方式为月交时，标准保费＝月交保费×交费期限×0.1/12。

② 不包含分红收益，基本保险金额不能完全反映具有分红功能的终身寿险、两全保险和年金保险的保障需求水平。

③ 根据《中华人民共和国职业分类大典》将投保人的职业分为八大类。

④ 年龄虚拟变量分别表示：0~7岁、8~15岁、16~20岁、21~42岁、43~51岁和52~65岁。

人与被保险人的关系。寿险需求程度模型中的解释变量为：投保人的年收入；被保险人的年龄、性别、婚姻状态、健康状态①；寿险公司的产品政策②；两步法第一阶段根据离散选择模型计算的选择性偏差。

表 1 显示了样本中各收入阶层的保单数的比重。消费者的年收入多在 30 万元以下，其中，年收入在 10 万元以下的寿险消费者约占 79.85%。

表 1　各收入阶层的保单数比重

年收入（万元）	0～3	3～5	5～10	10～30	30～50	50～100	>100
保单数比重（%）	13.21	31.55	35.09	17.21	1.2	1.16	0.48

（2）按照投保人和被保险人的关系分组。估计寿险产品类型的离散选择模型中的解释变量包括：投保人的年龄③、年收入④、婚姻状态⑤、职业⑥；被保险人的年龄、性别、交费期限、保险期限。寿险需求程度模型中的解释变量包括：投保人的年收入、职业；被保险人的年龄、性别、婚姻状态、健康状态；寿险公司的产品政策；两步法第一阶段根据离散选择模型计算的选择性偏差。

本书对寿险需求收入弹性的测算具有较好的合理性。①本书将标准保费收入作为消费者平均每年的风险保障需求指标，而非规模保费收入。②寿险行业的发展并非完全是我国消费者收入水平提高的结果，与我国寿险行业所处的历史阶段也有关系，本书采用的微观数据较宏观数据更有优势。③个险渠道的绝大部分消费者购买寿险产品都选择期交的交费方式，消费需求的变化受年收入的影响更大。

----

①　分别用被保险人近六个月是否生病和被保险人是否有家族病史两个变量来表示（设置为虚拟变量）。

②　为虚拟变量，同一类险种中销量最大（公司市场推广力度最大）的一款寿险产品为 1，除该款产品外的其他寿险产品为 0。

③　当投保人给本人投保时，离散选择模型和需求程度模型均不包括投保人年龄这个变量。

④　通货膨胀因素可能会对收入分组产生影响，用消费价格指数（CPI）将 2011 年投保人的年收入折算为 2006 年的价格水平。选择 2006 年为基期是因为寿险业从该年开始执行《中国人寿保险业经验生命表（2000-2003）》。

⑤　当投保人给配偶投保时，离散选择模型和需求程度模型均不包含投保人婚姻状态这个变量。

⑥　当投保人给配偶投保时，离散选择模型将被保险人职业变量作为自变量，寿险需求程度模型将投保人和被保险人的职业作为控制变量。当投保人给其他人投保时，离散选择模型和寿险需求程度模型都将投保人职业作为控制变量。

四、回归结果分析

本书 Tobit 模型的回归结果包括两个部分：第一部分是离散选择模型的回归结果，主要分析消费者如何选择风险保障类产品的问题，采用 Probit 模型回归。第二部分是寿险需求程度模型的回归结果，主要分析消费者购买多少风险保障类产品的问题，报告的是稳健性回归结果。寿险需求程度模型的整体方差膨胀因子小于 10，各解释变量的方差膨胀因子都小于 30，离散选择模型和寿险需求程度模型有共同的解释变量，也存在各自独有的解释变量，所以，共线性问题不大。

（一）收入对消费者选择寿险产品类型的影响

表 2 中投保人年收入的系数估计值均为负值，说明收入对各收入阶层的消费者选择定期寿险产品的概率存在显著的负向影响。当收入增加时，消费者选择定期寿险的概率减少，相应地，选择储蓄型寿险的概率增加。

表 2 显示，随着投保人年收入水平阶层的提升，投保人年收入的系数估计值逐渐减少。这反映出收入阶层较低的消费者，生命风险损失对其家庭经济有重要影响，但家庭疲于应付其他日常消费，对迅速增加财富收入有更迫切的需要，所以，收入增加时消费者会更偏好选择具有保值增值功能的储蓄类寿险产品，选择定期寿险的概率减少。收入阶层较高的消费者应付日常消费相对容易，所以，收入增加时选择定期寿险的概率减少程度较小。

表 2　按收入分组时寿险产品类型的离散选择模型的回归结果

	0 万~5 万元	5 万~10 万元	10 万~30 万元	30 万元及以上	全样本
投保人年收入	-0.17 *** (0.01)	-0.17 *** (0.02)	-0.14 *** (0.02)	-0.05 *** (0.02)	-0.07 *** (0.003)
观测值数	801708	634003	315341	53914	1804966
伪回归系数	0.20	0.19	0.20	0.25	0.19

注：考虑到篇幅，本文只给出核心解释变量——投保人年收入的估计结果。（ ）内为标准差，*、**、*** 分别表示变量在 10%、5%、1% 的显著性水平上显著。

表 3 显示了给不同家庭成员投保时收入对消费者选择寿险产品类型的影响情况。收入增加时，消费者给子女等晚辈购买定期寿险产品的概率减少得最多（-0.03）。投保人的子女等晚辈一般尚未成年，是家庭的主要被抚

养者，死亡率和费率比成年群体低，而储蓄型产品中的两全保险和年金保险都具有生存风险保险责任，分红寿险还提供分红收益，所以，收入增加时消费者给子女等晚辈购买寿险时选择定期寿险产品的概率减少得最多。80%左右的消费者给本人投保时的年龄处于26~50岁，这个年龄段的家庭一般在满巢Ⅱ期或满巢Ⅲ期，死亡风险对家庭经济有重要影响，本应该选择保障功能强的定期寿险。然而，回归系数（-0.02）显示，收入增加时，消费者给本人购买定期寿险的概率反而减少，所以，收入并不是消费者对本人购买定期寿险不足的根源。投保人收入增加时，消费者给配偶购买定期寿险产品的概率增加（0.01）。配偶一般是家庭收入的主要来源之一，配偶死亡对家庭经济具有重要影响，所以，收入增加时消费者更愿意给配偶购买定期寿险。消费者给父母等长辈购买定期寿险产品的回归结果显示，投保人收入的系数估计值（0.03）在10%的显著性水平上不显著。

表3　按投保人和被保险人的关系分组时消费者选择寿险产品模型的回归结果

	给子女等晚辈	给本人	给配偶	给父母等长辈
投保人年收入	-0.03 *** (0.003)	-0.02 *** (0.002)	0.01 *** (0.003)	0.03 (0.02)
观察值数	3660387	4250835	1705426	136859
R^2	0.19	0.18	0.14	0.17

注：考虑到篇幅，本书只给出核心解释变量——投保人年收入的估计结果。（）内为标准差，*、**、*** 分别表示变量在10%、5%、1%的显著性水平上显著。

（二）收入对消费者寿险需求程度的影响

由于定期寿险不具有分红功能，保险金额的变化更能反映消费者的风险保障需求，本书在分析中更注重保险金额反映的需求模型的回归结果。中国多数终身寿险、两全保险和年金保险都具有分红功能（占比达90%左右），基本保险金额并不能完全反映消费者的风险保障需求，故而，在分析中更关注保费反映的寿险需求模型的回归结果。由于本书的寿险需求潜变量和收入解释变量均取对数值，需求模型的回归结果中收入解释变量的系数估计值表示的是收入弹性。

表4~表7显示的是寿险需求程度模型的回归结果，寿险需求的收入弹性在0~1之间，表明中国的寿险商品是正常商品，并非是劣质品或奢侈品，

消费者的风险保障需求对收入变化的敏感性较弱（低于1单位）。

由表4可知，定期寿险需求的收入弹性最小（-0.02和0.18），终身寿险和两全保险居中，年金保险需求的收入弹性最大（0.36和0.43）。由表5和表6可知，从整体上看，各收入阶层中，定期寿险和终身寿险需求的收入弹性相对较小，两全保险和年金保险需求的收入弹性相对较大。这表明，不同类型的寿险产品的需求对收入的敏感性不同，消费者的收入变化对以死亡风险为保险责任的寿险产品的需求的影响最小，对以生存风险为保险责任的寿险产品的需求的影响最大。储蓄型寿险需求的收入弹性较大，这一结果符合中国居民的消费行为特点，即中国居民更偏好依赖储蓄对抗各类风险，收入是储蓄变化的一个重要因素，也是推动中国居民储蓄型寿险产品需求增长的一个重要因素。

根据表5和表6可知，终身寿险和两全保险需求的收入弹性在不同收入阶层的分组上呈现出递减趋势。收入水平越高，两类寿险产品的需求受收入的影响越小，年收入在30万元以上的消费者对两类寿险产品的需求受收入的影响较小（在表5中为0.06和0.13，在表6中为0.06和0.12），消费需求具有一定的刚性。年收入在30万元及以上的消费者的定期寿险需求对收入变化的敏感性较弱（表5中的0.11和表6中的0.07），反映出死亡风险保障需求具有一定的刚性。中等收入阶层（年收入为5万~10万元或10万~30万元）的定期寿险和年金保险需求的收入弹性较大。

表4　寿险需求程度模型的估计结果

	保费	保险金额
定期寿险	-0.02 ** (0.010)	0.18 *** (0.007)
终身寿险	0.22 *** (0.004)	0.19 *** (0.003)
两全保险	0.25 *** (0.001)	0.25 *** (0.001)
年金保险	0.36 *** (0.003)	0.43 *** (0.003)

注：考虑到篇幅，本书只给出核心解释变量——投保人年收入的估计结果。（ ）内为标准差，* 、** 、*** 分别表示变量在10%、5%、1%的显著性水平上显著。定期寿险、终身寿险、两全保险和年金保险的回归样本量分别为67731、110567、1361758和252014。

表5　按收入分组时寿险需求程度模型的估计结果（保费）

	0万~5万元	5万~10万元	10万~30万元	30万元及以上
定期寿险	-0.13 *** （0.030）	-0.33 *** （0.060）	0.28 *** （0.060）	0.11 * （0.070）
终身寿险	0.31 *** （0.010）	0.14 *** （0.020）	0.18 *** （0.010）	0.06 *** （0.020）
两全保险	0.30 *** （0.003）	0.24 *** （0.006）	0.24 *** （0.006）	0.13 *** （0.009）
年金保险	0.25 *** （0.007）	0.35 *** （0.010）	0.45 *** （0.010）	0.28 *** （0.020）

注：考虑到篇幅，本书只给出核心解释变量——投保人年收入的估计结果。（ ）内为标准差，* 、** 、*** 分别表示变量在10%、5%、1%的显著性水平上显著。

表6　按收入分组时寿险需求程度模型的估计结果（保险金额）

	0万~5万元	5万~10万元	10万~30万元	30万元及以上
定期寿险	0.23 *** （0.020）	0.25 *** （0.040）	0.39 *** （0.040）	0.07 （0.050）
终身寿险	0.33 *** （0.010）	0.13 *** （0.010）	0.09 *** （0.010）	0.06 *** （0.020）
两全保险	0.31 *** （0.003）	0.29 *** （0.007）	0.24 *** （0.006）	0.12 *** （0.008）
年金保险	0.27 *** （0.006）	0.44 *** （0.010）	0.49 *** （0.010）	0.31 *** （0.020）

注：考虑到篇幅，本书只给出核心解释变量——投保人年收入的估计结果。（ ）内为标准差，* 、** 、*** 分别表示变量在10%、5%、1%的显著性水平上显著。

由表7可知，消费者给同类型家庭成员购买寿险时，定期寿险需求的收入弹性最小，终身寿险、两全保险和年金保险需求的收入弹性较大。这表明，收入的变化对保障型寿险产品需求的影响最小，对储蓄型寿险产品需求的影响较大，也反映出收入并非是中国居民保障型寿险产品需求不足的主要根源，收入才是推动中国居民储蓄型寿险产品需求的一个重要因素。

由表7可知，对于定期寿险，消费者给子女等晚辈购买时的需求的收入弹性最小，给本人、配偶和父母等长辈购买时的需求的收入弹性较大，这与生命风险保障需求的规律基本一致。对于终身寿险，消费者给父母等长

中国寿险市场增长与转型研究

辈购买时的收入弹性最小，给本人、配偶和子女等晚辈购买时的收入弹性较大。对于两全保险和年金保险，消费者给本人购买时的收入弹性最大，给父母等长辈购买时的收入弹性最小。

表7　按投保关系分组时寿险需求程度模型的回归结果

		给本人	给配偶	给子女等晚辈	给父母等长辈
保费	定期寿险	0.15*** (0.005)	0.22*** (0.009)	0.16*** (0.010)	0.21*** (0.040)
	终身寿险	0.35*** (0.001)	0.32*** (0.002)	0.35*** (0.002)	0.31*** (0.006)
	两全保险	0.36*** (0.001)	0.29*** (0.001)	0.29*** (0.001)	0.30*** (0.005)
	年金保险	0.38*** (0.002)	0.31*** (0.004)	0.32*** (0.002)	0.29*** (0.01)
保险金额	定期寿险	0.23*** (0.003)	0.21*** (0.007)	0.12*** (0.006)	0.21*** (0.03)
	终身寿险	0.35*** (0.001)	0.34*** (0.002)	0.35*** (0.002)	0.29*** (0.006)
	两全保险	0.41*** (0.001)	0.31*** (0.001)	0.35*** (0.002)	0.30*** (0.005)
	年金保险	0.46*** (0.002)	0.39*** (0.004)	0.41*** (0.002)	0.36*** (0.010)

注：考虑到篇幅，本书只给出核心解释变量——投保人年收入的回归结果。（）内为标准差，*、**、***分别表示变量在10%、5%、1%的显著性水平上显著。

边际系数表明，收入每增加1单位，保费或者保险金额实际增加的数量可以更直接地反映出收入对保费或保险金额的影响程度。对比不同类型寿险产品的边际系数，收入每增加1单位，定期寿险保费或保险金额的增加值最小，其次是终身寿险，年金保险和两全保险保费或保险金额的增加值较高。两全保险和年金保险同时对生存和死亡风险提供保险责任，具有较强的储蓄投资功能，收入对这两种产品保费和保险金额的影响程度最大，收入是储蓄增长的重要因素，该结论符合经济理论。同一种保险产品在不同收入组的保费或保险金额的边际系数呈递减趋势（定期寿险保费除外），与经济理论一致，再次证明了表4~表7结论的合理性。

表8　各收入阶层消费者寿险需求的边际系数

		0万~5万元	5万~10万元	10万~30万元	30万元及以上
保费	定期寿险	−0.14	−0.26	0.12	0.0001
	终身寿险	0.82	0.19	0.13	0.002
	两全保险	2.03	0.96	0.52	0.006
	年金保险	0.75	0.67	0.61	0.01
保险金额	定期寿险	0.24	0.19	0.17	0.00007
	终身寿险	0.87	0.17	0.06	0.002
	两全保险	2.09	1.16	0.52	0.006
	年金保险	0.81	0.84	0.66	0.01

注：考虑到篇幅，本书只给出核心解释变量——投保人年收入的回归结果。

五、结论

收入是影响消费者选择寿险产品类型和需求程度的重要因素。本书利用大样本真实交易的个体保单数据，分析了收入对不同收入阶层的寿险需求的影响。主要结论如下：

（1）对于是选择定期寿险还是储蓄型寿险，收入对不同收入阶层的消费者选择风险保障类型的影响不同。收入增加时，收入阶层较低的消费者会更偏好选择具有保值增值功能的储蓄类寿险产品，而选择定期寿险的概率减少，反映了这类消费群体对储蓄型寿险"返还保费"的特征具有较高的偏好。

（2）对于是选择定期寿险还是储蓄型寿险，给不同的家庭成员投保时收入对消费者选择寿险产品类型的影响情况不同。随着收入的增加，消费者给子女等晚辈购买定期寿险产品的概率减少得最多；消费者给本人购买定期寿险的概率减少，表明收入并不是消费者为本人购买定期寿险不足的根源；消费者给配偶购买定期寿险产品的概率增加；消费者给父母等长辈购买定期寿险产品的情况没有发生显著变化。

（3）中国消费者寿险需求的收入弹性在0~1之间，寿险产品是消费者的一种正常商品，并非是奢侈品；消费者的风险保障需求对收入变化的敏感性较弱。

（4）收入对不同风险事故类型的保障需求程度的影响不同。定期寿险需求的收入弹性系数最小，其次是终身寿险和两全保险，年金保险需求的收入弹性系数最大。这表明，消费者的收入变化对以死亡风险为保险责任的寿险产品的需求的影响最小，对以生存风险为保险责任的寿险产品的需求的影响最大。

（5）消费者对不同家庭成员的寿险需求受收入的影响不同。收入增加时，消费者给子女等晚辈购买定期寿险的需求增加得最少，给本人、配偶和父母等长辈购买定期寿险的需求增加得较多，这与生命风险保障需求的规律基本一致；给父母等长辈购买终身寿险的需求增加得最少，给本人、配偶和子女等晚辈购买终身寿险的需求增加得较多；消费者给本人购买两全保险和年金保险的需求增加得最多，给父母等长辈购买两全保险和年金保险的需求增加得最少。